Der Stärken-Code

Frank Rebmann ist als Stärkentrainer für Führungskräfte und Mitarbeiter zahlreicher Unternehmen der Industrie, Finanzdienstleistung und der IT-Branche tätig. Er berät, trainiert und schult in den Bereichen Mitarbeiterentwicklung, Veränderungsprojekte und Talent Management. Zu seinen Kunden zählen unter anderem Yves Rocher, Fresenius Kabi und Allianz.

Frank Rebmann

DER STÄRKEN-**CODE**

Die eigenen Talente entschlüsseln, anerkennen und weiterentwickeln

Campus Verlag
Frankfurt/New York

MIX
Papier aus verantwortungsvollen Quellen
FSC® C089473
FSC
www.fsc.org

ISBN 978-3-593-50736-1 Print
ISBN 978-3-593-43697-5 E-Book (PDF)
ISBN 978-3-593-43771-2 E-Book (EPUB)

Umschlaggestaltung: total italic, Thierry Wijnberg, Amsterdam/Berlin
Satz: Campus Verlag GmbH, Frankfurt am Main
Gesetzt aus: Minion pro, Myriad pro und Meta
Druck und Bindung: Beltz Bad Langensalza GmbH
Printed in Germany

www.campus.de

*Dieses Buch ist meinen Eltern Inge und Edi Rebmann gewidmet,
die mich immer ermutigt haben, ein Leben zu führen,
das meinen Stärken entspricht.*

INHALT

Vorwort

DER AGENT IN MIR

Mein Name ist Martin, Leo Martin. Ich habe Kriminalwissenschaften studiert und war zehn Jahre lang für den deutschen Geheimdienst im Einsatz. Mein Auftrag war es, Informanten im Milieu der Organisierten Kriminalität anzuwerben und sie dazu zu bringen, mir geheime Insiderinformationen anzuvertrauen. Und ich war einer der Besten in diesem Job. Ich wurde trainiert und bis an die Zähne bewaffnet – mit den Geheimwaffen der Psychologie und der Kommunikation. Meine Menschenkenntnis war mein wichtigstes Handwerkszeug.

Während meine Kollegen regelmäßig auf Spurensuche nach Schwächen, Ängsten und Konflikten waren, die einen operativen Ansatzpunkt boten, ging ich anders vor. Ich habe mich von Anfang an auf die Stärken meiner Zielpersonen konzentriert, denn diese sind der eigentliche Zugangscode zum Gegenüber.

Frank Rebmann ist *der* Experte auf diesem Gebiet. Er war auch mein »Stärken-Scout«. Er hat mir gezeigt, wo meine Stärken liegen: Ich bin ein echter Krisenmanager und Verbindlichkeit ist meine Mission. Frank war das schon lange vor mir klar. Diese Stärken setze ich heute sehr bewusst ein – beruflich und privat.

Immer dann, wenn Druck aufkommt und andere den Überblick verlieren, gelingt es mir, das Ziel weiter zu verfolgen, schnelle, pragmatische Entscheidungen zu treffen und trotzdem das Vertrauen der Menschen um mich herum zu behalten.

Mit diesem Buch halten Sie den Schlüssel zu Ihren Stärken in der Hand. Und zu denen Ihrer Mitarbeiter, Kunden, Kinder oder Ihres Partners. Es wird auch Ihr Leben bereichern und verändern. Sie werden sich selbst und andere zu Höchstleistungen motivieren – genau dort, wo es Sinn und Spaß macht. Wenn man andere Menschen für sich und seine Ziele gewinnen will, gilt: »Man muss Menschen rühren, nicht schütteln!«

Leo Martin, Ex-Geheimagent

Einleitung

SPOT AUF DAS POTENZIAL

Haben Sie das Gefühl, da geht noch mehr in Ihrem Leben, in Ihrer Karriere, in Ihrem ganzen Wirken und Tun? Denken Sie, da schlummert noch etwas in Ihnen, ein ungenutztes, vielleicht unentdecktes Potenzial? Dann sind Sie mit diesem Gefühl nicht alleine.

Kaum ein anderes Thema treibt Politik und Wirtschaft, ja ganze Nationen in gleicher Weise um. Sie alle sind auf der Suche nach dem Potenzial im Menschen, denn es ist die Grundlage für jedwede Leistungskraft. An der Summe der eingebrachten Potenziale lässt sich ein Bruttonationalprodukt messen. Damit klettert ein Unternehmen in die erste Branchenliga. Kurzum: Wachstum entsteht dann, wenn Menschen ihr Bestes geben – und das sind ihre Stärken. Diese Botschaft ist auch im Management angekommen. Spätestens seit der StrengthsFinder des amerikanischen Gallup-Instituts auch hierzulande Berühmtheit erlangte, machen sich die Manager auf, nach probaten Methoden zu suchen, um die Stärken ihrer Mitarbeiter für den Unternehmenserfolg zu nutzen.

Als Philosoph und Stärkentrainer schrecke ich an dieser Stelle zurück. Zwar ist es richtig, dass sich der Blick endlich von den Schwächen der Mitarbeiter[1] abwendet. Ein Buchhalter wird nicht mehr mit Kreativitätsseminaren, ein Analytiker nicht mit Rhetorikkursen gequält. Ein begnadeter Redner darf Meetings gestalten und ein anderer, dem die Atmosphäre im Team am Herzen liegt, wird mit Kusshand um Kaffee, Kuchen und Konfliktlösung gebeten. Das alles sind Meilensteine in einer sinnvollen Mitarbeiterentwicklung. Wir sind auf einem guten Weg. Wir geraten ganz langsam auf jene Ebenen, die der Managementexperte Peter Drucker zeit seines Lebens von den Führungskräften einforderte, nämlich die Vielfalt der Mitarbeiter zu beachten und ihre Stärken in die Unternehmensgestaltung einfließen zu lassen. Ein wunderbares Ansinnen! Die Crux ist nur: Die Manager gehen die Sache zu pragmatisch an. Sie suchen in bewährter Manier nach Standards – und landen bei einem Kompetenzmodell – und schon geht das Kategorisieren nach Begriffen los. Nach einer Phase des Beobachtens ist der Mitarbeiter einsortiert: Welche Kompetenzen sind bei ihm stark ausgebildet? Wo liegen seine Defizite? Welche Kompetenzen muss er weiterentwickeln? Damit steht schwarz auf weiß fest, wie ein Mitarbeiter tickt, wo sein Wissen und seine Fähigkeiten liegen – denken die Manager. Sie sammeln Daten und gewinnen aus diesen Daten ihre Informationen, um folglich munter drauflos zu fördern. Ich aber wehre mich, wenn Fähigkeiten in Daten verwandelt werden, um sie messbar, skalierbar, nutzbar im Sinne eines Unternehmenserfolgs zu machen. Dann verkommen die Fähigkeiten zu einem Modul in der Strategie, zu einem Hebel für das Steigern von Kennzahlen. Das ist zu kurz gesprungen.

Weiter springen

Vordergründig scheint das Fördern von Mitarbeiterstärken lobenswert. Bei genauer Betrachtung aber ist das nur der kleinste gemeinsame Nenner aller Fakten: Der Manager nutzt die Stärken der Mitarbeiter mit dem Ziel, den Unternehmenserfolg höherzuschrauben und der Mitarbeiter darf zumindest an der Oberfläche seines Potenzials kratzen. Aber wie gesagt, es ist der kleinste gemeinsame Nenner und der wirkt ähnlich wie ein Kompromiss – niemand ist wirklich glücklich. Man versucht, das Klima lauwarm zu halten und komplexe Aufgaben effizient zu lösen. Dann gibt es ein Lob, einen Händedruck, vielleicht einen Bonus. So mag sich mancher Manager an eine reziproke Regel erinnern, die besagt: »Wenn ich meine Mitarbeiter wertschätze, dann wertschätzen sie auch mich und meine Ziele.« Richtig, aber bitte denken Sie weiter. Ein gutes Klima kann frostig und Engagement kann verweigert werden, wenn ein kleines, aber entscheidendes Bausteinchen im System fehlt: die Begeisterung. Sie alleine ist ein

Garant dafür, dass ein Team zur Mannschaft wird. Dazu gibt es ein einfaches, aber mutiges Rezept. Sobald Mitarbeiter selbst nach ihren Stärken fahnden und ihre Aufgaben selbst wählen dürfen, sobald sie über die Unternehmensgrenzen hinaus zufrieden und glücklich sind, wird sich diese Begeisterung einstellen. Deshalb spreche ich mit meinem Buch in erster Linie die Mitarbeiter selbst an, und es wäre wunderbar, würden Manager meinem Impuls ebenso folgen, den ich mit diesem Buch setze. Er lautet:

> Stärken stärken ist keine Chefsache!
>
> Jeder Mensch ist selbst verantwortlich dafür, was er mit seinen Stärken macht – ob er sie anerkennt, feinschleift, zu seinem Elixier erklärt. Es ist die höchstpersönliche, einzig relevante Herausforderung jedes einzelnen Menschen in seinem Leben.

Bei dieser Herausforderung will ich Sie begleiten.

Ein Buch für Schatzfinder

Begeben Sie sich auf Ihre Stärkensuche, springen Sie weit, weit über den Unternehmenserfolg hinaus – denn er ist nur ein Teil Ihres Seins. Der größere Teil liegt in Ihrem Alltag verborgen. Leider stürmen wir durch diesen oftmals ohne Aufmerksamkeit für das, was uns wirklich wichtig ist, hindurch. Dabei kommt die Stille abhanden, die Sie zur inneren Quelle führt.

Verharren Sie deshalb ein wenig in der Denkerpose und holen Sie sich die Momente ins Gedächtnis, in denen Sie Glück verspürten, in denen Sie aufblühten. Halten Sie diese Momente fest. Sie sind ein Hinweis auf Ihre Stärken. Ich glaube, dass wir uns in diesem modernen, schnellen Zeittakt, in dem Aufgaben und Ansprüche exponentiell steigen, hin und wieder auf eine innere Insel begeben sollten. Wir brauchen Zeit, um die Frage nach dem Lebenssinn immer wieder zu interpretieren. Diese Frage ist übrigens sehr alt. Sie wurde in überlieferter Weise erstmals von den großen Philosophen der Antike gestellt. Ich greife sie auf und lade Sie in meinem ersten Kapitel zu einem Streifzug durch die vergangenen 2000 Jahre ein. Dass Sie wertvolle Denkanstöße erhalten, vielleicht sogar Ankersätze finden, die Ihnen bei Ihrer Stärkenfindung hilfreich sein werden, davon bin ich überzeugt. Denn Stärken finden ist in zweiter Linie ein empirisches, in erster Linie ein philosophisches Thema. Es bleibt individuell gefärbt durch die wunderbaren Gaben, die Ihnen mit der Geburt geschenkt wurden, die Sie im besten Falle in Ihrem kulturellen und sozialen Umfeld erkennen und trainieren durften. Und damit komme ich zu einem bedeutsamen Teil meiner These über die Stärkenforschung: Stärken verschwinden nicht!

Sollten Sie bislang in Ihrem Leben wenig Wohlwollen genossen haben, um Ihre Talente zu entdecken, dann ist das für Ihre Schatzsuche irrelevant, denn Talente sind wie ein Fingerprint – ein unabänderliches Merkmal Ihrer Persönlichkeit. Wer sie entdeckt, ist immer fasziniert. Er will sie nie wieder verlieren

Mit dem Entdecken Ihrer Stärken erleben Sie möglicherweise zum ersten Mal, was Lebenszufriedenheit bedeutet. Vielleicht hegen Sie sogar den Wunsch, beruflich und privat etwas zu verändern. Vielleicht werden Ihre Mitmenschen über Ihre Kraft und Zuversicht staunen. Vielleicht werden Sie alte Ziele links liegen lassen und völlig neue Wege gehen. Fest jedoch steht: Sie wollen Ihr neues Selbstverständnis nicht mehr aus der Hand geben, weil Sie ahnen: Ihre Stärken lassen sich nicht durch andere managen. Niemand kann Ihnen diktieren, was Sie wirklich wollen, können, anstreben. Denn Ihre Stärken sind der individuelle Stoff aus Wissen, Erfahrung, Vorstellungskraft. Am Ende des Buches werden Sie diesen Stoff zu einem persönlichen Stärkenhorizont aufspannen.

Ich hoffe, Sie werden Ihre Gedanken um die Karriere für die Lesedauer meines Buches zur Seite schieben. Ihre Karriere ist zweitrangig, weil sie sich sowieso steigern wird, wenn Sie Ihre Stärken finden. Allerdings, und das sei ein kleine Warnung vorweg, wird Ihnen der Se[illegible]n die Quere kommen. Diesen unliebsamen Kameraden fütt[illegible] Kindertagen in uns. Er wurde genährt durch das Defizitdenken in der Schule, durch Glaubenssätze der Eltern, durch viele kleine Stolpersteine im Alltag.

Oftmals genügt ein Gedanke, um eine Stärke anzuerkennen – oder um im Jammern über Schwächen hängenzubleiben. Stellen Sie sich vor, ein Kollege sagt zu Ihnen: »Ich schätze Ihre Durchsetzungsfähigkeit.« Ein Geschenk. Leider aber nehmen die wenigsten es an, um es auszupacken und fortan weiterzuentwickeln. Sie geben es zurück mit den Worten: »Ach, das ist nicht der Rede wert. Dafür falle ich anderen häufig ins Wort oder schieße sogar über das Ziel hinaus.« Ich finde es beachtlich, wie häufig Menschen mit einer Handbewegung in der Luft ihre Stärken wegwischen und stattdessen ihre Schwächen hervorkehren. Fast mutet es an, als würden Menschen sich nicht trauen, den Lichtkegel auf ihr eigenes Potenzial zu richten.

Genau hier, am Selbstzweifel, an den inneren Barrieren, die sich im Laufe des Lebens vor dem eigenen Potenzial auftürmen, beginnt mein Buch und wird Sie über die nächsten Seiten zu meinem Stärkentest führen. Sie finden ihn im vierten Kapitel. Er beruht auf einem wissenschaftlichen Verfahren, um Ihre Stärken in einer fassbaren Konsistenz zu formulieren. Das heißt: In diesem Test werden wir die Schwächen nicht berücksichtigen, sondern eine tragfeste Grundlage erarbeiten, auf der Sie Ihre Stärken erkennen, anerkennen und schleifen können. Sie werden zudem auf den nächsten rund 200 Seiten eine innere Landschaft betreten, an der Sie seit Ihrer Geburt bauen. Oftmals vergessen wir, dass wir die Architekten sind, dass wir die Gärten oder Gräben anlegen, dass wir selbst zum Blühen bringen können, was sich in uns verbirgt. Dabei will ich nicht verschweigen, dass Ihnen das Durchwandern dieser inneren Landschaft eine gehörige Portion Schweiß abverlangen wird. Stärken zu trainieren, erfordert Disziplin. Mit dem feinen Unterschied: Es ist kein Drill, sondern pure Freude.

Als Fabian Hambüchen bei den Olympischen Spielen in Rio 2016 seine lange und eindrucksvolle Turnerkarriere beendete, hatte er ein Ziel: die Goldmedaille an seinem Paradegerät, dem Reck. Dieses Gold sollte wie ein Symbol für viele Jahre Entbehrung, Schmerz und Kampfesgeist stehen. Wie kaum ein anderer Turner, da war sich die Fachwelt einig, hätte er diese Krönung seiner Laufbahn verdient. Und doch war er nur einen Handgriff vom Scheitern entfernt, eine Hundertstelsekunde der Unkonzentriertheit konnte ihn zum Stürzen bringen. Vielleicht wäre das geschehen, wäre es Hambüchens Motivation gewesen, die Ansprüche der anderen zu erfüllen. Dann hätte er sich im Außen bewegt. Er hätte seine Schrauben und Salti an der 2,60 Meter hohen Stange für den Applaus und für beeindruckende Bilder in der Weltpresse gedreht – und seine Leichtigkeit getrübt. Er tat das zum Glück nicht. Dieser Ausnahmeturner ließ nur einen einzigen Gedanken in seine Zellen sickern, indem er sich sagte, dass er diese letzte Kür auf internationalem Parkett nur für sich turnen würde. Nicht für den Trainer. Nicht für die Zuschauer. Nicht für die Nation. Nur für sich und für einen bedeutsamen Moment in seinem Leben. Damit erstickte er den Zweifel. Und gewann Gold. »Es ist die Erfüllung eines Traums. Ich bin einfach nur sprachlos«, rief er bewegt in die Kamera. Ein einziger Gedanke kann den Code der Stärken knacken und den Blick auf die innere Landschaft freigeben.

Damit komme ich auf meine Anfangsfrage zurück: Sie haben das Gefühl, da geht noch mehr? Da gibt es im Leben, im Business, im ganzen Spektrum Ihres Wirkens ein ungenutztes, vielleicht unentdecktes Potenzial? Finden wir es gemeinsam heraus. Nehmen Sie sich Zeit für dieses Buch. Es verlangt nach Phasen der Reflexion und vor allem nach absoluter Ehrlichkeit sich selbst gegenüber. Zu oft spielt uns die Fantasie einen Streich, indem wir mehr erwarten, als wir geben können. Bleiben Sie realistisch – und vergessen Sie den liebevollen Blick auf Ihre Schwächen nicht. Auch die gehören zu Ihrer Persönlichkeit.

Und noch eines ist mir wichtig zu sagen: Lassen Sie das Staunen zu.

Es verblüfft mich auch nach 25 Jahren, die ich mich mit diesem Thema befasse, wie Menschen sich just in dem Moment verändern, in dem sie ihre Stärken entdecken: Die Haut wird rosig, die Augen glänzen, die Stimme wird weich. Es ist, als würde ein Licht angeknipst und als seien sie bei sich angekommen. Sie staunen.

Goethe dichtete dazu:

»Freudig war vor vielen Jahren
Eifrig so der Geist bestrebt,
Zu erforschen, zu erfahren,
Wie Natur im Schaffen lebt.

Und es ist das ewig Eine,
Das sich vielfach offenbart;
Klein das Große, groß das Kleine,
Alles nach der eignen Art.
Immer wechselnd, fest sich haltend,
Nah und fern und fern und nah;
So gestaltend, umgestaltend –
Zum Erstaunen bin ich da.«[2]

Fangen wir an.

Ihr
Frank Rebmann

STÄRKEN
SELBSTERKENNTNIS

Kapitel 1

WAS SOKRATES FRAGTE UND NIETZSCHE VERSCHWIEG

Die Suche nach Talent ist gerade en vogue. Ich nehme an, auch Sie folgen diesem Trend; auch Sie vermuten eine außergewöhnliche Spur in Ihrer Persönlichkeit. Mit dieser Annahme liegen Sie goldrichtig. Jeder Mensch ist mit mindestens einer besten Gabe gesegnet und es ist sein Auftrag, diese zu finden und zu pflegen. Das mag zuweilen unbequem sein und Ihnen eine Menge an Energie und Eigensinn abverlangen. Sie werden vielleicht sogar auf den Widerstand Ihres Partners, Ihrer Kollegen, Ihres Chefs stoßen, wenn Sie sich auf die innere Forschungsreise hin zu Ihrem Potenzial begeben. Sie werden sich Angriffen gegenübersehen, weil diese Reise immer mit einer Veränderung im Leben einhergeht. Das mag Ihr Umfeld irritieren. Aber am Ende, das verspreche ich Ihnen, werden Sie mit einem unerschütterlichen Selbstbewusstsein belohnt. Deshalb will ich Sie in diesem ersten Kapitel ermutigen, sich nicht nach der Meinung der anderen zu richten – weder privat, noch beruflich. Wehren Sie sich, wenn andere Ihnen Eigenschaften zusprechen, die sich für Sie fremd anfühlen.

Personalentwickler in Unternehmen neigen dazu, die Mitarbeiter in Kategorien zu stecken. Dann drückt man den Mitarbeitern nach wenigen standardisierten Testfragen vorschnell einen Stempel auf: kreativ, zielorientiert, teamfähig, buchhalterisch genau. Und nach diesen Merkmalen werden die Aufgaben verteilt. Ein Dilemma. Denn diese Mitarbeiter sausen täglich auf einer fremdbestimmten Spur entlang – und verlieren den Blick für die kleinen feinen Abbiegungen, für die Überraschungen jenseits der nächsten Kurve. Ich hoffe, Sie tappen nicht in diese Falle und bleiben sensibel für ein Unbehagen, das sich immer dann einstellt, wenn Aufgaben nicht punktgenau zum Potenzial passen. Spätestens dann sollten Sie zum Suchenden werden. Wie gesagt, damit sind Sie nicht alleine.

Google nennt rund 590 000 000 Seiten, auf denen Sie lesen können, woraus Ihr Talent besteht und wie Sie sich ihm nähern. Gefühlte 50 000 Bücher umkreisen zudem wortreich das Thema, geschrieben von Wissenschaftlern, Politikern, Unternehmern. Sie alle verbinden das Finden des Talents mit einem Zustand von Glück. Sie können vergleichen, in welchen Ländern die Menschen am meisten lächeln, wo die höchste Quote an Gesundheit, Bildung und Reichtum herrscht, denn das sind die anerkannten Glücksfaktoren im Leben. Diese Einsicht ist nicht neu. Bereits Aristoteles wusste: »Wo sich deine Talente mit den Bedürfnissen der Welt kreuzen, dort liegt deine Berufung.« Es gilt also, diese Kreuzung auf Ihrer inneren Landkarte zu finden. Deshalb besteht für mich die Entdeckung des Talents aus zwei Schritten, deren Reihenfolge unbedingt eingehalten werden sollte:

- an erster Stelle steht die Selbsterkenntnis,
- an zweiter Stelle folgt ein wissenschaftlich fundierter Test.

Kein Glück ohne Talent

Als die ARD vor wenigen Jahren Tausende Menschen nach Glück befragte, gaben manche an, sie wären schon längst auf dem Weg zum Ziel. Andere verfielen in eine träumerische Haltung, so als seien die Sternstunden im Leben noch weit entfernt. Die Antworten waren so vielschichtig wie die Menschen, die versuchten, ihre eigene Vorstellung von Glück auszudrücken. Das faszinierte mich. Dabei hatte die Antwort der Tagesschausprecherin Linda Zervakis mich besonders berührt: »Ich komme aus einer Familie ohne großartige Beziehungen, ohne ein Umfeld, bei dem man dachte: Aus der wird garantiert noch mal irgendwas ganz Großes; ganz im Gegenteil. Es ist ein riesiges Glück, meinen Job machen zu dürfen. Ich muss mich ja selber immer noch mal kneifen, wenn ich um 20:00 Uhr zur ›Tagesschau‹ begrüße. Ich habe nicht getrickst, bin einfach meinen Weg gegangen. Und habe mich zwischendurch vielleicht manchmal Sachen getraut, die sich nicht jeder getraut hat.« Sich im Job kneifen zu müssen, um ganz sicher zu sein, dass man nicht träumt, ist wohl das schönste Kompliment für sich selbst und für den Arbeitgeber. Mehr noch: In diesem Falle wird das Glück zu einem Grundrauschen und ich muss kein Hellseher sein, um festzustellen: Diese Sprecherin trainiert ihr Talent täglich, verfeinert es mit Fleiß und Disziplin, bis daraus eine verlässliche Stärke wird. Das mag ihr oftmals Kraft abverlangen, aber es wird sie niemals erschöpfen, denn sie arbeitet wie ein Architekt an ihrer inneren Landkarte. Sie fügt mit jedem gelebten Tag mehr Wissen und Emotionen hinzu.

Menschen, die ihr Talent als Glück begreifen, handeln selbstbestimmt und haben zuweilen einen langen Atem. Sie meiden schnelle Erfolge und sehnen sich eher nach der Langsamkeit des Seins, weil sie darin den Wert der Beständigkeit erkennen. Und noch eines zeichnet sie aus: Sie bleiben kritisch und verlieren nicht ihre Fähigkeit, Entwicklungen zu hinterfragen. Deshalb können sie wenig mit den Allgemeinplätzen in den zahlreichen Ratgebern oder Websites zum Thema Talent anfangen, die lauten: »Sorge dich nicht, lebe!«, »Lächle dich glücklich!«, »Kämpfe für deine Ziele!«, »Steh' einmal mehr auf, als du gefallen bist!« Das sind für sie nette Worte ohne Nutzen. Ein Talent zu finden, bedarf keiner Poesiealbumsprüche, sondern es setzt den Willen zu konsequenter Arbeit und zu individuellem Wirken voraus. Wenn Sie dazu bereit sind, dann kann es sein, dass Sie Ihr Talent aus den tiefen Regionen Ihres Gehirns hervorlocken – und in diesem Moment werden Sie sich als einzigartig erleben.

Am Horizont der Möglichkeiten

Die Muster eines Talents sind solitär. Keines wird sich jemals auf dieser Welt wiederholen. **Zwar können Experten diese Muster in groben Zügen in Daten erfassen.** Mit wenigen Fragen lässt sich herausfinden, ob Sie empathisch, analytisch, bindungsfähig, unternehmensstark, wissbegierig, musikalisch sind, ob Sie sprachbegabt oder zahlenaffin sind, ob sie kinästhetisch, visuell oder auditiv sind, aber das alles sind nur halbe Wahrheiten. Solche Merkmale sind nicht mehr als die sichtbaren Eckpfeiler Ihres Temperaments. Dazwischen aber eröffnen sich Horizonte von Möglichkeiten, gespickt wie die Milchstraße mit Sternen. So viele Nervenzellen gibt es in Ihrem Gehirn und jede dieser Zellen kann sich mit anderen verbinden und zu einer inneren Landkarte fügen. Kein Datensammelprogramm wird das je durchdringen, nichts kann Sie von außen durch diese Vielfalt navigieren. Das können nur Sie selbst, indem Sie sich aufmerksam beobachten, ob Ihnen eine Tätigkeit Freude macht, ob Sie den Reiz in sich spüren, diese Freude weiterzuentwickeln – auch gegen die Bedenken der anderen. Dann werden Sie irgendwann glühen für dieses Talent – und es mit großer Energie zur Stärke machen. So wie die Nachrichtensprecherin Linda Zervakis, die an ihrem Traum festhielt und ihn unbeirrt von scheinbar fehlenden Chancen verwirklichte. Oder wie der Olympiasieger Fabian Hambüchen. Bis er seine dreifach gedrehte Schraube vom Reck sicher beherrschte, waren Jahre des Übens nötig, waren Verletzungen wahrscheinlich. 2016 hätte Hambüchen sie sogar am Ast eines Baumes turnen können, denn sie war eine seiner trainierten Stärken. Um dauerhafte, außergewöhnliche Leistungen zu vollbringen, bedarf es dieser Ausdauer, die sich immer einstellt, wenn Sie sich auf der Spur Ihrer Stärken befinden.

Deshalb will ich auf den nächsten Seiten Ihr Augenmerk auf die Selbstbeobachtung lenken. Ich will mit Ihnen herausfinden, bei welcher Vorstellung sich Ihre Herzfrequenz erhöht, so als würde Adrenalin durch die Adern strömen und Ihnen einen Kick zur Leistung versetzen. Das Entdecken einer Stärke fühlt sich ähnlich aufregend an – wie Doping für Ihre Seele. Das ist der Grund, warum eine Stärke, einmal begriffen, nicht mehr aus Ihren Gedanken verschwindet, warum sie ähnlich wirkt wie eine Sucht: Sie wollen mehr und mehr vom Gleichen.

Lassen Sie also Ihre Gedanken fliegen. In der Fantasie dürfen Sie sich über Konventionen hinwegsetzen, dürfen alle Zeit und Grenzen überwinden. Dazu forderten bereits vor über 2000 Jahren die Denker der Antike auf, und diese Idee, durch die Fantasie das Lebensdrehbuch umzuschreiben, ist bis heute ein probates Instrument in der Talentforschung geblieben. Verweilen wir also bei diesen Denkern, denn Sie haben uns durchaus Überraschendes hinterlassen. Und sie haben uns gezeigt, dass es zum Finden des Talents keiner Algorithmen bedarf.

Nichtwissen

Meist standen die Denker der Antike auf Marktplätzen oder vor Tempeln, suchten die Nähe zu den Menschen. Das Studieren in Schriftzimmern lag ihnen fern, sie wollten reden, gestikulieren und umgeben sein von Zuhörern. Ihnen ging es nicht darum, ein Maß für Zufriedenheit zu entwerfen, um ihren Forschungen eine Basis zu geben. Was sie umtrieb, war der Zweifel. Der Zweifel darüber, ob zum Beispiel die Verhältnisse im Land jedem Bewohner ein selbstbestimmtes Leben garantieren können. Sie luden ihre Zuhörer zu einem Frage-und-Antwort-Spiel ein, lockten sie zumindest für eine Stunde in die Sphären der Fantasie. Denn so lange dauerte es meist, bis die Soldaten die Runde zerschlugen. Diese befürchteten, dass derartige Gedanken die Menschen aufwühlen, sie gar zu Ungehorsam verleiten könnten. Das war nicht abwegig, denn die Philosophen sprachen unverblümt die Missstände in Gesetz und Glauben an und suchten nach Auswegen aus mancher Drangsal. »Seid ihr zufrieden?«, fragten sie. »Wenn nicht, dann müsst ihr etwas ändern.« Zufriedenheit war für die Philosophen ein begehrenswerter Zustand und nach ihrer Idee sollte er zementiert werden im Alltag. Und bevor die Soldaten ihre Schwerter zückten, riefen die Denker noch einmal in die Zuhörerschar hinein: »Denkt einmal darüber nach, was wäre, würde es keine Begrenzung durch den Staat geben, keinen Zorn der Götter. Stellt euch vor, es würde keine Leiden durch Armut und Krankheit geben, wie würdet ihr leben?« Die Menge raunte: »Was meinst du damit? Wir wissen nicht, was wir wirklich wollen. Und würden wir es versuchen herauszufinden, dann wären wir Abtrünnige. Schlimmstenfalls würde uns der Tod drohen. Die Götter bestimmen, wie wir leben. Der König befiehlt, wie wir arbeiten sollen.« Der Philosoph aber antwortete, dass niemand, selbst die Götter und die Könige, das Recht dazu hätte, ein Leben für andere zu entwerfen, es zu begrenzen durch das Verbot, eigenständig zu denken. »Dann werdet ihr euch niemals selbst erkennen. Ihr werdet immer nur Marionetten sein am Band der anderen. Ihr werdet schwächer mit jedem Tag, wenn ihr es nicht wagt, über euch selbst nachzudenken. Werdet niemals müde, euch Fragen über den Sinn eures Tuns zu stellen. Das ist eure Aufgabe. Das ist das, was die Götter von euch erwarten. Erinnert euch an die Inschrift über dem Portal des Tempels von Delphi. Dort steht ›Gnothí Seautón‹ – ›Erkenne dich selbst‹«. So oder so ähnlich klangen die Dialoge.

So mancher antike Denker redete sich um Kopf und Kragen, aber sie brannten für ihre Thesen vom Freigeist und das Staunen der Menschen war ihnen Applaus genug. Denn sie wussten, dass niemand unberührt von ihren Worten nach Hause ging. Wer einmal – und sei es nur im Geiste – am Wert der Freiheit schnupperte, würde den Samen zur Zufriedenheit säen. Davon war besonders Sokrates, der Rebell unter den antiken Philosophen, überzeugt. Manche mögen ihn für zynisch gehalten haben, andere für genial. Als Nihilist seiner Zeit zwängte er sich in kein Schema. Seine Rhetorik bestand einzig aus dem Zweifel. Das brachte ihm Weltruhm ein. Denn Sokrates ersann den vielleicht stärksten Satz, den je ein Philosoph formulierte. Bis heute nutzen ihn Studenten in den Hörsälen, wenn sie versuchen, den Sinn des Lebens zu beschreiben. Dann zitieren sie den bärtigen Mann aus Athen, der als Gründer der Gesellschaftskritik, als Provokateur gegenüber Obrigkeiten galt. Von den Schülern Platons sind seine eklatanten Marktgespräche überliefert worden. Vor allem jener Satz findet sich immer wieder auf den Seiten, der die athenische Polis erzürnte und für den Sokrates mit 70 Jahren den Gifttod starb: »Ich weiß, dass ich nicht weiß.« Als er im Gerichtssaal seinen Anklägern gegenübertrat, provozierte er sie mit diesen Worten – und griff nach dem Schierlingsbecher.

Auf der einen Seite mag Sokrates den Satz ausgesprochen haben, um die Begrenztheit der Menschen gegenüber den Göttern auszudrücken, so jedenfalls wird er aus heutiger Sicht oft interpretiert. Auf der anderen Seite aber führt uns dieser Satz mitten in die Thematik des Talents. Denn für Sokrates führte das Wertschätzen der eigenen Tugenden, das ständige Annähern an die eigenen Gaben zu einem hohen Grad an Zufriedenheit. Der Philologe Dr. Wolfgang Thorwart schreibt dazu in seinen Untersuchungen:

»Mit dem griechischen Wort ›Areté‹, das im Deutschen meist mit ›Tugend‹ wiedergegeben wird, wird nun im eigentlichen Wortsinne die ›höchste Qualität von etwas‹ bezeichnet: vom Auge die Sehschärfe, vom Pferd die Schnelligkeit, vom Messer die Schärfe der Schneide [...]. Die Areté, die ›Bestheit‹ des Menschen, umfasst nun nicht nur einzelne Tugenden wie Tapferkeit oder Gerechtigkeit, sondern sie beschreibt eine umfassende Bestheit, in der alle menschlichen Anlagen und Bestimmungen in bestmöglichster Weise enthalten sind.

Sokrates fragt also nach der umfassenden menschlichen Bestheit und einem von dieser Bestheit bestimmten guten und vernünftigen Leben. Sein Gebiet ist damit das der praktischen Philosophie (im antiken Sinne), der Ethik im modernen Sinne.«[3]

Nur wer sich selbst hinterfragt, wer sich traut, als Nichtwissender zu handeln, der wird außergewöhnliche Lösungen im Alltag finden. Diese Vorstellung fanden übrigens auch andere Denker attraktiv. Dazu später mehr, denn an dieser Stelle will ich das Nichtwissen wirken lassen und es Ihnen als Möglichkeit empfehlen, Ihr Talent zu entdecken.

Setzen Sie sich in einen bequemen Sessel, schließen Sie die Augen und spulen Sie die vergangenen sieben Tage noch einmal gedanklich ab. Sortieren Sie vor Ihrem geistigen Auge die langweilen Pflichtaufgaben aus. Sie interessieren uns nicht, denn sie bieten Ihnen keine Überraschung und schon gar keine Zufriedenheit. Aufgaben nach Standard langweilen mit der Zeit und ermüden die Fantasie. Deshalb versuchen Sie, die kleinen überraschenden Momente zu finden, solche, die wir im Stress leider oft ignorieren. Suchen Sie nach den guten Gefühlen, die sich dann einstellen, wenn Sie entlang Ihrer Stärken arbeiten. Trauen Sie sich zu, sich vorzustellen, was bislang für Sie in der Wirklichkeit unerreichbar schien.

Wann haben Sie sich in eine Tätigkeit oder in eine Situation geradezu verhakt, weil Sie diese liebten und weil Sie ein gutes Gefühl von Erfolg empfanden?

- Wann waren Situationen und Tätigkeiten getragen von hellen Emotionen wie Freude, Überraschung, Staunen oder Stolz?
- Wann haben Sie die Zeit während Ihrer Arbeit vergessen?
- Wann fühlten Sie jene Beschwingtheit in sich, die ein Indiz für gute Leistung ist?
- Wann sahen Sie in den Augen der anderen einen Blitz der Bewunderung?
- Wann haben Sie sich aus Ihrer Komfortzone herausgewagt, sind trotz Herzklopfen weitergangen und haben sich aus Lust und Neugierde auf etwas Neues eingelassen?
- Wann hatten Sie das Gefühl: Da geht noch mehr?
- Wo könnte Ihre »Bestheit« liegen, fernab von Ihren täglichen Verpflichtungen?

Bezweifeln Sie, was Sie tun und Sie finden augenblicklich bessere Alternativen! Hinterfragen Sie vor Ihrem geistigen Auge Ihren Chef, Ihre Kollegen, das ganze Unternehmen.

Mitarbeiter, die unbequem sind, sind die besseren Mitarbeiter, weil sie Ideen entwickeln statt Prozesse nur abzunicken. Weil sie selbstbewusst sind. Weil sie Visionen in sich tragen. Weil sie bereit sind zu gehen, wenn ihnen Aufgaben nicht passen und Ziele für sie nicht stimmig sind. Weil sie nicht am Arbeitsplatz kleben. Weil sie Suchende sind im Meer der Möglichkeiten. Was wäre, wenn Sie sich heute Ihre Tätigkeitsbeschreibung im Business selbst formulieren könnten? Wie würde es sich anfühlen, wenn Sie fernab von Richtlinien, Einschränkungen, Regeln, Restriktionen, Eitelkeiten und Geldnöten denken und handeln könnten? In welchen Gedanken würden Sie sich am liebsten einwickeln, weil der Atem gleichmäßig wird, sich die Muskeln entspannen und Sie zufrieden sind? Genau in diesem Moment verlassen Sie den Trampelpfad des Alltäglichen und damit das Mittelmaß. Sie fragen sich, ob es in Ihnen noch etwas gibt, das Sie nicht kennen. Sie haben plötzlich den Mut, das Potenzial rechts und links Ihrer bisherigen Verhaltens- und Wissensmuster zu suchen. Nur durch empathische, wundersame, zielorientierte, zirkulierende, polarisierende, inspirierende, kritische Fragen können Sie die versteckten Wege der inneren Landkarte freilegen. Auf die Stärkenforschung übersetzt bedeutet der sokratische Satz: »Erkenne deine Stärken immer wieder auf neuen und anderen Wegen. Bleibe neugierig auf dich selbst.«

Fragen als Richtungsweiser

Ob Sie zufrieden sind mit Ihrem Beruf, Ihrem Alltag, in Ihrer Ehe und in Freundschaften, ob Sie morgens mit einem Lächeln im Gesicht aufstehen, weil genau jene Aufgaben auf Sie warten, die Sie lieben, das hängt von den Fragen ab, die Sie sich stellen. Ich glaube, viele Menschen hören zu früh auf zu fragen. Sie nehmen vorgefertigte Antworten als eigene Wahrheit an. Sie bauen Fassaden. Mit einer Berufsbezeichnung, die sich gut liest auf den Visitenkarten, mit Status- und Machtsymbolen, die landläufig als Karrierefaktoren gelten. Sie wohnen in einem Haus, das die Bank für profitabel hielt und mitfinanziert. Sie hängen sich Kunst an die Wände, weil sie zum Interieur passt. Sie fahren ein Auto, das die Höhe des Gehalts spiegelt. Sie bewegen sich rund um die Uhr in einem Zeittakt, den andere vorgeben, hoffend, dieser Takt könnte sie im Leben ein Stück weiter nach vorne bringen. So schichten sie Stein auf Stein und freuen sich über Worte wie: »Du bist weit gekommen.« Dann nicken sie mit vermeintlicher Zufriedenheit und fragen sich insgeheim »What's next?« und bauen weiter an der Fassade – bis sie selbst dahinter verschwinden, bis die Steine die eigene innere Ausstrahlung überragen. Dann sind sie angekommen in der Nikomachischen Ethik von Aristoteles, in der alles Handeln auf ein Ziel ausgerichtet ist: auf die Vermehrung von Glück. Nur vergessen sie über dem Sammeln der Steine eines: Glück ist kein Statussymbol und nie eine Fassade.

Die antiken Philosophen wollten Mauern einreißen. Sie wollten pure Gedanken triggern, die aus der inneren Quelle des Potenzials entsprangen. Sie wollten eine Anleitung bieten zur selbstkritischen Prüfung. Was wie ein Aufruf zur Attacke auf Herrscherstrukturen erschien, war in Wirklichkeit ein Aufruf zur Zufriedenheit. Aristoteles zum Beispiel saugte die Gedanken von Sokrates geradezu auf und ergänzte sie um eigene Nuancen. Dieser Generalist selbst im modernen Sinne ermunterte seine Zuhörer, nicht zu handeln, um gute Ergebnisse zu erzielen, sondern um Freude zu erleben. Damit meinte er etwa Folgendes: Wenn ein Künstler ein Bild malt, dann geht es ihm nicht um das Endprodukt, sondern um den künstlerischen Prozess. Er zeichnet die Motive mit zarten Bleistiftstrichen vor, bestimmt die Perspektive, wählt weitere Materialien und Farben. Und während er arbeitet, verändert er seine Arbeitsweise, verwirft Entwürfe, beginnt von vorne. Er lässt sich ein auf einen Prozess, der ihn gedanklich in sein Potenzial aus Erfahrung und Wissen und Gefühlen führt. Er will etwas Eigenes schaffen. Er lässt das Bild Tag für Tag reifen. Jedes Detail ist ihm wichtig und jede Handbewegung führt er mit hoher Konzentration aus. In dieser Phase des Schaffens können Momente des Glücks entstehen. Die Summe dieser Momente werden ihn prägen, ihn weiter tragen bis zum letzten Pinselstrich. Er wird sich zeit seines Lebens an die Entstehung des Bildes erinnern, weil er seine Arbeit mit der Sinnlichkeit verband. Diesen Zusammenhang zwischen Tätigkeit und Freude erkannte Aristoteles und packte diese Erkenntnis in einen schönen Satz, der wie eine Anleitung für sinnliches Arbeiten anmutet: »Was wir dann machen, machen wir um seiner selbst willen.«

Die Entdeckung des Talents

Dann kamen die Römer. Auch sie fragten nach dem Sinn im Leben. Sie nahmen die Essenz der griechischen Philosophie durchaus an und fügten ihr weitere Nuancen hinzu, indem sie nach einem Anker trachteten, der ein Potenzial zum inneren Hafen machen könnte. Seneca war der Erste unter ihnen, der diesem Anker einen Namen gab. Seneca entdeckte das Talent.

Wem es gelingen würde, seine Tugend und seine Vernunft auf diese Basis zu stellen, der würde sich vom Schicksal nicht verdrießen lassen. Solch kluge Gedanken schrieb er auf Papier und wurde damit zum

Star-Autor der römischen Welt. Es ist nicht vermessen zu behaupten, dass er mit seinen systematischen Lehrbüchern die vermutlich ersten Ratgeber der Menschheit schrieb, die alle Merkmale eines guten Buches umfassten, nämlich die Reflektion und die Analyse und am Ende eine Anleitung zum Handeln. Seine Schriften zum Talent sollten unter anderem Gracian, Schopenhauer, Nietzsche inspirieren, seine Thesen sollten eingehen in die Talentforschung, die im Kern besagt: »Glücklich ist daher ein Leben, wenn es seiner Natur entspricht.«[4] Der Satz ist ein Klassiker und die Formel, die sich daraus ergibt, lautet: Talent = Gene × Umwelt.

Hinter dieser Formel verbirgt sich Ihre innere Landkarte im Gehirn, zusammengesetzt aus mehr als schätzungsweise 100 Milliarden Neuronen. Sie bilden Ihr Netz aus kognitiven, sozialen, kreativen und emotionalen Mustern. Man könnte sagen, sobald ein Mensch nach seinem Talent wirkt, tanzen die Neuronen in beeindruckender Harmonie zusammen. Dann gibt es kein Zögern, keine Angst vor dem Versagen, keine Unsicherheit in den Schritten. Alles wird getragen von einer Leichtigkeit und Zuversicht. Seneca übrigens hatte ein Talent für Sprache. Er fand Worte, die die Menschen berührten – und damit erweckte er den Neid des Kaisers Caligula. Dem Tod sprang der Weisheitslehrer nur knapp von der Schippe. Dafür wurde er nach Korsika verbannt und er hätte in der Einsamkeit verzweifeln können, hätte er nicht seinen unzerstörbaren Anker in sich gespürt. Seneca hielt sich daran fest, durchschrieb die Schicksalsjahre und schliff weiter an seinen Worten. So lange, bis sich schließlich Kaiserin Agrippina seiner erinnerte und ihn zum Lehrer des elfjährigen Sohnes Nero ernannte. Ein schwieriges Unterfangen, wie sich bald herausstellte, denn Nero war nicht zur Tugend geboren. Er sollte seinem Lehrer zunächst zu Reichtum verhelfen und ihm später den Gifttod verordnen. Warum ich Ihnen das erzähle? Weil Seneca sein Talent niemals aufgegeben hätte, um dadurch zu einem reichen, angesehenen, einflussreichen Mann zu werden. Er hätte unterwegs auf seinem Lebensweg an hundert Biegungen resignieren können. Er tat es nicht. Er lebte und starb für sein Talent.

Auch wenn ich Ihnen im folgenden Kapitel nahelegen werde, sich keine Vorbilder zu suchen, sondern auf Ihre eigene Kraft und Kreativität zu bauen, so will ich Sie an dieser Stelle doch dazu verführen, sich von diesen philosophischen Gedanken inspirieren zu lassen. Sie können Wegweiser auf Ihrer Talentsuche sein und durchaus zu mehr Eigen-Sinn inspirieren.

Allzu oft vernachlässigen wir unser Potenzial, indem wir uns Aufgaben widmen, die nicht zu uns passen. Dann entschuldigen wir diese Wahl mit banalen Ausreden wie: Am Ende des Monats muss die Miete auf dem Konto sein. Oder: Es könnte schlimmer kommen, ich könnte in der Arbeitslosigkeit landen. Oder: Wenn ich dieses Projekt abgeschlossen habe, dann suche ich mir eine Aufgabe, die wirklich zu mir passt. Was allerdings passiert, wenn wir derart unsere Talente für unliebsame Aufgaben opfern? Wir schlendern an unserem Lebenssinn vorbei. Nur nicht auffallen, nur nicht unbequem sein, nur nicht herausstechen aus der Menge. Dieses Motto scheint sich aktuell in vielen Unternehmen auszuweiten und ich halte diese Entwicklung für bedenklich. Denn ein Mensch, der seine Stärken ignoriert, der bleibt weit hinter seinen Möglichkeiten zurück. Für Seneca wäre das undenkbar gewesen, für ihn wäre das schlimmer als der Tod. Seine letzten Worte erzählten von diesem Drama: »… daß ich nicht aufhöre, das Leben – nicht das ich führe, sondern das man nach meinem Wissen führen muß – zu preisen, daß ich die Tugend anbete und ihr, in ungeheurem Abstand, hinterherkrieche«.[5] Werden Sie zum Helden Ihres eigenen Lebens! Philosophen wollten zu allen Zeiten die leisen Helden sein, die andere Menschen zum Glück inspirierten.

Das Glück des Pessimisten

Ausgerechnet Arthur Schopenhauer, der griesgrämige, unbequeme Geselle unter den Geisteswissenschaftlern, zeigte uns den Weg, die eigenen Talente und Stärken für ein glückliches Leben zu nutzen. Bekannt für seinen Missmut und seine Skepsis allen Menschen gegenüber, gefürchtet wegen seiner Launen und gemieden wegen seines Lamentierens, war Schopenhauer ein einsamer Mann. Was er auch anfasste, misslang. Was er sich vornahm, war nicht von Erfolg gekrönt. In der Liebe fehlte ihm der Charme und in der Lehre die Diskussionsfreude. In seinem Hauptwerk *Die Welt als Wille und Vorstellung* stellte er gar fest: »Der Zweck unseres Daseins ist nicht der, glücklich zu sein. Ja, wenn näher und unbefangen betrachtet, stellt das Leben sich vielmehr dar, wie ganz eigentlich darauf abgesehen, dass wir uns nicht glücklich darin fühlen sollen.«[6] Könnte etwas anderes aus der Feder eines Pessimisten stammen als diese Einsicht? Ja!

Schopenhauer reflektierte seine Enttäuschungen. Auch er fragte sich, welchen Sinn ein Leben haben könnte, wenn es nur einsam, traurig wäre. Zwar hielten ihn derartige Überlegungen nicht davon ab, seine Mitmenschen zu beschimpfen, aber doch traute er sich, auf seiner inneren Landkarte nach hellen Stellen zu suchen. Er wollte dazu ausschließlich seinen Verstand nutzen – und nicht die Träume zu Zielen erklären. Und doch schimmert durch seine Schriften die Idee, dass Glück nicht zu einhundert Prozent ein Vernunftkonstrukt sein kann.

Schopenhauer lehrte uns: Philosophieren in der stillen Kammer reicht nicht aus, um das Leben mit Freude zu meistern. Dann kann es nämlich passieren, dass ein Mensch zum Querkopf wird, weil er seinem Wissen die Emotionen nicht hinzufügt. Das muss er übrigens früh erkannt haben, auch wenn er sich im Alltag wie ein ungehobelter Klotz benahm. Im Alter von 34 Jahren – seine Zornesfalte hatte sich bereits tief zwischen die Augen gegraben – sagte er sich wohl Folgendes: Wenn ein Pessimist wie er auf der Suche nach Glück sei, dann könne es nur eine Maxime geben, und zwar die Perspektive zu wechseln. Er wollte damit den Blick weglenken von den eigenen charakterlichen Beschränkungen und hin zu einer Landschaft, die von Zuversicht erzählt. So drehte er seine Gedanken unversehens um, gab seiner Negativität zumindest als Schriftsteller etwas mehr Optimismus. Heraus kam ein ganz wunderbares Heft mit 50 Regeln, das ich Ihnen als Lektüre empfehlen möchte. Jede Regel hat bis heute Gültigkeit und wird es auch in Zukunft haben. Was immer die Institute dieser Welt über Glück herausfinden, was immer die Daten aus Langzeitstudien ermitteln, welche Algorithmen auch diesen erstrebenswerten Zustand in einer Software abbilden – Schopenhauer hat das Entscheidende bereits 1822 niedergeschrieben. Er hat den Charakter betrachtet, das Fortschreiten der Zeit, das Festhalten an Werten, das Sammeln von Erfahrung und auch das Anerkennen des Talents. Das alles ist für ihn *Die Kunst, glücklich zu sein*, so der Titel seines Büchleins »Wir müssen erst aus Erfahrung lernen, was wir wollen und was wir können: bis dahin wissen wir es nicht, sind charakterlos und müssen oft durch harte Stöße von außen auf unsern eigenen Weg zurückgeworfen werden. – Haben wir es aber endlich gelernt, dann haben wir erlangt, was man in der Welt Charakter nennt, den erworbenen Charakter. Dieses ist demnach nichts anderes, als möglichst vollkommene Kenntnis der eigenen Individualität [...] also von den gesamten Stärken und Schwächen ...«[7]

Diese Erkenntnis ist grundlegend für die Stärkenforschung, denn daraus dürfen wir ableiten: Ein Talent ist naturgegeben, eine Stärke muss erarbeitet werden. Es können Stürze erfolgen, Niederlagen einen Plan durchkreuzen. Es können Tränen fließen vor Anstrengung und manchmal vor Schmerzen. Und doch wird jeder einzelne Schliff an dieser Stärke sich zum eigenen Charakter fügen. Sie werden sich dann nicht mehr verbiegen, um den anderen zu gefallen. Sie werden keine Aufgaben übernehmen, die Ihrer natürlichen Gabe widersprechen. Sie werden lernen, in aller Deutlichkeit Nein zu sagen, wenn jemand Sie auffordert, Ihre selbstgeschaffene innere Landschaft zu verlassen. Wenn Sie heute in einem Team tätig sind, das Ihre Stärken nicht schätzt, dann werden Sie klare Worte finden, um Ihre Arbeitsweise zu rechtfertigen, und wenn Sie daraufhin nur Kopfschütteln erhalten, dann werden Sie sich entscheiden zu gehen.

Eine solche Autarkie erreichen Sie nicht mit einem Fingerschnippen. Sie erarbeiten sie sich mit Fleiß und Disziplin und in erster Linie mit dem Anerkennen Ihres Talents. Allerdings ist das Wissen um Ihr Talent die eine Sache und das unermüdliche Verfeinern eine andere.

Das Wissen können Sie durch Selbstbeobachtung erlangen. Das Verfeinern erreichen Sie durch Fleiß und durch das Nutzen Ihrer Erfahrungen und Emotionen. Schopenhauer machte wie kaum ein anderer Philosoph seinen Lesern klar: Nur wer seine Stärken und Schwächen erforscht habe, könne seine »hervorstechenden natürlichen Anlagen ausbilden, gebrauchen, (und) auf alle Weise zu nutzen suchen«[8]. Nur wer dahin gelange, werde mit Besonnenheit ganz er selbst sein und wird sich nicht selbst im Stich lassen. Er werde wissen, was er sich zumuten könne und vor allem auf die Nachahmung fremder Eigenschaften und Eigentümlichkeiten verzichten. Diese Einsicht beeindruckte auch einen anderen großen Denker. Der Individualist Friedrich Nietzsche fühlte sich von diesen Schriften angezogen. Sie inspirierten ihn zu seiner persönlichen Abenteuerreise, um der zu werden, der er war.

Vom Himmel auf Erden

Man muss nicht unbedingt ein Pessimist sein, um das Glück in Worte zu packen. Das bewies Friedrich Nietzsche, dem der Erfolg am Anfang seines Lebens zuzufallen schien, der von der Fach- und Leserwelt mit Lob überschüttet wurde. Getrieben von einer Neugierde aufs Leben entwickelte er sich zum Freigeist seiner Zeit. Er lehnte in jeder Weise ab, sich von anderen Menschen sagen zu lassen, was das Beste für ihn sei. Das wusste er selbst. Diese Eigensinnigkeit, gepaart mit einer Portion Eloquenz, ließ ihn zum Wunderkind der Philologie aufsteigen. Was immer er schrieb, er erntete Aufmerksamkeit und oftmals ein Lob über alle Maßen. Aber auch Lob war für ihn bisweilen ein Mittel der Manipulation. Als sein Professor und Förderer Friedrich Ritschl eines seiner Werke prämierte, da wurde Nietzsche vorsichtig. Er schrieb an einen Freund: »Wie leicht kann man von Männern wie Ritschl bestimmt werden, fortgerissen werden vielleicht gerade auf Bahnen, die der eigenen Natur fern liegen.«[9] Damit lehrte er uns, dass die Selbsterkenntnis der eigenen Talente als Schutzschild gegen äußere Verführungen wirken kann. Wir dürfen es heben, wenn andere uns aus Unkenntnis um unsere Talente oder aus reinem Selbstzweck auf Fährten locken wollen, die uns nicht entsprechen. In seinen Aphorismen erkennt man diesen geistreichen, selbstbewussten Mann, der augenzwinkernd flüstert: Lebe dein eigenes Leben.

Nietzsche erst brachte den Himmel der Wissenschaft auf die Erde, machte Wortwolken zu greifbaren Sätzen: »Nun heiße ich euch, mich verlieren und euch zu finden«, heißt es in seinem Spätwerk *Ecce Homo*.[10] Demnach schubst ein wahrer Förderer an – und tritt dann zurück. Er ermuntert, die inneren Grenzen zu verschieben und sich niemals auszuruhen in einem Komfort. Wie ein Kind sollte ein Mensch neugierig bleiben auf die Möglichkeiten, die sich ihm eröffnen. Er sollte seine innere Landkarte zu einem unverwechselbaren Terrain ausbauen.

Leider trauen sich das nur wenige Menschen zu. Bis heute. Wir sind sogar dabei, diese eigene Kreativität zu verlernen, weil wir zu sehr auf andere blicken, weil wir Vorbilder suchen, um ihnen nachzueifern. Darüber würde Nietzsche lauthals lachen. Denn für ihn wäre ein solches Verhalten wie ein brachliegendes, schattiges Feld. Es wäre als würde die Sonne nur auf die anderen scheinen und wir selbst würden frösteln. Er würde die zahlreichen aktuellen Ratgeber, die mit Vorbildern spielen, für gefährlich halten. Er würde einwenden, dass diese uns in eine kauernde Haltung stoßen und letztendlich in das traurige Gefühl, uns selbst nicht zu genügen. Um wie viel attraktiver wirkt das Bild, das Nietzsche für uns als Gegenentwurf malte: »Lebe so, dass dir jeder Augenblick wiederkehren könnte.« Es wäre gut, würden Sie zumindest bis zur letzten Seite meines Buches diesen Satz als Autosuggestion auffassen, als einen Satz zur mentalen Stärkung. Danach, ich bin mir sicher, wird er in Ihre Zellen eingedrungen sein. Dann werden Sie reif sein für jene Frage, die Nietzsches Zarathustra stellte: »Das – ist nun mein Weg, – wo ist der eure?«[11] Die Antwort übrigens verschwieg er. Finden Sie sie selbst heraus.

WER BIST DU DENN?
ERKENNST DU MICH NICHT MEHR?
ICH BIN DER, DEN DU VOR JAHREN IM STICH GELASSEN HAST...
... DEIN TALENT!

Kapitel 2

EINE KOPIE IST NIE SO GUT WIE DAS ORIGINAL

Fragen Sie 100 Start-up-Unternehmer nach ihrem Vorbild, so werden Sie 99 gleiche Antworten hören. 99 Stimmen werden flüstern: Steve Jobs. Das Unternehmer-Idol hatte einen widersprüchlichen Charakter, war ein Egozentriker und ein Esoteriker, ein Zen-Anhänger und ein Visionär. Sein gnadenloser Einsatz für sein Business wurde zur Legende. Gefühle im Job ließ er nicht zu, sie waren Schlaglöcher auf dem Weg zum Erfolg. Er gab dem Tag einen anderen Rhythmus, wenn es die Arbeit verlangte – was für andere selbstzerstörerisch war, war für ihn Enthusiasmus. Sein erklärtes Ziel im Leben war es, eine Delle ins Universum zu schlagen. Welcher Start-up-Unternehmer könnte von dieser Metapher nicht berührt werden und sich sagen: »Wenn ich diese Strategie, diese Arbeitswut und dieses Verhalten meinen Charaktermerkmalen hinzufüge, dann kann mir ähnlich Großartiges gelingen«?

Oder fragen Sie 100 Autoren nach einem Vorbild für Verkaufszahlen, so werden Ihnen 99 Autoren den Namen Joanne K. Rowling entgegenrufen. Diese Frau hat es wie kaum jemand zuvor in der Branche geschafft, sich gegen alle anfänglichen Bedenken von Lektoren und Verlagen ein Vermögen zusammenzuschreiben. Geschätzte 400 Millionen Bücher, gewebt aus Fantasie und dem Spiel aus Gut und Böse verkaufte sie. Nur die Bibel toppte diese Zahl.

Steve Jobs wollte durch die Exosphäre direkt ins Universum. Er nahm nur Menschen mit, die außergewöhnlich kreativ, detailverliebt oder visionär waren, die für ihre Verbissenheit bis zur Schmerzgrenze gingen. Er hatte ein hohes Maß an entdeckenden und analytischen Stärken. Das mag in seinem Temperament, in seiner Erziehung, seiner ganz eigenen Sozialisierung begründet sein. Wir wissen es nicht.

Er hat dieses Geheimnis mit ins Grab genommen. Und die Starautorin? Sie verfügt über einen Reichtum an Vorstellungskraft, sie spielt wie eine Virtuosin mit ihren Romanfiguren und niemand hätte für möglich gehalten, dass sie durch das Erfinden ihrer Harry-Potter-Figur zu solchem Ruhm gelangen könnte. Denn als sie zu schreiben begann, lebte sie als alleinerziehende Mutter in einer kleinen Wohnung in England, finanziert durch die Sozialhilfe. Einen Ratschlag für ihren Erfolg gibt sie gerne weiter. Der passt perfekt zum Suchen der eigenen Stärken. In einem Interview mit Amazon sagte sie: »Wenn mich jemand nach meinem Rezept für Glück fragen würde, wäre der erste Schritt, herauszufinden, was man am allerliebsten macht; und der zweite, jemanden zu finden, der einen dafür bezahlt. Ich betrachte es als großes Glück, dass ich vom Schreiben leben kann.«[12]

»Solch ein Erfolg lässt sich wiederholen«, mögen manche denken. Vielleicht legen 99 Start-up-Unternehmen oder zukünftige Schriftsteller heute los, um diesen fremden Plan von Jobs oder Rowling zu kopieren. Sie werden scheitern. Gewinnen wird der eine, der sich auf sich selbst besinnt und sich fragt: »Wie werde ich der Beste, der ich aufgrund meiner Persönlichkeit, meines Wissens, meiner Talente sein kann?« Es gibt keine »goldene Pille« die wir schlucken können, um fremde Denkmuster zu adaptieren. Jeder Mensch ist sein eigenes System aus Nervenzellen – 100 Milliarden befinden sich im Gehirn, bereit, Synapsen zu bilden und sich zu verschalten. Die dicksten Stränge werden dort entstehen, wo unser eigenes Talent sitzt.

Für Erfolg gibt es keine Blaupause, denn Erfolg ist eine Sache persönlicher Stärken. Selbst die Digitalisierung mit ihren künstlichen Intelligenzen wird vermutlich niemals bis in die tiefen Geheimnisse hervordringen, um Talente zu kopieren und das Ganze als Masterplan für die Menschheit zu posten. Welch ein Glück! Wäre es anders, dann würde die Vielfalt sterben. Es gäbe keine Kreativität mehr, keine außergewöhnlichen Geschäftsideen, es gäbe keine neuen Stile in Kunst und Literatur. Wahrscheinlich wären die Wände der Galeristen mit erbärmlichen Kopierarbeiten des teuersten Bildes der Welt behängt, mit »Les femmes d'Alger« von Picasso. Irgendwo zwischen Kubismus und knallbunter Effekthascherei würde die Kunstwelt feststecken und es hätte vielleicht nie die weiterentwickelte abstrakte Malerei oder die Pop-Art gegeben. Und wahrscheinlich würden die Buchregale der Händler nicht ausreichen, um kopierte Romane zu stapeln. Nun nutzte Picasso für sein Bild durchaus Bekanntes und auch das Genre Fantasy etablierte sich längst vor Harry Potter. Aber beide Künstler, der Ausnahmemaler und die Ausnahmeschriftstellerin, ließen sich lediglich inspirieren, um dann etwas Eigenes zu schaffen. Sie fanden einen Weg, der ihrer war. Sie formten ihre Vorstellungen, Erlebnisse, ihre ganz persönlichen Erfahrungen zu Werken. Vielleicht waren sie niemals zuvor in ihrem Leben näher bei sich selbst.

Das Talent als Naturgesetz

Wer den Vorbildern hinterherrast, der wird an seinem eigenen Potenzial vorbeirauschen. Er wird das Stoppschild zwischen Traum und Wirklichkeit überfahren. Es wäre etwa so, als würden Sie eine Straßenkarte von New York auf den Knien halten und sich in Shanghai befinden. Sie würden ein Suchender bleiben, dem es niemals gelänge, sich zurechtzufinden in einem Gewirr aus Möglichkeiten. Sie würden sich verlieren. Diese Gefahr, in sich selbst nicht zu Hause zu sein, hatte bereits der Philosoph der Romantik, Friedrich Wilhelm Schelling, beschrieben. Für ihn war der Mensch ein Gestalter, ein Wandelnder zwischen Natur und Geist. »Die Natur soll der sichtbare Geist, der Geist die unsichtbare Natur seyn. Hier also, in der absoluten Identität des Geistes in uns und der Natur außer uns, muß sich das Problem, wie eine Natur außer uns möglich seye, auflösen.«[13]

Klingt wie unsere Formel: Talent = Gene × Natur. Sie erinnern sich? Was heute als moderne Talentforschung gepriesen wird, trug Schelling in die sperrige Zeit der Romanik und erhob sich damit in den Kreis der eigensinnigen Denker. Er nannte das Zusammenspiel aus Natur und Geist »Weltseele«. Nach seiner Ansicht beginnt diese Seele zu atmen, wenn die Natur im Menschen die Augen aufschlägt, um sich selbst zu betrachten. In dem Moment ist sich der Mensch seiner Vergangenheit, Gegenwart und Zukunft bewusst, in dem Moment erfasst er den Sinn seines Lebens. Und dieser Sinn ist einzigartig. Er ist eine Herausforderung an jedem einzelnen Tag. Er wird getragen von den Talenten in Ihnen. Natürlich können Sie Ihre Größe, Ihre Hautfarbe, Ihre Familie, in die Sie hineingeboren worden sind, nicht verändern. Die körperlichen Eigenschaften und die Herkunft, das sind Ihre Konstanten, die Leitplanken im Leben. Aber die Strecke samt Biegungen, Schlaglöchern, Kurven und Weiten dürfen Sie aus Ihrem Antrieb heraus nutzen. Dort schlägt die Natur in Ihnen die Augen auf. Es sei denn, Sie halten diese Augen durch hinderliche Glaubenssätze blind.

Glaubenssätze sind nicht Ihr eigenes Werk. Sie sind vielmehr eine Verletzung, die andere Ihnen von außen zufügten. Diese sagten Ihnen vielleicht schon von Kindertagen an: »Das kannst du nicht«, »Das wird dir nicht gelingen«. Diese Sätze bilden Metastasen. Sie wuchern im Herzen und im Verstand und zwingen zum Versagen. Weil sie Energieräuber sind, weil sie zum Leiden geradezu auffordern. Mit den Jahren wird aus diesen Sätzen eine Haltung: »Ich habe ja doch kein Glück«. Wenn Sie das als Wahrheit begreifen, dann manifestieren Sie in Ihren grauen Zellen den alles tötenden Satz »So bin ich halt«. In diesem Moment hört Ihre Weltseele auf zu atmen. Sie resignieren. Stillstand. Das Ende aller Entwicklungsmöglichkeiten. Ein trauriges Leben. Was bleibt, ist lediglich die Bereitschaft, sich von anderen in eine Rolle drängen zu lassen, die nicht die eigene ist. Und damit beginnt das Träumen von Vorbildern, denn woran sonst sollte man sich festhalten? Mit den Erfolgsgeschichten der anderen seufzt die Seele: »Vielleicht könnte mir ein Erfolg gelingen, wenn ich so werde wie er?«

Auf fremden Wegen

Der Unterschied zwischen den sogenannten Vorbildern und den vermeintlichen Kopierern ist folgender: Die ersten haben an sich geglaubt, sie haben keine Mühe gescheut, um diesen Glauben mit Taten zu füllen. Sie haben sogar innerlich die Leitplanken, die die Natur für sie vorgesehen hatte, übersprungen. Sie haben sich von anderen nicht kleinhalten lassen und sich von Zweiflern frühzeitig verabschiedet. Sie suchten sich Unterstützer.

Die zweiten haben sich nie erlaubt, ein Mensch mit Eigen-Sinn zu sein. Sie haben die Verantwortung für ein Agieren nach ihrem Naturell an andere abgegeben. Unternehmerkinder wissen, wovon ich rede. Ich bin eines von ihnen. Dort scheint der Karriereweg oft vorgezeichnet. Das Kind übernimmt, was der Vater aufbaute. Die Frage nach dem Talent wird in diesen Familien übrigens obsolet, denn ein Unternehmen soll Generationen überdauern. Auch ich dachte, ein geborener Firmenbesitzer zu sein.

Als mein Vater plötzlich erkrankte, war es für mich keine Frage, die Leitung des Elektrofachgeschäftes zu übernehmen. Ich war zwanzig Jahre alt und dachte, das Unternehmertum sei mein Elixier. Bereits mein Großvater, Adam Buck, der Erfinder der Netzgeräte, hatte es gegründet und als Vermächtnis meinem Vater übergeben. Beide investierten, taten das mit einem stillen Fleiß. Sie stapelten nach schwäbischer Art einen Erfolgsstein auf den anderen, um ein solides Fundament zu schaffen. Wäre mein Großvater sich seiner Tüftlerstärken bewusst gewesen und hätte er die Bescheidenheit für eine Weile abstreifen können, die Erfindung seiner Netzgeräte wäre zu einem einträglichen Patent geworden. Er aber freute sich nur innerlich über seine Erfindungsgabe und vergaß, diese im Schelling'schen Sinne mit der äußeren Natur zu verschmelzen, also darüber zu reden. In meiner Familie war eher die Verantwortung für Mitarbeiter ein Gesprächsthema beim Abendbrot als das Entdecken des eigenen Talents. Umso natürlicher erschien es mir, den Laden aufrechtzuerhalten in dieser Notsituation. Auch ich spürte die Verantwortung für die Mitarbeiter und für das Einhalten aller Lieferverträge und Kundenzusagen. »Ich übernehme das«, sagte ich meiner Mutter. Mangels Optionen ließ sie sich auf den Vorschlag ein und so war ich plötzlich Personalleiter, Manager, Einkäufer – eben ein Unternehmer in Baden-Württemberg: fleißig und zielorientiert, die Kasse musste stimmen, immerhin wollten am Ende des Monats 10 Mitarbeiter ihren Lohn. Es machte mir Freude. Allerdings konnte ich damals noch nicht einschätzen, dass mich nicht das Verkaufen von Elektronik triggerte, sondern die Zusammenarbeit mit den Menschen, die in diesem Unternehmen seit vielen Jahren arbeiteten. Zur Verwunderung des Teams fragte ich nicht nach Umsatzzahlen, evaluierte nicht die Ergebnisse im Monatsrhythmus. Ich wurde vielmehr für eine Weile zum Beobachter, wollte herausfinden, wer auf welchem Gebiet stark war, wo sich ein ungeahntes Potenzial entfaltete. Damit landete ich unbewusst mitten in meinem Reservoir, den analysierenden Stärken. Ich änderte Prozesse in der Art, dass ich den Mitarbeitern ein eigenes Tempo zugestand, dass ich sie fragte, ob sie wirklich das täten, was sie liebten. Ich war bereit, Aufgaben umzuverteilen, wenn Mitarbeiter das wünschten. Ein Motivationsschub war die Folge. Wir expandierten, ohne dieses Ziel auf die Agenda zu schreiben. Anfangs wollten wir in einer Notsituation überleben und am Ende wurden wir zum leitenden Fachhandel in der Region. Es war für mich erfüllend, diese Entwicklung zu sehen, und ich fragte mich: »Was wäre, würde sich jeder Mensch die Sinnfrage stellen. Würde jeder fragen: ›Wie will ich leben und was will ich erreichen?‹« Wie viel Potenzial würde freigesetzt, wie viel Leistung wäre möglich, wie viel Zufriedenheit würde sich über das Unternehmertum und darüber hinaus bis ins private Umfeld ausbreiten?

Diese Frage ließ mich nicht mehr los. Ich wurde zum Suchenden. Ich las die Klassiker der Literatur, beschäftigte mich mit den großen Denkern der Epochen. Ich schraubte mich immer tiefer in die Lebensthemen ein und dachte, es müsse eine formulierte Essenz geben, wie ein Leben gelingen könne. Ich fand sie nicht, gewann aber die Einsicht, dass das Leben so viele Facetten bietet wie es Menschen gibt. Diese Vorstellung faszinierte mich. Als mein Vater, wieder gesund und unternehmungsfreudig, sich für mein Intermezzo als Geschäftsführer bedankte, klopfte er mir auf die Schulter: »Gut gemacht, Junge. Weiter so.« Das wollte ich aber nicht. Das Elektrogeschäft war nur ein Marker auf meinem Lebensweg, an dem mir klar wurde: Ich wollte Menschen helfen, zu mehr Tiefe, Wahrheit, zu mehr Authentizität zu gelangen. Dieser Gedanke in mir wurde fast täglich mächtiger. So wurde ich zur Verwunderung meiner Familie Student der Philosophie.

Warum ich Ihnen das erzähle? Weil die Crux der Stärkenfindung darin besteht, dass wir oftmals zu früh glauben, wir wären am Ziel.

Dann bestätigen andere uns den Erfolg – und wir atmen auf. Angekommen. Dann bieten andere uns Karrierechancen, wir greifen zu. Glück gehabt. Dann geben wir den Umständen Recht, nehmen das Schicksal als gegeben hin. Dann planen wir ein Leben nach einem Vorbild, sei es der Vater, der Freund oder ein Prominenter, dem wir nacheifern, weil er erfolgreich, vermögend, berühmt ist. Nur hängen wir damit unseren eigenen stärkenorientierten Lebensentwurf an den Nagel und folgen fremdbestimmten Spuren.

Dass auch reiche, mächtige Menschen sich vergleichen oder gar falschen Zielen hinterherlaufen, ist kein Geheimnis. Niemand ist davor gefeit. Als Ted Turner, Gründer und Inhaber von CNN International, 1991 vom *Time Magazine* zum »Man of the Year« gekürt wurde, war er der erste Medienunternehmer, dem diese Ehre zuteilwurde. Es hätte eine Sternstunde werden können – aber es wurde eine traurige Veranstaltung. Man überreichte ihm die Trophäe und erwartete jubelreiche Sätze des Dankes. Ted Turner aber trat langsam ans Mikrofon und fragte mit tränenerstickter Stimme: »Bist du jetzt zufrieden, Daddy?« Erst am nächsten Tag löste er in einer Pressekonferenz die Betroffenheit seiner Zuhörer auf. »Liebe Jury«, sagte er, »mit dieser Auszeichnung haben Sie mich zum traurigsten Menschen auf dem Planeten gemacht. Denn nun weiß ich, dass ich 60 Jahre meines Lebens dafür verwendet habe, der zu werden, den mein Vater in mir sehen wollte. Mein Leben beginnt erst heute.« Ich bin erleichtert über diesen Satz. Er kam spät, aber er kam ihm über die Lippen. Ted Turner hatte mit diesen Worten mental und emotional die Perspektive gewechselt. Er gab die Sehnsucht auf, anderen zu gefallen. Eine Höchstleistung. Antrainierte Verhaltensweisen haben eine enorme Macht. Sie werden zu unseren inneren Antreibern und lassen uns häufig blind werden für Alternativen, die besser zu uns passen.

Bitte keinen Stress

Die Antwort auf den individuellen Lebenssinn zu finden, verlangt immer ein Innehalten und manchmal einen Umweg oder sogar eine

Fehlentscheidung. Das kann Stress auslösen. Dazu ist nicht jeder bereit. »Warum ein Risiko eingehen?«, sagen sich viele Menschen und machen es sich auf dem Sofa ihrer Gewohnheiten bequem. Sie schmiegen sich tiefer in die Daunenkissen. Bloß die Komfortzone nicht verlassen. So vergeht die Zeit im Gleichmaß. Den kleinen Zweifel, ob wir dort stehen, wo wir im Leben hingehören, den erschlagen wir abends mit dem TV-Programm oder beteuern gegenüber Freunden: »Mir geht es gut. Ich habe einen sicheren Job, ein fast abbezahltes Haus, leiste mir den Urlaub einmal im Jahr. Wer kann das schon von sich behaupten?« – Bis vielleicht irgendwann doch etwas passiert, was sie aus der breiten, sicheren Bahn wirft. Es ist nicht ketzerisch, wenn ich sage: Hoffentlich passiert dieser Knick.

Ich habe erfahren, dass Menschen erst von ihren einengenden Gewohnheiten lassen, wenn ihr Leben ins Wanken gerät. Eine Krankheit, eine Kündigung, ein Schicksalsschlag kann sie auf einen Boden der Wahrheit katapultieren, der meist nicht mit Bequemlichkeiten ausgepolstert ist. Dann rüttelt ein Gedanke an Endlichkeit sie wach, weil der Nachbar an Krebs erkrankt oder ein Kollege einen Herzinfarkt erleidet. Plötzlich steht Angst im Raum und die Sinnfrage ploppt wieder auf: »Soll das im Leben alles gewesen sein? Schlafen, Aufwachen, zehn Stunden Routine im Büro, Aufgaben, die nicht unter die Haut gehen, und einen Partner an der Seite, der schon lange nicht mehr ›Ich liebe dich‹ geflüstert hat?«

Erst wenn der Schicksalsschlag im Nacken sitzt, beginnt die Reflexion. Erst dann bricht das Gleichmaß der Gewohnheit auseinander. Schlimmstenfalls kann ein Mensch sich in solch einer Ausnahmesituation verlieren, weil sinnlos erscheint, was bislang der Lebensinhalt war. Er kann erschöpfen an der Einsicht, dass diese Routine ihn traurig, krank, unkonzentriert machte, ihm sogar die hellen Farben im Alltag raubte. Nehmen Sie hier nicht die Verzweiflung an! Es ist Ihre Aufgabe, auch nach einem Absturz wieder aufzustehen und weiterzuleben. Zu resignieren wäre keine gute Alternative.

Nach der Poetik von Aristoteles müssen Helden erst sterben, bevor sie in einer gewandelten, gestärkten Form weiterleben. Aristoteles empfahl, einem Drama drei Akte zu geben. Der erste beschreibt die Situation, der zweite führt zum Höhepunkt – und der ist häufig mit dem sinnbildlichen Sterben gleichgesetzt. Im dritten Akt wird das Leiden ein Ende haben, es wird sich ein Raum für Neues öffnen. Dieser Rhythmus kann durchaus auf eine persönliche Krise übertragen werden:

Nehmen Sie sich in emotionalen Stress-Situationen eine kurze Auszeit von einigen Tagen.

1. Nutzen Sie den Stillstand für eine Phase der Umorientierung in Ihrem Leben. Fragen Sie sich, wann Sie das letzte Mal Freude empfunden haben. Dort wo die Freude ist, ist der Weg zu Ihren Stärken.
2. Richten Sie Ihren Kompass neu aus, indem Sie sich sagen: »Ich kann aus meiner Eintönigkeit ausbrechen. Ich bin kein Gefangener in meinem Alltag. Ich darf Zuversicht empfinden, auch wenn ich meine Beziehungen, meine Umgebung, meine Aufgaben ändere. Das Leben ist keine Linie. Es hat Höhen und Tiefen und die werde ich mit meiner Kraft und Kreativität annehmen.«

Der Psychologe und Verhaltensforscher Mihaly Csikszentmihalyi schreibt: »Jeder Tag des Lebens kann mit dem verbracht werden, was Freude bereitet! Und trotzdem sind so viele Menschen unglücklich. Manchmal ist es sogar notwendig, durch eine seelische Krise zu gehen, um zu dem Gefühl zu gelangen, von dem wir uns abgeschnitten wähnen – von der Lebensfreude.«[14] Nach meinen Forschungen finden Sie diese Lebensfreude, wenn Sie in Ihrer Mitte sind.

Die Extreme im Mittelmaß

Obwohl es eine weitaus größere Anstrengung erfordert, am Rande seiner Fähigkeiten zu agieren, streben doch viele Menschen genau dort hin. Sie setzen Leistung damit gleich, aus ihrer Mitte herauszutreten. Sie denken, dass dort der Erfolg lockt, weil Coaches, Medien, Methoden und Programme ihnen suggerieren, dass die Mitte Mittelmäßigkeit bedeutet. Was für ein Irrtum. Am Rande Ihrer Mitte *werden Sie gelebt.* Am Rande Ihrer Mitte haben sich Ihre Antagonisten positioniert, um sie auszunutzen.

Antagonisten meinen es nicht gut mit Ihnen, die locken Sie aus Ihren Stärken heraus, verführen Sie zu Aufgaben, die nicht zu Ihnen passen. Deren Stimmen sind in Ihrem Leben oft zur Gewohnheit geworden, denn sie flüstern Ihre alten Glaubenssätze in Dauerschleife. Antagonisten, das sollten Sie wissen, wollen nur die eigene Gier befriedigen, und dazu sind Sie ein Mittel zum Zweck. Und wollen Sie nicht gehorchen, dann schallen die Wenn-Dann-Kausalitäten um Ihre Ohren: »Wenn du diese Aufgabe nicht erledigst, dann gibt es keinen Bonus«, »Es gibt tausende andere, die auf deinen Job da draußen warten«. So oder so ähnlich klingen die Drohgebärden dieser seltsamen Genossen am Rande Ihres Potenzials. Also nicken Sie wie immer und erledigen, was Sie nicht wollen. Es gibt täglich hunderte dieser Störer und in der Summe, das kann ich Ihnen versichern, blockieren sie Ihr Selbstgefühl für Ihre Stärken. Von Flow kann keine Rede sein und von einer Aristotelischen Glückseligkeit als das höchste Ziel sind Sie weit entfernt. Sie haben Ihre Mitte verloren, weil Sie fremden Zielen folgen. Sie lassen sich zu Tollkühnheit oder Feigheit verführen, zu einem Agieren in den Extremen. Damit geraten Sie in Stress und es mag wie ein Paradoxon klingen: Sie strengen sich an – und landen im Mittelmaß. Und schon folgt der Aufschrei: »Wie komme ich da wieder raus?«

Es ist eine Annahme im Business, man gerate aus dem Mittelmaß, wenn man noch lauter, intensiver, schneller lebt. Wenn man die Ränder im Leben noch weiter streift. Wenn man dorthin tastet, wo andere zurückschrecken. Dort, so die Annahme, liegt das Abenteuer-Terrain, das nicht jeder zu betreten wagt. An diesen Rändern aber gibt es nur noch Schwächen. Außerhalb Ihres Potenzials wird Selbstbewusstsein zur Arroganz, Disziplin zur Rücksichtslosigkeit, Durchsetzungsfähigkeit zum Starrsinn, Treue zur Abhängigkeit. Menschen, die dort wirken, geraten unter Druck. Sie fügen ihren Gaben einen schrillen Ton hinzu oder sie verschleudern sie für einen verpuffenden Applaus. Am Ende werden sie zu Marionetten, abhängig vom Zuspruch der anderen. Das Überdehnen der Stärken ist ein zunächst unbewusster Prozess. Anfangs fällt alles leicht, denn Sie agieren in Ihrem Muster – denken Sie. Sie organisieren Meetings. Nur werden es zunehmend mehr. Sie lösen Konflikte im Team. Nur bleiben diese Konflikte nicht mehr auf der Sachebene, die Kollegen überschütten Sie mit ihren Sorgen. An irgendeinem Punkt empfinden Sie keine Freude mehr. Sie sind gestresst. »Seltsam«, denken Sie, »mir hat doch das Erstellen von komplizierten Kalkulationen immer Spaß bereitet«, aber seit einer Weile hören Sie sich selbst seufzen, wenn Ihr Chef im Türrahmen steht und ihnen augenzwinkernd eine nächste Mappe überreicht: »Ich hab' was für Sie, das Rechnen mit unbekannten Größen ist ja Ihre Stärke.« Sie merken, wie das Kompliment im Magen sticht. Sie lächeln und nicken, aber aus dem Magenstechen wird ein Darmgrummeln. Sie haben sich auf einen überzogenen Anspruch des Chefs wieder mal eingelassen. Der Preis ist ein laues Lob und gleichzeitig das Schwinden Ihrer Leichtigkeit im Umgang mit Zahlen. »Aber«, so denken Sie, »eine Umkehr gibt es nicht.« Denn Sie können nicht Nein sagen. Insgeheim beginnen Sie sogar, sich über Ihre Stärke zu ärgern. Die Stärke wird zur Last.

Ich biete Ihnen die folgende Gedankenreise an, um den inneren Kompass innerhalb weniger Minuten neu zu eichen.

Sie befinden sich in einer mentalen Sackgasse und fokussieren ausschließlich auf die negative Seite in Ihnen. Sie lassen Ihre Schwäche vor Ihrem geistigen Auge riesengroß werden und negieren Ihre Stärken.

Sie sagen sich: »Ich kann einfach nicht Nein sagen.« »Ich nicke, wenn andere mir Arbeit auf den Schreibtisch legen.« »Ich missachte meinen Zeitplan, bin zu weich, zu ängstlich und habe Angst, dass die anderen mich nicht mögen.« Und dann wechseln Sie die Perspektive.

Fokussieren Sie eine Situation, in der es Ihnen gelungen ist, Ihre Schwäche elegant zur Seite zu schieben, um Ihre Stärke nicht zu gefährden. Vielleicht haben Sie Ihren Chef angelächelt und gesagt: »Sorry, aber ich kniffle noch an der Kalkulation, die Sie mir gestern gegeben haben. Das wird noch eine Weile dauern, vielleicht fragen Sie einen Kollegen?« Mag sein, dass der Chef verärgert war und Ihnen mit harschen

Worten dennoch die neue Aufgabe auf den Schreibtisch legte. Dann fühlen Sie sich dennoch gut! Sie haben widersprochen und damit vor Ihrer Stärke nicht kapituliert.

Es ist bei dieser Gedankenreise hilfreich, sich an konkrete Beispiele zu erinnern, bei denen Sie Ihre Stärken schützten. Suchen Sie nach mindestens drei verschiedenen Beispielen und überlegen Sie, wie es Ihnen gelungen ist, diese Fortschritte zu erreichen. Selbst kleinste Hinweise auf ein verändertes Verhalten sind wichtig, weil Erfolg sich oft aus vielen Einzelschritten formt. Am Ende wird Ihr Selbstbewusstsein wachsen. Sie werden die Mappe von Ihrem Tisch nehmen und Ihrem verdutzten Chef zurückgeben mit den Worten: »Danke Herr Meier, ich habe sicher ein Talent, schwierige Kalkulationen zu errechnen und darüber hinaus einen Prognosewert zu erstellen. Aber dieses Talent will ich nicht überstrapazieren, es könnte sein, dass ich sonst die Freude an dieser Aufgaben verliere.« Diese Konsequenz werden Sie nur äußern können, wenn Sie Ihre Stärken kennen und wertschätzen.

Stärken-Map

Beim Versuch, mehr Klarheit über sich selbst zu gewinnen, hilft eine Stärken-Map mit vier Feldern.

Ermitteln Sie zunächst Ihre ***genutzten Stärken*** – also die Fähigkeiten, auf die Sie oft und gerne zurückgreifen, weil sie Ihnen leicht fallen und Sie damit gute Ergebnisse erzielen. Betrachten Sie danach Ihre ***ungenutzten Stärken***, also die Fähigkeiten, die Sie noch nicht so oft einsetzen (können), wie Sie dies gerne täten. Untersuchen Sie anschließend Ihre ***Schwachpunkte*** – also die Tätigkeiten, die Ihnen nicht so leicht von der Hand gehen und bei denen Sie keine Top-Ergebnisse erzielen, weil gewisse Fähigkeiten oder Eigenschaften bei Ihnen weniger stark ausgeprägt sind. Analysieren Sie danach Ihre ***überzogenen Stärken***, also die Fähigkeiten, die bei Ihnen zu stark ausgeprägt sind, was Ihnen in gewissen Situationen vielleicht sogar Probleme bereitet, weil zu oft von Ihnen verlangt wird, sie einzusetzen – zum Beispiel weil Ihr Chef glaubt,

Sie seien der Einzige, der eine komplizierte Kalkulation erstellen oder einen schwierigen Vortrag halten kann.

STÄRKEN

Ihre genutzten Stärken	**Ihre ungenutzten Stärken**
• Welche Tätigkeiten geben mir besonders viel Energie im Job? • Was mache ich regelmäßig im Job, das mir Freude bereitet und bei dem ich sehr gute Ergebnisse erziele? • Wann setze ich diese Stärken ein? An welche Beispiele erinnere ich mich? • Was gefällt mir dabei, wenn ich diese Stärken einsetze? Wie fühle ich mich dann?	• Was mache ich sehr gerne, was ich aber in meiner jetzigen Position nur sehr selten nutzen kann? • Welche Stärken habe ich früher öfter eingesetzt? • Zu welchen Gelegenheiten kann ich diese Stärken bereits jetzt nutzen?
Ihre schwächeren Punkte	**Ihre überzogenen Stärken**
• Wo muss ich mich anstrengen und erreiche trotzdem keine besonders guten Ergebnisse? • Wie beeinflusst diese Schwäche meine gegenwärtige Rolle und meinen Job? • Wie wichtig ist diese Fähigkeit in meiner jetzigen Situation überhaupt? Muss ich sie ausgleichen oder kann ich sie so belassen, wie sie ist?	• Wo setze ich Stärken von mir zu oft oder zu intensiv ein? • Welche Auswirkungen hat das auf mich? Meinen Job? Mein Umfeld? • Wieso setze ich diese Stärken dennoch zu oft oder zu intensiv ein?

SCHWÄCHEN

Stärken sind Kopfsache

Es gibt keine Stärkenforschung ohne die Gehirnforschung. Das eine bedingt das andere, denn ein Talent wohnt im Gehirn. Dort entsteht der Impuls, das zu tun, was wir lieben – powered by Myelin. Myelin, eine weiße Substanz aus Fetten und Proteinen, hat die Funktion, Ihre Nervenenden zu umhüllen, widerstandsfähig zu machen und gleichsam ein Beschleuniger für Reize zu sein. Säuglinge weisen noch wenig von dieser Membran auf, aber je mehr ein Kind lernt und je häufiger es das Gelernte trainiert, desto dicker umwickelt sie die Nervenfortsätze, desto leichter fließen Impulse. Myelin erhöht die Übertragungsgeschwindigkeit der Nervenfasern, hält die Nerven in Erregung. Wissenschaftler gehen davon aus, dass in der Pubertät seine Dichte am höchsten ist, aber auch im fortgeschrittenen Alter ist das Gehirn bereit, diesen Stoff zu produzieren – wenn wir eine Tätigkeit trainieren. Daniel Coyle bezeichnet Myelin als Gehirnschmalz. Er schreibt in seinem Bestseller *Die Talent-Lüge*: »Das Myelin kann sich vierzig oder fünfzig Mal um eine Nervenzelle legen, aber das kann Tage und Wochen dauern [...]. Vereinfacht gesagt, installieren wir jedes Mal, wenn wir einen Golfabschlag, einen Gitarrenakkord oder eine Schacheröffnung einstudieren ganz allmählich eine Breitbandverbindung in unseren Schaltkreisen.«[15]

Sie müssen also jegliche Fremdbestimmung aufgeben, um diesen Stoff zu produzieren. Sie müssen mental, emotional und körperlich bereit sein, Ihre eigenen Fähigkeiten durch Üben auszubauen und dabei Atemlosigkeit und Schweiß hinzunehmen. Sie müssen austesten, wann der Schmerz einsetzt, um Ihre Stärken zu kräftigen. Denn nur durch Träumen von Vorbildern entsteht der begehrte Stärken-Stoff nicht im Gehirn. Er verlangt nach Aktion. Der Preis für die Mühe ist, dass dieser Stoff, einmal an den für Sie richtigen Nervenfasern gebildet, ein gesundes Leben lang hält.

Myelin ist wie ein unverwüstlicher Schatz in Ihnen, der vielleicht bei einer Zeit der Bequemlichkeit verstauben kann, aber niemals wieder aus Ihrem Gehirn weicht. Nur eine schwerwiegende Krankheit kann ihn zerstören, aber daran wollen wir nicht denken. Deshalb ist mein Motto in diesem Kapitel: Stärken Sie Ihr eigenen Stärken – und kopieren Sie nicht die der anderen! Dazu fehlt Ihnen in Ihrem Leben schlichtweg die Zeit.

10 Indizien für Ihre Stärkenlinie

Wichtig bleibt, dass Sie Ihre Stärken bei allem, was Sie anstreben, bewusst einsetzen. Wenn Sie diese Klarheit behalten, dann dürfen Sie über die sogenannten Vorbilder lächeln, dürfen sich über deren Erfolge in Buchregalen, an den Wänden der Galerien, auf YouTube oder dem globalen Weltmarkt freuen. Sie können gönnerhaft lächeln, ohne Neid, ohne Kopiergehabe.

Nehmen Sie sich einige Minuten Zeit, um die zehn Indizien Ihrer Stärkenlinie aufzufädeln:

1. Leichtigkeit Welche Aufgaben/Aktivitäten erledigen Sie sozusagen spielerisch, ohne lange darüber nachzudenken? Bei welchen können Sie brillieren?

2. Motivation Welche Aufgaben ziehen Sie magisch an? Was machen Sie mit Freude? Was würden Sie gerne häufiger tun?

3. Gute Ergebnisse Bei welchen Tätigkeiten erzielen Sie überraschend gute Resultate – manchmal scheinbar ohne Anstrengung?

4. Authentizität Bei welchen Aktivitäten haben Sie das Gefühl, authentisch und ganz Sie selbst zu sein?

5. Lerntempo Welche Sachverhalte/Themen verstehen Sie sehr schnell, und was lernten Sie ohne große Anstrengung?

6. Fokus Welche Themen/Entwicklungen verfolgen Sie aufmerksam? Was finden Sie spannend?

7. Kindheitsträume Was haben Sie schon in Ihrer Kindheit gern oder oft getan? An welche Erlebnisse von früher erinnern Sie sich besonders gern?

8. Begeisterung Wofür können Sie sich begeistern? Wann ist Ihre Stimme voller Energie und Leidenschaft?

9. Emotionen In welchen Situationen, bei welchen Ereignissen verwenden Sie solche Formulierungen wie »Am liebsten ...« und »Es wäre toll, wenn ...«?

10. Zielstrebigkeit Welche Aufgaben tragen Sie oft nicht in Ihren Terminkalender ein, weil Sie diese sofort erledigen? Bei welchen Tätigkeiten vergessen Sie häufig die Zeit?

10.000
5.000
0

Kapitel 3

MYTHOS ODER EINE VERBINDUNG VON PROTEINEN

Es ist alles anders als Sie dachten. Talent ist kein Fleißpaket, das Pädagogen schnürten. Es ist kein Trend, kein Standard, kein planbares Kalkül. Eine einzige Studie räumt auf mit dem Traum, jeder Mensch könne erreichen, was immer er wolle, lediglich 10 000 Trainingsstunden müsse er absolvieren. Das war bislang der Tenor, dem Wissenschaftler folgten. Aktuell verebbt dieser Tenor und ein neuer braust auf: Talent sei keine Sache des Übens, sondern der Persönlichkeit. Sie sei individuell und damit wie ein Geschenk fürs Leben. Diese Einsicht bringt ein wenig Ruhe in den Hype um allgemeine Trainings- und Bildungsprogramme. Sie fordert auf, das eigene Talent in sich zu finden.

Dabei fing die moderne Talentforschung vor mehr als zwanzig Jahren mit einem Paukenschlag an, der durch die Luft hallte: Alles sei möglich!

Als der US-Psychologe Karl Andres Ericsson von der Florida State University nach langer Studienarbeit verkündete: »Bisher existiert kein überzeugender Beweis, dass besondere Fähigkeiten angeboren sind«, da staunte die Fachwelt und sah das Talent entzaubert. Ericsson hatte in den Lebensläufen von Musikstudenten nach dem Talent gesucht – und fand es nicht. Die Fähigkeiten der Musiker erklärte er deshalb mit reiner Sachlichkeit: Lediglich die Summe der absolvierten Übungsstunden sollten zum Erfolg führen. Je mehr desto besser, war seine Formel. Platt gesagt: Übung macht den Meister. Wie ein Mantra wiederholte Ericsson sinngemäß, dass Musiker, die das Potenzial eines Virtuosen zeigten, eben fleißiger waren als andere. Sie hätten bereits als kleine Kinder drei Stunden am Tag musiziert und häuften mit den Jahren ein beträchtliches Maß an Praxiserfahrung an. Nach zehn Jahren in diesem Übungsrhythmus würden sich im Gehirn starke Synapsen bilden. Die Fähigkeit wäre im Gehirn als fixe Größe gespeichert – und bliebe abrufbar. Damit war sie geboren, die 10 000-Stunden-Regel für Überflieger. Doch es gab Skeptiker. Sie zweifelten diese These an. Auch ich zählte zu ihnen und fragte mich: So einfach sollte ein Mensch zum Genie werden? Üben und ernten?

Spannte man den Bogen dieser These weit auf, so würde das bedeuten, dass Menschen über eine universelle Standardausrüstung an Gaben verfügten. Mit der Geburt würde jeder Mensch die gleichen Fähigkeiten in sich tragen. Einzig der Wille zum Erfolg wäre das Kriterium des Unterschieds. Kein Wunder, dass die Genetiker widersprachen und zwei Perspektiven aufs Talent entwickelten. Die einen behaupteten, üben reiche aus. Die anderen suchten weiter nach einem Talent-Gen und mögen gedacht haben: Üben ohne Talent ist wie das Züchten einer Rose ohne Blüte.

Das kleine Geheimnis im Leben

Wir wissen seit der Decodierung des menschlichen Genoms, dass unsere Gene zu 99 Prozent identisch sind. Lediglich ein Prozent ist different. In diesem letzten Prozent liegt die gesamte Einzigartigkeit eines Menschen verborgen. In diesem letzten Prozent subsummiert sich, was den Menschen individuell und begabt macht.

Sobald Spermium und Eizelle mit ihren jeweils 23 Chromosomen verschmelzen, entsteht die Individualität. Konkret: Diese nun 46 Erbgutpäckchen beinhalten 30 000 Gene. Sie sind das Rezept des Lebens, das jegliche physische und psychische Kraft bestimmt. Augenfarbe, Blutgruppe, Körpergröße und der Fluss der Hormone wird in diesen kleinen Erbanlagen entschieden. Wissenschaftler haben bislang 22 000 dieser Gene entschlüsselt, haben die Proteinverbindungen in den Genen definiert – der Rest ist noch Geheimnis. Ericsson ignorierte dieses Gen-Wunder im Menschen und konzentrierte sich auf die äußeren Messgrößen eines Erfolges. Damit nahm er dem Talent den göttlichen Funken und drückte es auf die Ebene der Disziplin hinunter. Damit stülpte er über die Einzigartigkeit die Einheitlichkeit.

Manche prominente Neurologen folgten ihm. Der Kanadier Daniel Levitin resümierte: »Zehntausend Stunden Üben sind notwendig, um die eigenen Fähigkeiten auf ein Niveau zu heben, das dem eines weltweiten Experten entspricht – egal, in welchem Bereich. In unzähligen Studien mit Komponisten, Basketballspielern, Schriftstellern, Eisläufern, Konzertpianisten, Schachspielern, Meisterdieben und so weiter kommt immer wieder diese Zahl vor [...]. Scheinbar braucht das Gehirn genau diese Zeitspanne, um alles aufzunehmen, was nötig ist, um meisterhafte Fähigkeiten zu erwerben.«[16]

So wurde die 10 000er-Marke also zu einer magischen Größe. Wer sie knackte, wer Zeit, Schweiß und Tränen investierte, der konnte nahezu jedes Ziel erreichen – war das Motto. Dieser Satz verfestigte sich in den Köpfen der Menschen, angetrieben durch eine Flut von autosuggestiven Programmen, die in Dauerschleife flüsterten: »Du schaffst alles, wenn du nur willst.« Und mancher Speaker, der diese Einsicht von der Bühne über die Zuschauer rieselte, freute sich über den Applaus aufgrund seiner einfach gestrickten Botschaft. Motivation aus dem Off und die zweifelhafte Einsicht, dass Talent nur eine Randnotiz im Lebensdrehbuch ist. Mit den Jahren schwand der Glaube an das Außergewöhnliche im Menschen. Jenes eine Prozent Individualität verrutschte aus dem Fokus. Sätze wie »Wunderkinder gibt es nicht« oder »Talente werden nicht gefunden, sondern gemacht« kursierten vom Norden Kanadas bis nach Feuerland, und wie Pilze aus dem Boden schossen sogleich die passenden Mediengeschichten dazu. Beginnen wir mit Budapest:

László Polgár, ein ungarischer Pädagoge, wollte seine Töchter fördern – durch Training in privater Umgebung. Er forderte von Regierungsstellen eine Ausnahmegenehmigung, um seine Töchter Zsuzsa, Zsofia und Judit selbst und zu Hause zu unterrichten. Die staatlichen Standards genügten ihm nicht. Sie boten Störfaktoren in der Umgebung, so seine Meinung. Sein Ziel war es, aus den Töchtern Überflieger machen. Als Messlatte für Leistung wählte er das Schachspiel. Nun, das Unterfangen gelang. Durch sechs Stunden Training am Tag waren die Kinder, allen voran Zsuzsa, bald in der Lage, komplexe Schachzüge vorherzusehen. 1988 schlugen seine Töchter das erste

Mal in der ungarischen Schachgeschichte das russische Olympiateam. Dieser Triumph läutete Zsuzsas Karriere ein. Sie wurde zwischen 1996 und 1999 Schachweltmeisterin. 2005 stellte sie den Weltrekord im Simultanschach auf – von 326 gleichzeitig veranstalteten Matches musste sie nur drei Niederlagen und vierzehn unentschiedene Partien hinnehmen. Der Rest war Sieg. Ein Raunen ging durch die Medien, verbunden mit der Frage: Besitzt die junge Frau übermenschlich anmutende Fähigkeiten? Nein, war die Antwort einer Wissenschaftlerin der Columbia-Universität, die Zsuzsas Gehirn durchleuchtete. Das Training sei der Grund, befand die Wissenschaftlerin. Zsuzsas Gehirn hatte gelernt, komplizierte Spielzüge zu deuten wie andere einfache Muster auf Bildern wahrnehmen. Und der Vater jubelte: Talent sei eine Frage des Übens und zum Schachspielen benötige niemand einen hohen IQ. Aha, alles errechenbar, vermessbar, dehnbar? Sobald geübt wird, wird geleistet? So unspektakulär sollte sich das Talent dechiffrieren lassen? Es schien so. Als Malcolm Gladwell die Einsichten in seinem Bestseller *Überflieger* veröffentlichte, da erreichte die 10 000-Stunden-These auch Menschen jenseits der wissenschaftlichen Zirkel. Unternehmer und Politiker ließen sich von der nunmehr populären Idee berühren, dass Eliten nach Belieben formbar wären. »Je genauer sich Wissenschaftler die Biografien der Begabten ansehen, umso unwichtiger wird das Talent und umso wichtiger die Ausbildung«, freute sich Gladwell.[17]

Und dann zerbröselte der Psychologie-Professor David Z. Hambrick die 10 000-Stunden-Regel in kleinste Teilchen.

Nachdem er gemeinsam mit fünf Kollegen der Michigan State Universität 88 bisher erschienene Talent-Studien ausgewertet hatte, rückte er mit nur einem Satz mein Talent-Bild wieder gerade: »Wir fanden heraus, dass bewusstes Üben bei Spielen 26% der Varianz der Leistung erklärte, 21% in der Musik, 18% im Sport, 4% bei der Bildung und weniger als 1% im Beruf. Wir schließen daraus, dass Üben zwar wichtig ist, aber nicht so wichtig wie bislang angenommen.«[18]

Das Forscherteam um Professor Hambrick hat die alte Annahme widerlegt, dass die Abwesenheit von Talent durch Fleiß zu kompensieren sei. Nach ihren Auswertungen benötigen manche Menschen ganz offensichtlich weit weniger Übung, um zur Elite zu gehören, andere deutlich mehr. Damit geben sie dem Talent das Glitzern zurück. Sie geben dem Stoff, der seit zwanzig Jahren fast zu einem unsichtbaren Gewebe wurde, wieder Farben. Sie bestehen aus Genen, Umwelt und Charakter. Nicht nur das Büffeln zählt!

Die Vermessung der Gene

Auf dem Weg zur Leistungsspitze gibt es eben doch noch etwas, das jenseits von Fleißprogrammen schwingt. Dieses Etwas liegt in der individuellen Varianz, in der individuellen Architektur des letzten Prozents der Gene verborgen. Mittlerweile weiß man, dass Musiker-Gehirne eine erhöhte Zahl von querverlaufenden Windungen in der primären Hörrinde aufweisen, dass diese Hörrinde um 130 Prozent größer als bei Nichtmusikern und die Verbindung zwischen rechter und linker Gehirnhälfte um 15 Prozent dicker ist.

Man vermutet eine vorgeburtliche Disposition für eine solch außergewöhnliche Hörsensibilität, was nach den neuen Erkenntnissen schlüssig klingt. Denn wie gesagt: Hambrick statuiert, dass sich durchschnittliche Musik- und Sportfähigkeiten lediglich um 30 Prozent durch intensives Training steigern lassen – hingegen Üben mit Talent jegliche Grenzen verschiebt. Albert Einstein zum Beispiel strebte danach, seiner naturwissenschaftlichen Begabung eine musische hinzuzufügen. Er wäre gerne ein Ausnahmegeigenspieler geworden – und blieb trotz seiner übermäßigen Intelligenz und großen Freude an diesem Instrument nur Mittelmaß. Ihm fehlte dieses Talent. Er trug es mit Fassung und dem ihm eigenen Humor, soll irgendwann sogar die Geige in die Ecke gestellt haben, um das Klavierspielen zu üben.

Sobald Talent vorhanden ist, wächst die Leistung exponentiell mit dem Training. Deshalb sollten Eltern und Lehrer sich endlich von Erziehungs- und Leistungsstandards verabschieden. Sie sollten die Kinder an die Hand nehmen und mit ihnen gemeinsam auf eine genetische Entdeckungsreise gehen. Wofür begeistert sich ein Kind? Welche Aufgaben faszinieren es? Wo befinden sich die kleinen Inseln, auf die ein Kind sich mental zurückzieht? Wo steckt das Talent-Gen, das die Information zur Kunst, zur Musik, zum Sport, zur Naturwissenschaft, zur Kommunikation, zur Freude am Tüfteln, Reden, Schauspielern, Entdecken, Forschen, Schreiben liefert? Mit der Entdeckung des Gens können Sie durch gezieltes Training etwas Wunderbares erreichen. Sie können Licht, Wärme, Liebe, Geduld, Raum zum Atmen hinzufügen. Sie drängen nicht, zupfen nicht, überlassen dem zarten Pflänzchen Talent genau jene Zeit, die es braucht, um aufzublühen. Leider findet nicht jedes Kind diese beste Umgebung vor. Manchmal wird ein Talent nie entdeckt oder es wird unter Druck gefördert. Dann können traurige Lebensgeschichten entstehen, die von Ängsten und Selbstzweifel erzählen.

Die Phänomenologie des Subjektiven

Von alten Glaubenssätzen kann sich niemand durch eine Schulterdrehung abwenden, und auch Programme der Autosuggestion pusten nur ein wenig Puderzucker über diese mentalen Hindernisse. Wer immer wieder in der Schule hörte, er könne nicht schreiben, er sei in Sport eine Niete oder sei ein Mensch ohne Mitgefühl, der wird in dieser Weise agieren. Er wird sich nicht zutrauen, ein Buch zu schreiben, nie für einen Marathon trainieren und nach bester Self-Fulfilling-Prophecy-Strategie verhindern, ein freundlicher, hilfsbereiter Kollege im Team zu sein. Was sich von frühen Jahren verfestigte, das übt bis weit ins Erwachsenenalter eine Macht aus – im Negativen wie im Positiven. Im negativen Szenario werden wir entweder zu einem ewig Suchenden oder von Zweifeln getrieben.

Ich gehe davon aus, dass Eltern es gut meinen. Sie wünschen, ihr Kind möge Glück im Leben finden und damit seinen eigenen Weg. Kaum eine Mutter oder ein Vater würde diesen Satz verneinen. Im Gegenteil. Sie pushen das vermeintliche Glück des Kindes nach Kräften – und driften manchmal in einen manipulativen Stil ab. Dann belohnen Eltern die gute Note des Kindes mit Liebe und sein artiges Verhalten mit einem Geschenk. Das Kind erfährt, dass es Anerkennung erhält, wenn es sich nach anderen richtet. Deren Wünsche zu erfüllen wird in seinen Augen zu einem Garant für Bindung. Im Umkehrschluss erfährt es, dass bei ihrem Versagen die Eltern traurig werden, sich sogar abwenden für eine Zeit. Dieses Wechselspiel prägt sein Verhaltensmuster. Selbst als Erwachsener flackert die Frage stets auf: »Bin ich gut genug für meinen Chef, meine Kollegen, meinen Partner? Am besten setze ich noch eine Schippe Leistung obendrauf, dann minimiere ich das Risiko, abgelehnt und kritisiert zu werden.« So geht dieser Mensch durchs Leben mit dem quälenden Gefühl, nicht zu genügen. Sein ängstlicher Blick zu anderen versperrt ihm mit den Jahren den Blick auf das eigene Potenzial. Er wird zum Ja-Sager, zum Erfüller fremder Ansprüche. Einen guten Eindruck zu hinterlassen ist ihm wichtig geworden – dafür trampelt er täglich über sein Talent hinweg. Er wandelt auf fremden Wegen. Wie anstrengend, wie erschöpfend. Es ist nur eine Frage der Zeit, bis der Zusammenbruch folgt.

Der wohl berühmteste Mann, der zeit seines Lebens unter dieser Art Erschöpfung litt, war Franz Kafka. Damals hatte der Zustand einen anderen Namen. Ärzte wie Siegmund Freud nannten ihn Neurasthenie. Symptome waren eine diffuse Traurigkeit, Zweifel am Leben und immer wiederkehrende quälende Träume. Kafka vereinte sie in sich wie kaum ein zweiter zu Beginn des 20. Jahrhunderts. Das Genie in sich überdeckte er mit dem Hadern und mit der Angst, seine Familie zu enttäuschen. Aber ein Genie strebt immer ins Bewusstsein. Es findet immer einen Kanal, um sich zu zeigen: Kafka schrieb sich sein Leid von der Seele. In unzähligen Briefen an seine Geliebte Felice Bauer und besonders in seinen Erzählungen, allen voran *Die Verwandlung*.

Im Mittelpunkt steht die Familie Samsa mit dem Protagonisten Gregor, seinen Eltern und der Schwester Grete. Gregor arbeitet auf Wunsch seines strengen Vaters als Vertreter und hält mit seinem Einkommen die Familie über Wasser. Er mag die Arbeit nicht, sieht aber keine Alternative. Eines Nachts verwandelt sich Gregor in ein panzerartiges Ungeziefer. Er liegt auf dem Rücken, kann sich kaum bewegen, die dünnen kurzen Beinchen wedeln in der Luft. Er ist ans Bett gefesselt und diese missliche Lage zwingt ihn über sich nachzudenken. Schmerzhaft wird Gregor bewusst, wie er sein eigenen Leben verabscheut. Er will die Arbeit nicht, die Rolle des Versorgers nicht. Er will nicht mehr aufstehen und reisen und Waren verkaufen und schlechtes Essen zu sich nehmen. Es ist nicht sein Leben, das er lebt. Ihm kommt ganz leise der Konjunktiv in den Sinn. Was wäre, würde er sein Leben ändern? Und dieser Gedanke reicht aus, um Kaskaden von Gewissensbissen loszutreten. Kafka lässt Gregor Folgendes denken: »Das wäre aber äußerst peinlich und verdächtig, denn Gregor war während seines fünfjährigen Dienstes noch nicht einmal krank gewesen. Gewiß würde der Chef mit dem Krankenkassenarzt kommen, würde den Eltern wegen des faulen Sohnes Vorwürfe machen und alle Einwände durch den Hinweis auf den Krankenkassenarzt abschneiden, für den es ja überhaupt nur ganz gesunde, aber arbeitsscheue Menschen gibt. Und hätte er übrigens in diesem Falle so ganz unrecht?«[19]

Es ist ein weiteres Phänomen, dass Menschen mit einem offensichtlichen Talent doch nicht vom Zweifel loslassen, denn Zweifel kann auch von intrinsischer Natur sein. Dann werden Kinder liebevoll von Eltern und Lehrern unterstützt, haben ihr Talent im Laufe der Jahre herauskristallisieren dürfen – und doch hadern sie mit sich selbst. Sie tragen ihr Talent nicht vor sich her, sondern reden es klein. Unabhängig davon, welche große Leistung sie vollbringen, bleiben sie skeptisch, sogar wenn eine Lobeswelle über sie zusammenschwappt. Als würden sie sich selbst verbieten, aus dem Mittelmaß herauszustechen und auf einer höheren Ebene zu wirken.

Ludwig van Beethoven soll auf dem Sterbebett seinem Freund Hummel gesagt haben: »Aber nicht wahr, ich hatte doch etwas musikalisches Talent?« Kaum ein anderer Musiker wurde derart gelobt und kritisiert. Die Kritik nahm er gnadenlos an, das Lob übertönte er durch neue Kompositionen – und verausgabte sich dabei. Leider suchen Genies häufig nach einem Beweis, dass ihre Gabe eine Spiegelung der Fantasie und keine gottgegebene Wahrheit ist.

Das Talent allein ist noch keine Garantie für ein glückliches Leben – das beweisen die Schicksale quer durch die Epochen. Es müssen weitere Schritte folgen, damit ein Talent zum Teil der Persönlichkeit wird. So plädiere ich dafür, die beiden herausragenden Leistungen in der Forschung von Karl Anders Ericsson und von David Z. Hambrick wie eine

Symbiose für Glück zu betrachten. Fügen wir die Aspekte aus vererbter Gabe und aus Fleiß zusammen, dann ergeben sich sechs Aspekte:

1. Das Entdecken des Talents
2. Das Anerkennen des Talents
3. Das Trainieren, um dieses Talent auf ein stets abrufbares Stärkenniveau anzuheben
4. Der Wille, die Stärken anzuwenden und zu verfeinern
5. Keinen Zweifel an den eigenen Stärken zuzulassen
6. Die Freude daran, seine Stärken in die Aufgaben einfließen zu lassen.

In der Summe dieser sechs Aspekte agieren Sie im Stärkenbereich. Sie kennen Ihr Talent, schaffen beste Umweltbedingungen – und legen mit dem Training los. Dieser Plan führt zu Ergebnissen, die in einem hundertprozentigen Leistungssteigerungsbereich liegen. Alles andere wäre wie ein Laufen in dichtem Nebel. Sie rasen los und finden das Ziel nicht. Sie steigern trotz Anstrengungen Ihre Fähigkeit vielleicht um nur ein einziges sichtbares Prozent. Umsonst gestrampelt, könnte man zynisch sagen.

100 Prozent Einsatz für 12 Prozent Ergebnissteigerung

Im Mittel, so dürfen wir festhalten, liegt eine antrainierte Erfolgssteigerung bei 12 Prozent – wenn das Talent fehlt. Ein störungsfreier, auf das Talent fokussierter Unterricht, eine vorbildliche Disziplin und sicherlich auch die Freude an den Aufgaben können die Ingredienzien für Erfolg sein. Ach, noch eines zählt dazu: die angeborene Intelligenz.

Wenn Menschen in einem Gebiet stärker und stärker werden, wenn die Sinne sich zu einem einzigen Leuchten verbinden, dann strahlt auch der laterale präfrontale Kortex. Dort sitzt die Intelligenz. Ebenso wie das Talent ist auch dieses geistige Potenzial zu einem Teil angeboren. Es stellt ein Grundrauschen dar, man spricht vom g-Faktor. Bei förderlicher Umwelt, Bildung, Kultur kann der g-Faktor sich ausdehnen, bei Missachtung kann er verstauben. Aber er wird nie verschwinden, denn er ist Teil der unveränderlichen Persönlichkeitsprägung. Zwillinge, die nach der Geburt getrennt wurden und in unterschiedlichen Familienmilieus aufwuchsen, behielten ihren g-Faktor. Was jedoch sichtbar wurde, war das unterschiedliche Verhalten der Zwillinge und damit die Anpassungsfähigkeit eines Menschen an seine Umgebung. Wir dürfen annehmen, dass es sich ebenso mit dem Talent verhält, denn auch das Talent ist eine Art von Intelligenz, die uns mitgegeben wird. Wir können es heben und extrapolieren, wir können es auch vernachlässigen. Ersteres wird uns glücklich, zweiteres wird uns zu Suchenden machen.

Ich bin mir sicher, dass Menschen ein Leben lang danach streben, das eigene Talent zu erkennen. Sie wollen sich in ihrer eigenen Haut wohlfühlen. Sie wollen sicher in sich ruhen und mit einer inneren Zufriedenheit sagen: »Glück gehabt, ich habe mein Talent gefunden und damit eine unerschütterliche Säule geschaffen, von der ich weiß, dass sie niemals bricht.« Ich werde darauf am Ende meines Buches zurückkommen.

Der Drei-Sekunden-Blitz

Nun gibt es wenige Lehrer, die das Schreib-, Schauspiel- oder Sporttalent ihrer Schüler erkennen. Es gibt leider ebenso wenige Unternehmer, die ihre Mitarbeiter nach Stärken statt nach Tätigkeitsprofilen beurteilen. Deshalb will ich das Finden des eigenen Talents in die Schublade Eigenverantwortung legen. Sie dürfen nicht darauf hoffen, dass irgendjemand um die Ecke biegt und Ihr Talent identifiziert. Wenn Sie darauf warten wollten, dann würden Sie verhungern. Werden Sie aktiv. Die gute Botschaft ist: Sie können sich bis ins hohe Alter auf eine innere Suche begeben, dürfen alte Muster abstreifen und sich sagen: »Was immer mich an meiner Talentsuche gehindert haben mag, ich kann dieses Hindernis überwinden.« Das erlaubt Ihnen die Plastizität Ihres Gehirns. Zwar lassen sich falsche Muster, die über lange Jahre gefestigt wurden, nicht über Nacht auflösen, aber dennoch kann es sein, dass Sie in nur drei Sekunden begreifen, wo Ihre Begabung liegt. Dann werden Sie zum Beispiel gebeten, eine Jubiläums-Laudatio auf Ihren Chef zu halten. Sie sagen spontan zu – und wundern sich insgeheim über diesen Mut. Und während Sie nach vorne treten und mehr als 40 Kollegen in die Augen sehen, während Sie mit fester Stimme zu reden beginnen, staunen Sie, wie die Worte passen und sprühen, wie es still wird im Raum, wie die Energie in Ihnen zu einer Leidenschaft anwächst und wie überwältigend der Applaus sich nach dem Schlusswort anfühlt. Innerlich flattern die Nerven und äußerlich strahlen Sie. »Wie kann das sein?« fragen Sie sich, »ich war doch nie ein guter Redner«. Und doch erfahren Sie in nur drei Sekunden: Das ist Ihr Ding.

Wenn Sie dieses Ding festhalten und anerkennen, wenn Sie sich vornehmen, das Reden vor Publikum zu üben, dann werden Sie weitaus mehr als ein Prozent Ihrer Leistung erhöhen. Denn Sie trainieren Ihr Talent. Und wenn Sie nun die Augen schließen, die Freude über das Talent-Finden in Ihre Zellen sickern lassen, dann denken Sie einmal über Ihre Kindheit nach. Ich bin mir sicher, bereits in jungen Jahren fanden Sie das Reden vor Zuhörern faszinierend. Suchen Sie nach solchen Situationen in Ihrer Erinnerung. Wann sehen Sie sich lachend, übermütig, konzentriert und ehrgeizig? Wann fühlten sich ihre Wünsche drängend an und wann spürten Sie eine pure Zufriedenheit über Geschaffenes? Und dann entwerfen Sie Ihr Zukunftsbild mit der Wunderfrage: »Gäbe es keine Einwände, keine Grenzen aus Raum und Zeit, gäbe es keine Verpflichtungen im Alltag, wäre die messbare Größe für Erfolg einzig die Freude, welche Aufgabe möchte ich erfüllen?« Ich bin mir sicher, innerhalb von drei Sekunden blitzt die Antwort auf. Halten Sie sie fest auf Papier. Ihr Ziel ist nun, dieses gefundene Talent zur Stärke zu entwickeln.

Im nächsten Kapitel will ich Ihrem Drei-Sekunden-Blitz meine wissenschaftliche Stärkenauswertung hinzufügen. Beides wird Sie zum talentorientieren Training inspirieren.

Kapitel 4

STÄRKEN ERKENNEN – DER SELBSTTEST

Gefragt nach dem eigenen Talent, zucken die meisten Menschen mit den Schultern. Talent, welch großes Wort! Es ist ein Merkmal für Wunderkinder, aber keine Sache der Alltäglichkeit, so denken sie. Diese Haltung ist besonders in Deutschland weit verbreitet. Hier gibt es eine historisch gewachsene Bescheidenheit. Die beginnt häufig in der Schule und setzt sich fort in Studium und Beruf. In der Schule sind es die Rahmenlehrpläne, die Gleiches von allen verlangen. Lehrer stehen unter Druck, die Vorgaben abzuhaken. Keine Zeit für Allüren einzelner Schüler und schon gar nicht für die Suche nach Talenten. Ein Schüler, der in den Kernfächern versagt, dafür aber eine herausragende Leistung in sozialen Bereichen zeigt, bleibt unter dem Strich, was er nach den Standards der Bildung ist – ein schwacher Schüler.

Die Noten sind das Spiegelbild der Leistung und ich vermute, dass sich daran trotz hörbarer Elternproteste nichts ändert. Die Einsätze in Klassenkonflikten, das Spielen von Jazz auf dem Saxophon oder die künstlerische Intelligenz in Texten oder Bildern zählen wenig in diesem von Politikern angerührten Einheitsbrei. Dann malt ein Kind nicht wie vorgesehen den Eiffelturm in Öl auf Leinwand, sondern will das Bauwerk in Stein ritzen, weil es Stein mehr schätzt als Tuch. Es meißelt viele Stunden an seiner Idee und dabei entsteht ein Kunstwerk, gemacht aus Leidenschaft. »Fünf! Aufgabe nicht erfüllt«, ist der Kommentar des Lehrers. Dabei betrachtet er weder die scharfen Linien, die viel Kraft und Ausdauer erforderten, noch bemerkt er die feuchten Augen des Kindes. Wahrscheinlich wird dieses Kind zukünftig seine Fantasie bremsen. Es wird im Gehirn abspeichern, dass dem Abweichen vom Mittelmaß der Tadel folgt. Es wird diese vorsichtige

Haltung bewahren und mit in den Beruf nehmen. Denn auch dort gilt häufig: Wer die Aufgaben nach Vorgabe erledigt, der kommt in seiner Karriere einfacher voran. Weil er im Team unauffällig bleibt und der Chef zufrieden ist. Also besser nicken als Eigensinn, denkt sich der Berufsanfänger und diese Gedanken fallen ihm nicht schwer, denn er hat sie trainiert über viele Jahre. Irgendwann zwischen Schule und Job sind sie zu seinem Glaubenssatz geworden, der sich durch jeden Lebensbereich zieht: herausragende Eigenschaften zu betonen ist unerwünscht.

So mag ein Mitarbeiter selten um mehr Zeit und Freiraum bitten, um zum Beispiel seine entdeckende Stärke ins Team einzubringen. Er hat erfahren, dass sein Chef ihn dann befremdlich ansieht und ihm mit einem Stirnkräuseln entgegnet: »Wir haben keine Zeit für Extravaganzen. Wir müssen unsere Ziele erreichen und dazu gibt es Maßnahmen, an die wir uns alle halten. Auch Sie. Nur so kann ein Team funktionieren.« Der Mitarbeiter weiß dann zwar um seine entdeckenden Stärken, aber erfährt im Business-Alltag, dass ihm ein eisiger Wind entgegenweht, wenn er sie nutzen will. Dieser Mitarbeiter wird höchstwahrscheinlich seinen Stärkenweg verlassen. Sehr schnell werden seine Ängste vor Konflikten oder sogar vor Job-Verlust hochschlagen. In seiner Fantasie ist das kleinere Übel sein Schweigen und damit das Unterdrücken der Stärke.

In dem Moment, in dem wir den Weg des geringsten Widerstands suchen, zieht sich unser Talent wie eine launige Diva zurück. Es fühlt sich unerwünscht. Ein Talent wird erst zum Leben und manchmal sogar zur Stärke erweckt, wenn wir ihm eine Bühne geben, wenn wir es mit Stolz anerkennen und die besten Bedingungen schaffen, dass es sich entfalten kann. Ein Widerspruch kann durchaus sinnvoll sein: »Entschuldigung, Herr Meier. Ich weiß, dass Sie Ihre Ziele immer nach einem Maßnahmenkatalog abarbeiten. Aber ich bitte Sie dennoch, mir einen Tag Zeit zu geben, um einige Korrekturen vorzuschlagen. Denn gestern fiel mir auf, dass wir eine Chance übersehen haben. Wir könnten den gesamten Bereich der Datenpflege outsourcen und hätten dadurch mehr Kapazität für die Kundenpflege frei.« Der Chef wird noch immer mit der Stirn runzeln, weil er Widerspruch nicht schätzt und weil ihn Veränderungen verunsichern. Vielleicht hegt er sogar die Befürchtung, dass dieser kreative Mitarbeiter seine Chef-Autorität infrage stellt. Ich finde es bedenklich, wenn Manager auf der einen Seite nach einem festgelegten Plan handeln und die Talente der Mitarbeiter niederdrücken. Und ich finde es fatal, wenn sich auf der anderen Seite Mitarbeiter einem Stil beugen, der ihre Talente und Stärken nicht betont. Auf diese Weise kann niemand aufblühen. Das Talent bleibt eine Ahnung, nicht mehr. Es wird weder zu einem mit Myelin umschichteten Nervenstrang im Gehirn noch zu einer Quelle von Glück. Wer sein Talent zwar kennt, aber nicht anerkennt und bis zum Glitzern schleift, der wird vielleicht zeitlebens seinen Arbeitsplatz sichern. Nur wird er am Ende seines Lebens höchstwahrscheinlich zu den Menschen zählen, die Bronnie Ware in ihrem Buch *Fünf Dinge, die Sterbende am meisten bereuen* beschrieb. Dort erzählt sie unter anderem von der Wehmut, die Menschen überrollt, wenn sie nicht nach ihrem Willen lebten. »Ich wünschte, ich hätte den Mut gehabt, mir selbst treu zu bleiben, statt so zu leben wie andere es von mir erwarteten.«[20] Diesen Satz hörte sie oft, sehr oft. Es waren Worte von Menschen, die ein letztes Mal auf die Landkarte ihres Lebens blickten. Die Kreuzungen waren gewählt, die Wege waren gegangen. Eine Rückkehr gab es nicht und Korrekturen waren nicht mehr möglich. Mit mehr Mut, mehr Zuversicht, mehr Unbeugsamkeit, mehr Training und mehr Entschlusskraft hätten sie einen anderen Weg gewählt, einen, der besser zu ihrer Kondition und ihren Fähigkeiten gepasst hätte. Sie hatten eine Ahnung, dass ihnen dort Großartiges begegnet wäre. Sie, lieber Leser, dürfen noch entscheiden. An jedem Tag haben Sie die Wahl, Ihre Richtung zu ändern, wenn jemand Ihre Stärken missachtet. Es wäre gut, würden Sie bei dieser Entscheidung daran denken, welchen letzten Satz Sie in Ihrem Leben formulieren wollen. Er sollte lauten: »Ich hatte den Mut, meine Talentlinie zu stärken.«

Der rote Faden im Gewebe

Ein Talent nur zu benennen, reicht nicht aus. Ohne Fleiß und Disziplin, ohne den Willen, das Beste, was möglich ist, aus sich herauszuholen, werden Sie Ihr Talent niemals bis zur Stärke entwickeln. Es wird sich dann nicht wie ein roter Faden durch Ihre Individualität ziehen, der das gesamte Gewebe zusammenhält. Zum Spinnen Ihres roten Fadens will ich Sie ermuntern! Sie müssen nur den richtigen Anfang finden. Sie können sich nämlich nicht entscheiden, der beste Marathonläufer aller Zeiten zu werden, nur weil Sie Lust dazu haben. Sie können auch nicht entscheiden, in die Fußstapfen des Klavier-Genies Lang Lang zu treten. Abgesehen davon, dass Sie durch das Nachahmen von Vorbildern Ihre eigene Talentlinie verlassen würden, würde dieser Vorsatz sich wie Badeschaum in der Luft auflösen. Entschlusskraft alleine reicht nicht aus, um ein Talent zu formen. Wenn Eltern denken, sie könnten durch ein hohes Engagement das Genie im Kind ans Tageslicht zerren, wird das nicht gelingen. Nicht mit einem Bechstein-Flügel samt schönster Klangfarben im Wohnzimmer, nicht mit einem exzellenten Lehrer als täglichen Übungsbegleiter. Weder Zuspruch noch Belohnung noch die Suzuki-Methode kann aus einem mittelmäßig begabten Kind einen Klavierspieler machen, der andere ob seiner Kunst zu Tränen rührt. Zwar hat die Suzuki-Methode im Grundsatz durchaus beachtenswerte Aspekte, wenn sie drei- bis vierjährigen Kindern die Gedankenwelt der Musik eröffnen will. Das Geigespielen steht im Mittelpunkt, und nicht das Notenlesen. So wie ein Kind eine Muttersprache durch Hören, Beobachten, Nachahmen und durch Verbesserung erlernt, soll es in gleicher Weise seine Fähigkeiten für das Geigenspiel festigen. Die elementaren Zusammenhänge zwischen Vorstellung und Empfindung verbinden sich im Gehirn zu einem Muster des Musizierens. Das Kind erlebt das Instrument, nähert sich über die Sinne der Musik und nicht über die Musiktheorie. Vorerst geht es um eines: um das Üben, das Wiederholen von Streich- und Grifftechnik, das stetige Hören von Tönen. Kritiker bemängeln diese Methode als Drill. Befürworter loben das Schleifen der Fähigkeiten. Für mich ist es eine von vielen Arten, sich einem Talent zu nähern: Wer jenen Kern der Musikalität in sich trägt, der wird sehr schnell aus dem Mittelmaß heraustreten, weil ihm die Übungen leicht fallen. Die einen bleiben auch nach jahrelangem Üben in Beethovens *Für Elise* stecken. Für ein Klaviertalent wie Lang Lang prasselten hingegen schon nach zwei Jahren des Übens die Auszeichnungen nieder und für ihn wird zeitlebens die H-Moll-Sonate von Franz Liszt ein leichtes Fingerspiel bleiben. Auf die Frage, was sein Geheimnis sei, antwortet Lang Lang übrigens keck: »Es wird wohl Talent sein.« Ich sehe das anders. Vielleicht raten ihm seine Marketing-Manager, dieses Image der Lässigkeit zu pflegen, aber wer sich jemals näher mit Stärken befasst hat, der ahnt, welche konsequente Arbeitsweise sich dahinter verbirgt. In unzähligen Stunden des Trainierens durften sich aus einer natürlichen Begabung eigene Wahrnehmens-, Denk- und Verhaltensmuster bilden und damit sein unverwechselbares Profil. Mit dieser Einsicht drängt sich die Frage geradezu auf: Wie kann ein Mensch sein Talent entdecken, um fortan die Umweltbedingungen zu optimieren und überhaupt den Fleiß zu erhöhen? Die Antwort scheint offensichtlich: Dort, wo die Freude ist, ist auch das Talent. Dort, wo ein Wille ist, Großartiges zu erreichen, wird genau das gelingen. Wirklich? David Shenk, US-Wissenschaftsjournalist und Autor, hat versucht, in seinem Buch *Das Genie in uns* den Knäuel aller Behauptungen zu entwirren. Für ihn schält sich keine ungeborene Gabe heraus, »sondern das Ergebnis einer langsamen, unsichtbaren Ausbildung von Fähigkeiten, die sich vom Augenblick der Empfängnis an entwickeln«, und gleichzeitig schränkt er diese These wieder ein, indem er fortfährt: »Die Menschen unterscheiden sich zwar schon bei der Geburt und einige erweisen sich bald als den meisten uneinholbar überlegen, wenn es um bestimmte Dinge geht, aber niemand ist genetisch dazu prädestiniert – und nur wenige sind biologisch davon ausgeschlossen – Großes zu leisten.«[21] Nun, zumindest erfahren wir, dass auch David Shenk trotz Auswertung der relevanten Erkenntnisse aus der Neurobiologie und Verhaltenspsychologie keine allgemeingültige Antwort formulierte. Er arbeitet mit These und Antithese und lässt am Ende den Leser alleine mit seiner Frage: Steckt in jedem Menschen das Potenzial zum Genie?

Eine klare Antwort fehlt nicht nur ihm, sondern bislang dem gesamten Spektrum der Wissenschaften, die sich mit dieser Frage beschäftigen. Das Talent ist zunächst ein Geheimnis, das jeder Mensch mit der Geburt in sich trägt. Irgendwo versteckt in den Zellen wartet es darauf, entdeckt zu werden, meist durch wohlwollende Menschen in unserer Umgebung. Es will sich wie ein roter Faden durch die gesamte Persönlichkeit ziehen, um Sie zufrieden und authentisch werden zu lassen. Das bedeutet Arbeit, denn dieser Faden entkräuselt sich erst, wenn wir seinen Anfang finden und ihn immer weiter durch unser Denken, Verhalten, Wissen und durch unsere Fertigkeiten spannen. Dann wird er sichtbar und wirksam. Fragen Sie mich nach einer griffigen Definition für Stärken, so lautet diese:

Eine Stärke ist etwas, was wir gut können, gerne machen und wobei wir hervorragende Ergebnisse erzielen.

Drei Sekunden Staunen

In meinen Seminaren beginne ich die Vorstellungsrunde oft mit einer Bitte: »Wenn Sie uns Namen, Beruf und Hobby sagen, verraten Sie uns doch bitte auch zwei Ihrer besonderen Stärken.« Die Teilnehmer, oft Verkäufer oder Berater, verfügen per se über ein hohes Maß an Kommunikationsfähigkeit und Kreativität. Man könnte denken, es fiele ihnen nicht schwer, die eigenen Stärken wortreich zu beschreiben, denn jeder einzelne von ihnen ist es gewohnt, erstens vor Publikum zu sprechen und zweitens einen guten Eindruck zu hinterlassen. Imagebildung ist ihr Metier – und doch herrscht Schweigen. Bis einer von ihnen zögerlich nachfragt: »Wir sollen eine Lobeshymne auf uns selbst singen?« »Ja, genau das«, ist meine Antwort. »Kann ich Ihnen auch drei Schwächen statt einer Stärke nennen?«, witzelt der Teilnehmer und das allgemeine Lachen wirkt befreiend, aber für mich ist der Ernst hinter dieser Anekdote erkennbar, der lautet: Das Sonnen in den eigenen Stärken ist nicht gesellschaftsfähig.

Wir sind nicht expressiv genug, um uns selbstbewusst hinzustellen, den Rücken gerade zu strecken, die Schultern nach hinten zu ziehen und das Kinn ein wenig höher zu nehmen, als wir es gemeinhin tun, wenn wir von unseren herausragenden Gaben sprechen: »Ich kann ganz offen auf Menschen zugehen und sie für mein Thema begeistern. Ich weiß um diese Stärke und bin stolz darauf.« Oder: »Ich staune manchmal selbst, wie ich komplexe Zusammenhänge verständlich auf den Punkt bringen kann. Ich habe diese Fähigkeit, einfache Worte zu finden. Das war schon in der Schule so. Später auf der Universität habe ich damit meinen Professor verblüfft. Ich trainiere das bis heute und habe daran meine Freude.« Oder: »Wenn Sie mich nach meiner Stärke fragen, dann hat diese gar nichts mit meinem Beruf als Pressereferent zu tun. Denn nicht das Texten von Pressemitteilungen ist meine Leidenschaft. Ich male. Meist Landschaften. Das erfüllt mich mit einer tiefen Ruhe, und das Beste daran ist: Je mehr Bilder entstehen, desto sicherer wird meine Linienführung, ich bin nahezu verliebt in meine Werke und träume davon, sie eines Tages in einer Galerie auszustellen. Ich kann sagen: Mit den Jahren habe ich einen eigenen Stil entwickelt.«

Nicht nur meinen Teilnehmern fällt es schwer, solche Worte vor anderen zu äußern. Generell denken Menschen, es sei unhöflich, gar unsympathisch, sich selbst zu loben. Im Umkehrschluss betonen sie verbal ihre Schwächen. Das wird in unserer Kultur mit Selbstkenntnis gleichgesetzt. Dann fallen Sätze wie: »Ich trampele oft über die Gefühle der anderen weg, weil ich nur mein eigenes Ziel vor Augen habe.« Oder: »Ich kann nicht gut zuhören und unterbreche meine Kollegen in Meetings, weil ich so ungeduldig bin.« Oder: »Ich bin zu streng, wenn andere einen Fehler machen.« Diese Aussagen sind eine versteckte Botschaft, die eigentlich bedeutet: Ich kenne meine Schwächen und arbeite daran. Schade.

Mit der Arbeit an Ihren Schwächen entfernen Sie sich von Ihren Talenten, bis Sie irgendwann nicht mehr wissen, dass sie überhaupt existieren. Sie widmen sich fortlaufend den Aufgaben, die Ihnen Sorgen bereiten, die Ihnen schwer von der Hand gehen. Immer und immer wieder drehen Sie sich um die Themen, die eine spürbare Selbstentwicklung verhindern. Wir werden in Kapitel 10 noch einmal ausführlich auf dieses sinnlose Schwächentraining eingehen. Vorerst aber will ich bei den versteckten Talenten bleiben. Wenn Sie an dieser Stelle abwinken und denken, diese außergewöhnlichen Begabungen gebe es in Ihnen nicht, dann ist das eine Fehleinschätzung. Jeder Mensch hat sie – aber nicht jeder kennt sie – und doch kann er seine Leistung in diesem Bereich deutlich erhöhen. Das bestätigen Leseübungen mit Schülern. Nach einer ersten Prüfung konnte man zwei Gruppen erkennen: die erste war fähig, 90 Wörter in der Minute zu lesen; die zweite brachte es auf 350 Wörter. Das war ein Talent. Beide Gruppen trainierten mehrere Wochen lang, um ihre Leistung zu steigern. Die Übungsbedingungen waren für beide Gruppen gleich. Als man sich wieder traf, zeigten die Schüler, die als normal begabt galten, einen Anstieg des Lesetempos auf 150 Wörter in der Minute. Nicht schlecht, fanden die Pädagogen und sprachen ein Lob aus. Dann testeten sie die zweite Gruppe, die besonders begabten Schüler – und staunten nicht schlecht: Diese Mädchen und Jungen steigerten ihre Lesegeschwindigkeit von 350 auf 2 900 Wörter in der Minute! Bei gleicher Beharrlichkeit steigerten sie ihre von Anfang an hohe Leistung nochmals um mehr als das Achtfache. Dieses und ähnliche Ergebnisse aus den Bereichen Musik und Sport bestätigen mich in meiner These: Wir sollten niemals aufhören, das Beste aus uns herauszuholen – solange wir Freude empfinden. Sobald wir einen Impuls zur Leistung spüren, sind wir auf dem richtigen Weg, denn Erfolg setzt diese intrinsische Motivation voraus. Aus einem Talent wird nicht zwingend eine Stärke, aber eine überragende Stärke bedarf immer auch eines Talents. Bestenfalls entsteht die Formel:

Stärke = Talent + Wissen + Übung + Freude

Aber was passiert, wenn ein Mensch niemals eine Idee vom eigenen Talent erhält? Wo kann er suchen? Wie kann es ihm gelingen, jene Zufriedenheit und jene Glücksmomente zu erleben, die ein Mensch in sich speichert, wenn aus einem Talent eine Stärke, ein Aufblühen, eine Leistung wird? Mich haben diese Momente der Entdeckung des Talents immer wieder fasziniert. So fing ich vor rund zwanzig Jahren damit an, Menschen mit sichtbaren Stärken zu befragen, seit wann sie ihre Wissbegierde, ihre Kreativität, ihr analytisches Vorgehen, ihre Verbindlichkeit, ihre Entschlusskraft, ihr Netzwerken kultivieren. Denn all diese Bereiche sind Stärken, denen ein Talent zugrunde liegt: Wissbegierde benötigt einen überdurchschnittlichen Intellekt, Kreativität eine Offenheit für Veränderung, Entschlusskraft benötigt eine Art der Autorität, und Verantwortungsgefühl eine grundsätzliche Kontaktfreudigkeit und Empathie für die Belange anderer. Wie aber wurde dieses Talent erkannt? Wie viel Kraft und wie viel Zeit waren nötig, um es als etwas Eigenes, Unverwechselbares zu begreifen? Nun, die Antwort wird Sie vielleicht überraschen. Nach meiner Recherche, nach Hunderten von Interviews kann ich sagen: Drei Sekunden reichen, um ein Talent zu entdecken. Drei Sekunden dauert es, bis der Glücksschauer sich im gesamten Körper ausbreitet, bis die Augen leuchten und das Herz warm wird, weil eine Begabung bewusst wird. Nur drei Sekunden, um dem eigenen Wirken eine größere Dimension zu geben und ein Staunen über sich selbst festzustellen. Das bin ich? Das Entdecken des Talents ist ähnlich wie der Blick eines zweijährigen Kindes in den Spiegel.

Ein Kind hat immer Freude, wenn es sein Spiegelbild sieht. Es winkt sich zu, nennt sich beim Vornamen, lächelt sich selbstverliebt entgegen. Und plötzlich ist alles anders. Eines Tages scheint sich ein Schalter umzulegen. Klick, das Kind starrt sich an, als sehe es sich zum ersten Mal. Es weitet die Augen, lässt den Unterkiefer hängen, die kleinen Händchen tatschen auf das Glas, versuchen Nase und Mund zu berühren. Die Kinderwelt steht kurz still. Dann atmet es tief, während es die Augen in sein Spiegelbild weiterhin verhakt. Nur ein einziges Wort kommt ihm über die Lippen und damit spannt sich sein Horizont auf. Von diesem Zeitpunkt an finden seine Erlebnisse und seine Erfahrungen darin einen Platz. Das Kind sagt andächtig: »Ich.« Ein Quantensprung im kindlichen Gehirn – und ein beginnender Stress für die Eltern. Fortan wird nämlich für das Kind kein Erlebnis mehr beliebig sein. Seine Handlungen haben eine Bedeutung, denn sie füllen sein Selbst mit Leben. Fortan wird es seinen eigenen Willen haben, wird seine Grenzen testen und hoffentlich erweitern, es wird sich als einen Menschen empfinden, der losgelöst sein kann von den Meinungen der anderen.

Ähnlich prägend wie dieser erste Moment, in dem ein Kind sein Selbst-Bewusstsein entdeckt, ist das Bergen eines Talents. Nur scheint die Natur nicht vorzusehen, dass es solch eine Sternsekunde in unserem Leben auf der Skala der persönlichen Entwicklung gibt. Wir können nicht einfach in den Spiegel sehen und plötzlich zeigt sich, was wir unter der Oberfläche in uns tragen. Ein Talent ist nicht am Gesichtsausdruck abzulesen und es lässt sich schon gar nicht herbeiatmen. Wie wir es dennoch entdecken können, darüber denken aktuell Neurobiologen nach, sie gehen auf die Suche nach dem, was wir Seele nennen. Dort vermuten sie unsere herausragenden Gaben. Für Philosophen ist diese Suche übrigens seit je her eine zentrale Aufgabe. Ihre existenzielle Frage lautet bis heute: Wie bin ich wirklich und was kann ich mit meinem Sein bewirken? Immanuel Kant hob das Bewusstsein der eigenen Person auf die Ebene des transzendentalen Zustandes, also jener Ebene des höchsten Punktes aller Erkenntnisse, die ein Mensch je erreichen kann. Er bezweifelte, ob ein Mensch überhaupt jemals fähig sein wird, ein umfassendes Bewusstsein seiner selbst zu erlangen. Dem stimme ich zu. Es wird wohl niemals einem Menschen gelingen, wirklich an seine Grenzen zu gelangen. Die Zeit, die wir auf dieser Welt sein dürfen, reicht dafür nicht aus. Einstein hätte vielleicht die Schwarzen Löcher im All irgendwann mit einer plausiblen Erklärung stopfen können, Schopenhauer wäre ob seiner klugen Essays über Glück vielleicht doch noch zu einem glücklichen Mann geworden. Simone de Beauvoir hätte den leider immer noch herrschenden Gehaltsunterschied zwischen weiblichen und männlichen Managern aufgelöst. Steve Jobs hätte dem iPhone eine App hinzugefügt, die aufgrund der Messung elektrischer Ströme im Gehirn ein Talentprofil im Menschen erkennt und in der Fortsetzung eine Anleitung für das Stärken dieser Stärken auf das Display zaubert. Wir werden alle irgendwann diese Erde mit dem Gefühl verlassen, unser Potenzial nicht ausgeschöpft zu haben – und werden mit diesem Gedanken wohl Recht haben. So bleibt im Umkehrschluss wichtig, dass wir wissen, in welchen Bereichen wir wirken wollen, welche Aufgaben uns leicht von der Hand gehen und bestenfalls mit Freude erfüllen. Deshalb ist mein Rat in diesem Kapitel: Wenn Ihnen ein wertschätzender Mensch ein Kompliment macht, wenn er eine Bewunderung äußert oder über Ihre Gaben staunt, dann halten Sie den Atem an, lassen Sie diese Worte vom Kopf ins Herz und in den Bauch schwingen. Sagen Sie sich innerlich nur ein Wort: Ich! Es sind zu etwa 90 Prozent die anderen, die Ihrem Ich eine Talentfacette hinzufügen.

Schließen Sie an dieser Stelle einmal die Augen. Denken Sie daran, als Ihr Vater, Ihr Lehrer, Ihr Ehepartner, Ihr Freund spontan sagte: »Ich bewundere dich um …« Hören Sie den Klick noch einmal, der damals durch Ihr Gehirn schallte. Drei Sekunden lang. Sie haben diese Worte staunend entgegengenommen und diese Worte haben Einzug in Ihre Gedanken gehalten und seither sind sie ein Leuchtpunkt an Ihrem Persönlichkeitshorizont. Sie formulieren Ihre Begabung.

Ein Talent braucht diesen wohlwollenden Schubs von außen. Wir selbst haben schlichtweg ein Hemmnis in uns, es als gottgegeben zu begreifen. Wie wunderbar, wenn Sie in Ihrem Umfeld Menschen haben, die es mit Freude benennen können. Suchen Sie sich Freunde, die es gut mit Ihnen meinen, die nicht kritisieren, nicht kleinhalten, sondern die Sie wachsen lassen wollen und bereit sind, Sie mit der Nase auf das zu stoßen, was Sie zu einem außergewöhnlichen Menschen macht. Und dann staunen Sie wie ein Kind, das mit einem Jauchzer auf das Spiegelbild zeigt und ruft: »Ich! habe gerade den Glitzerpunkt in meiner Persönlichkeit entdeckt.«

Die Big Five der Persönlichkeit

Die Grundlage zur Persönlichkeit wird früh gelegt. In den ersten drei Monaten des pränatalen Stadiums formt sich bereits, was uns zu unverwechselbaren Menschen macht. Mit der Bildung des Gehirns entstehen unsere Verhaltensgrundlagen. Sie werden beeinflusst von den Genen sowie von Launen, Stress, Ernährung und Gesundheit der Mutter. Wie wir später mit Konflikten umgehen, mit welcher Grundstimmung wir durch die Welt gehen und Beziehungen gestalten, das legt sich in dieser frühen Phase fest, wenn das Gehirn zu wachsen beginnt. Dann entstehen jene Muster, die zeitlebens die Gedanken, die Sprache, das Verhalten eines Menschen abbilden. Seit den 1930er Jahren herrscht die Auffassung, dass sich die Persönlichkeit besonders in der Sprache niederschlägt. Sowohl Philosophen als auch Verhaltenswissenschaftler begannen nach den Spuren zu suchen. Besonders verdient machten sich die Psychiater Thurstone, Allport und Odbert, die mit einem lexikalischen Ansatz mehr als 18 000 Begriffe in Listen abbildeten. Daraus leiteten sie fünf sehr stabile, unabhängige und relativ kulturstabile Faktoren ab – die Big Five.

Die Big Five gelten bis heute als international anerkanntes Modell in der Persönlichkeitsforschung und wurden in den letzten zwanzig Jahren in über 3 000 wissenschaftlichen Studien verwendet.

Die Big Five	starke Dimension	schwache Dimension
Extraversion	gesprächig, energisch, offen dominant	schüchtern, zurückhaltend, reserviert, wortkarg
Offenheit für Erfahrung	fantasiereich, künstlerisch, wissbegierig, geistreich	uninteressiert, nicht intellektuell, vorsichtig, konservativ
Gewissenhaftigkeit	sorgfältig, zuverlässig, planend, effektiv	nachlässig, vergesslich, unstrukturiert, leichtsinnig
Verträglichkeit	mitfühlend, herzlich, großzügig, kooperativ, freundlich	feindselig, geizig, streitsüchtig, hartherzig
Neurotizismus	launisch, empfindsam, nervös, verletzlich, besorgt	stabil, ruhig, zufrieden, selbstsicher

Tabelle 1: Starke und schwache Dimension der Big Five (Faktoren nach Costa und McCrae nach der Übersetzung von Borkenau und Ostendorf)

Aber das Big-Five-Modell hat Gegner. Zwar herrscht in der Forschung Einstimmigkeit darüber, dass es grobe Persönlichkeitsmuster identifiziert. Aber in der Feinjustierung können die Werte abweichen oder sich in den fünf Bereichen mischen. Ein fantasievoller Mensch kann ebenso geizig sein, ein zuverlässiger ebenso streitsüchtig. Das Modell, so die Gegner-Argumente, beruhe ausschließlich auf mathematisch-statistischen Auswertungen und könne – wenn überhaupt – nur einen ganz kleinen Teil der Persönlichkeit erfassen. Außerdem sei die Beschreibung und Konnotation der jeweiligen Persönlichkeitseigenschaften kulturell geprägt und etwa in asiatischen Kulturen nur bedingt anwendbar.

Ich halte das Big-Five-Modell für eine gute Grundlage in der Stärkenforschung, aber es hat einen entscheidenden negativen Aspekt: Es richtet seinen Blick nicht nur auf die Stärken, sondern ebenso auf die Schwächen. Es verführt den Teilnehmer dazu, die Schwächen anzuerkennen – und an ihnen zu arbeiten. Wer will schon gerne als geizig, streitsüchtig oder schüchtern gelten? Damit aber würde er seine Stärken vernachlässigen und seine Ausstrahlung dimmen.

Selbsteinschätzung: Mein Stärkenprofil

Das Erkennen eines Talents mag zufällig geschehen. Das Erkennen einer Stärke hingegen ist mit Selbstachtsamkeit und einer gezielten Spurensuche immer möglich. Und doch haben Sie vielleicht Angst, Ihr Profil könnte Schwächen aufweisen, die Sie selbst nicht akzeptieren wollen. Das kann ich gut verstehen. Denn denken wir noch einmal an das Standardmodell der Big Five, dann finden wir zur ersten Dimension der Stärke immer die zweite Dimension der Schwäche oder umgekehrt. Diese Polarisierung kann zuweilen verunsichern.

Deshalb habe ich das Big-Five-Modell weiterentwickelt und dabei jegliche negativen Adjektive außer Acht gelassen. Ich habe mich ausschließlich auf die Stärken fokussiert. Denn diese zu identifizieren und sie als Glanzpunkte auf der Persönlichkeitsskala zu markieren, das ist mein Anliegen als Stärkenforscher. Mir geht es darum, jenseits von Selbstüberschätzung und falscher Bescheidenheit die Mitte im Menschen zu finden. Dort nämlich liegt sein Potenzial für Zufriedenheit und Glück. Dieses Wissen um die eigenen Stärken ist wie ein Abwehrschild für falsche Entscheidungen. Stärken sind ein Halt, ein Richtungsweiser im Leben. Deshalb will ich Sie ermuntern, Ihre Vorbehalte und auch Ihre Angst vor einem Selbsttest abzustreifen. Sie werden mit dem folgenden Stärkentest, der mit über 10 000 Personen durchgeführt und stetig verfeinert wurde, keine Schwäche an sich aufdecken. Versprochen!

Meine fünf Stärkendimensionen einer Persönlichkeit beschreibe ich durch Adjektive, die eine positive Assoziation in Ihnen hervorrufen. Spüren, schmecken, hören Sie nach. Erfassen Sie diese Adjektive mit Ihren Sinnen. Entscheiden Sie sich spontan. Wählen Sie ohne langes Zögern, welches Wort zu Ihnen passt, welches sich gut und rund anfühlt und welches Sie mit Freude verbinden. Denn eine Stärke ist ein Merkmal an Ihnen, das heraussticht, das Energie gibt, das eine intrinsische Motivation zum Üben und Weiterentwickeln erzeugt.

Die fünf Dimensionen, in denen Sie sich wiederfinden werden, sind:

1. Analytische Stärken
2. Entdeckende Stärken
3. Kooperative Stärken
4. Praktische Stärken
5. Stabilisierende Stärken

Wo immer Sie Ihr Kreuz setzen, Sie werden mit der Auflösung einen berührenden Moment erleben, denn er führt Sie mitten hinein in Ihre Selbsterkenntnis. Alles Weitere wird an Ihnen liegen. Denn im zweiten Schritt geht es darum, diese Stärke anzuerkennen und sie in Ihren Gedanken und in Ihrem Handeln zu berücksichtigen. Aber dazu mehr im nächsten Kapitel. Zunächst wünsche ich Ihnen Freude für die Spurensuche in Ihrer Persönlichkeit.

Anleitung zum Stärken-Finden

Jede Zeile der folgenden Tabelle enthält fünf stärkenorientierte Eigenschaften. Markieren Sie in jeder Zeile eine Eigenschaft, die Sie am besten beschreibt. Folgen Sie dabei Ihrem ersten Impuls. Zögern Sie nicht, zweifeln Sie nicht, fragen Sie andere nicht um Rat. Was immer Sie spontan ankreuzen, es wird Ihre Stärke beschreiben.

1	entspannt	energievoll	respektvoll	ordentlich	wissens-durstig
2	einfühlsam	fleißig	detail-orientiert	enthusias-tisch	experimen-tierfreudig
3	intuitiv	löse Probleme pragmatisch	mutig	genau	rücksichts-voll
4	beziehungs-orientiert	ausge-glichen	gewissen-haft	handlungs-orientiert	zukunfts-orientiert
5	ehrgeizig	ideenreich	willensstark	sachlich	ehrlich
6	großzügig	gut gelaunt	organisiert	entschei-dungs-freudig	abenteuer-lustig
7	kommuni-kations-freudig	planvoll	selbstsicher	innovativ	bringe schnell Ergebnisse
8	fröhlich	gefühlvoll	zupackend	pünktlich	kontakt-freudig
9	glaubwürdig	optimistisch	reflektiert	schnell	flexibel
10	rede-gewandt	lernbegierig	selbst-beherrscht	aktiv	urteilskräftig
11	humorvoll	dynamisch	spontan	sorgfältig	tolerant
12	engagiert	wagemutig	diploma-tisch	systema-tisch	belastbar
13	zuvorkom-mend	stress-resistent	treffe Ent-scheidun-gen wohl-überlegt	tatkräftig	probiere gerne Neues aus
14	konzentriert	leistungs-fähig	vergnügt	empfin-dungsstark	kann gut zuhören

15	loyal	ausdauernd	umsichtig	lebhaft	aufgeschlossen gegenüber Veränderungen
16	verständnisvoll	begeisterungsfähig	unerschütterlich	entschlossen	untersuche Probleme genau
17	temperamentvoll	verantwortungsbewusst	hilfsbereit	konsequent	risikofreudig
18	übernehme die Initiative	vielseitig	gelassen	hinterfragend	konfliktfähig
19	fantasievoll	durchsetzungsstark	stabil	kollegial	gründlich
20	motivierend	zuverlässig	bewahre einen kühlen Kopf	kreativ	übernehme Verantwortung

Ergebnis: Mein Stärkenprofil

Übertragen Sie nun zeilenweise die Eigenschaften, die Sie zuvor ausgewählt haben, in die folgende Tabelle. Sie erscheinen nun in veränderter Reihenfolge. Diese veränderte Reihenfolge zeigt Ihr Stärkenprofil. Zählen Sie Ihre Punkte zusammen (dabei gilt: 1 Markierung = 1 Punkt) und erstellen Sie dann eine Rangliste. Die Spalte mit der höchsten Punktzahl beschreibt Ihre am meisten ausgeprägte Stärke. Anschließend erfahren Sie, was Ihr Ergebnis über Ihre Stärken verrät.

	Analytische Stärken	Entdeckende Stärken	Kooperative Stärken	Praktische Stärken	Stabilisierende Stärken
1	ordentlich	wissensdurstig	respektvoll	energievoll	entspannt
2	detailorientiert	experimentierfreudig	einfühlsam	fleißig	enthusiastisch
3	genau	intuitiv	rücksichtsvoll	löse Probleme pragmatisch	mutig
4	gewissenhaft	zukunftsorientiert	beziehungsorientiert	handlungsorientiert	ausgeglichen
5	sachlich	ideenreich	ehrlich	ehrgeizig	willensstark
6	organisiert	abenteuerlustig	großzügig	entscheidungsfreudig	gut gelaunt
7	planvoll	innovativ	kommunikationsfreudig	bringe schnell Ergebnisse	selbstsicher
8	pünktlich	gefühlvoll	kontaktfreudig	zupackend	fröhlich
9	reflektiert	flexibel	glaubwürdig	schnell	optimistisch
10	urteilskräftig	lernbegierig	redegewandt	aktiv	selbstbeherrscht
11	sorgfältig	spontan	tolerant	dynamisch	humorvoll
12	systematisch	wagemutig	diplomatisch	engagiert	belastbar
13	treffe Entscheidungen wohlüberlegt	probiere gerne Neues aus	zuvorkommend	tatkräftig	stressresistent
14	konzentriert	empfindungsstark	kann gut zuhören	leistungsfähig	vergnügt

	Analytische Stärken	Entdecken-de Stärken	Kooperative Stärken	Praktische Stärken	Stabili-sierende Stärken
15	umsichtig	aufge-schlossen gegenüber Verände-rungen	loyal	lebhaft	ausdauernd
16	untersuche Probleme genau	begeiste-rungsfähig	verständ-nisvoll	entschlos-sen	unerschüt-terlich
17	verantwor-tungs-bewusst	risikofreudig	hilfsbereit	tempera-mentvoll	konsequent
18	hinterfra-gend	vielseitig	konfliktfähig	übernehme die Initiative	gelassen
19	gründlich	fantasievoll	kollegial	durchset-zungsstark	stabil
20	zuverlässig	kreativ	motivierend	übernehme Verantwor-tung	bewahre ei-nen kühlen Kopf

Auflösung

Die fünf Dimensionen des Stärkentests	Kennzeichen
Analytische Stärken 	Ihre Stärke ist es, konsequent Aufgaben zu lösen, um Ihre Ziele zu erreichen. Dabei haben Sie einen langen Atem. Ihnen liegt eher der Marathon als der Sprint, eher die Strategie als die Ad-hoc-Entscheidung. Ihre Aufgaben lösen Sie mit einem hohen Grad an Genauigkeit und Zuverlässigkeit. Ihre Gabe ist das Tüfteln an Details. Sie sind fähig, die Konsequenzen vorherzusehen und verfügen über die Weitsicht, Fehler zu vermeiden.

Entdeckende Stärken 	Ihre Stärke sind Ihre Kreativität und Begeisterungsfähigkeit. Sie können Menschen mitreißen, unorthodoxe Lösungen finden, Projekte mit Freude voranbringen. Sie motivieren Kollegen und Mitarbeiter gleichermaßen und lieben die Abwechslung. Sie haben die Gabe, jenseits des Mainstreams zu denken, Ihre Erfahrungen als Schatzkästchen zu begreifen und in Gesprächen und Verhandlungen den Ton anzugeben.
Praktische Stärken 	Ihre Stärke ist Ihr fokussiertes und tatkräftiges Handeln. Sie liefern Ergebnisse, weil es Ihnen gelingt, sich auf die wichtigsten Daten zu konzentrieren und Prioritäten zu setzen. Für jede Herausforderung entwerfen Sie sich ein Konzept, das Sie zielsicher umsetzen. Ihre Gabe ist es, sich schnell und pragmatisch in Themen einzuarbeiten, um dann ergebnisorientiert zu handeln. Langwierige Meetings liegen Ihnen nicht, Sie wollen Ergebnisse statt Worte. Zeit- und Energiefresser haben bei Ihnen keine Chance.
Kooperative Stärken 	Ihre Stärke ist Ihre Wertschätzung für andere Menschen. Sie verfügen über ein ausgeprägtes beziehungsorientiertes Verhalten und das macht Sie im Team zu einem allseits beliebten Mitarbeiter. Sie bringen Verständnis für die Belange der anderen auf und sind bereit, in der Not einzuspringen. Ihre Gabe ist die Empathie, die sich durch Wohlwollen und Mitgefühl selbst in Konfliktsituationen äußert. Nur in einem guten Klima kann Erfolg entstehen, mag Ihr Motto sein.
Stabilisierende Stärken 	Ihre Stärke ist Ihre Selbstkontrolle. Weder Stress noch Rückschläge werfen Sie aus der Karrierebahn, weil Sie fähig sind, Ihre Einstellungen zu hinterfragen und bei Bedarf zu justieren. So ist Ihre Gabe die Selbstmotivation, die Selbstreflexion und immer wieder das Suchen nach Lösungen, wenn ein Misserfolg oder ein Rückschlag drohen. Ihre positive Grundeinstellung pointiert diese Stärke und schenkt Ihnen eine zukunftsorientierte Ausstrahlung, von der sich Kollegen und Mitarbeiter gerne anstecken lassen.

TALENT

Kapitel 5

GEFUNDEN, GEHALTEN, GESCHLIFFEN

Test erledigt, und nun? Diese Frage habe ich unzählige Mal gehört, nachdem Teilnehmer den Test der vorigen Seite ausgewertet hatten. Die Frage steht also immer im Seminarraum und ich lasse sie eine Weile dort schweben. Kein Kommentar – das Ergebnis gehört den Teilnehmern. Es beschreibt ihre schönsten Tupfer auf der Persönlichkeit. Zwar war meine Empfehlung, die passenden Adjektive im Test spontan und unreflektiert anzukreuzen, aber das Lesen des Ergebnistextes sollten sie in Ruhe interpretieren. Ich werde zum stillen Beobachter, versuche aus Körperhaltung, Gesichtsausdruck, aus der nonverbalen Annäherung zu erahnen, was in den Köpfen vor sich geht. Ich sehe, wie die Stirn sich glättet, der Mund sich leicht öffnet. Überhaupt sind alle 43 Muskeln im Gesicht entspannt und dieser sanfte Tonus setzt sich fort über den Nacken und die Schulter. Die Mundwinkel heben sich zu einem Lächeln als würde der Teilnehmer seine erkannte Stärke begrüßen wie einen Freund, der aus dem Nichts erscheint und ihm zuflüstert: »Hey, schön dich wiederzusehen. Ich wusste, das wird eines Tages geschehen, habe die Hoffnung nie aufgegeben, dass wir eine gemeinsame Zukunft haben. Ich bin sicher, sie wird gut.«

Diese Sätze sind wie ein Sprungbrett in die Erinnerung. Plötzlich tauchen Bilder aus der Kindheit auf, als dieser Stärkenfreund noch ein täglicher Begleiter war und als man mit ihm auf dem Boden im Spiel jegliches Zeitgefühl verlor. Plötzlich erscheinen noch einmal im Zeitraffer die Situationen, in denen er noch nicht ignoriert und missachtet wurde – bis er sich zurückzog auf eine Gedankeninsel im Unterbewusstsein. Dieser Stärkenfreund war niemals ganz verschwunden, hatte nur in einer Warteposition verharrt, um beim ersten Rufen wieder zu erscheinen. So wie nun, nach dem Test und der Erinnerung an die analytischen, entdeckenden, kooperativen, praktischen, stabilisierenden Stärken in Ihnen. Nach rund 15 Minuten ist diese Begrüßungszeremonie für die eigenen Stärken vorbei. Die Teilnehmer nehmen ihr Blatt hoch, halten es mit beiden Händen fest. Es ist ein Schatz für die Aktentasche, zum Mitnehmen, zum Anschauen, ein Memo für das, was uns unverwechselbar macht. Ich würde gerne ihren Stolz in einem Rezept verewigen, damit ich es ständig anrühren und servieren könnte, denn dieser Stolz auf die Stärke ist eine ganz wesetliche Ingredienz für Glück.

Auch Sie haben gerade schwarz auf weiß Ihre besonderen Merkmale gelesen. Sie haben den Spot auf Ihr Potenzial gerichtet. Vielleicht haben Sie sogar erkannt, dass Ihrer Leistung ein Talent zugrunde liegt, über das andere nicht verfügen; etwas ganz Individuelles, das Sie auszeichnet. Sie hatten das verdrängt in der Hektik des Alltags. Jetzt erinnern Sie sich daran. Verblüfft lesen Sie den Test vielleicht ein zweites, ein drittes Mal und mit jedem Lesen beschwören Sie Ihr Talent ins Bewusstsein zurück. Das ist ein berührender Moment, manchmal verschluckt man dabei eine Träne. Ähnlich wie dem Nachtrauern einer schönen Zeit, nehmen Sie sich vor, ab diesem Moment das Leben intensiver zu gestalten. Sie entschließen sich, den Blick öfter nach innen zu richten und sich zu fragen, ob Sie sich gut fühlen bei dem, was sie tun.

Sie haben nie darüber nachgedacht, ob Ihr Sinn für ein gutes Betriebsklima mit Ihren kooperativen Eigenschaften zusammenhängen könnte oder ob Ihr ständiges Bestehen auf Detaillösungen ein Ausdruck Ihrer analytischen Fähigkeiten ist? Vielleicht verstehen Sie nun, dass Ihre Arbeitsweise, die ein Kollege mit chaotisch bezeichnete, Ihrer herausragenden Kreativität entspricht. Oder Sie schätzen, dass Ihre Lust an Handwerksarbeiten in der Freizeit ein kluger Gegenentwurf zum Bürojob ist, weil genau in dieser praktischen Stärke Ihr Talent liegt. Nun sehen Sie klar und Sie finden Gründe für Ihr Handeln. Lassen Sie sich Zeit, diesen Eigen-Sinn anzunehmen und Ihre Stärken mit Ihrem Horizont an Wissen und Erinnerungen abzugleichen. Halten Sie den Blick auf sich selbst gerichtet und erkennen Sie Ihre Stärken an. Es wäre gut, wenn Sie das Buch eine Weile auf die Knie sinken lassen würden, damit sich diese neue Stärkengewissheit in Ihnen ausbreiten kann. Was Sie auf keinen Fall tun sollten: Ihre Stärken mit anderen diskutieren, egal mit wem. Lassen Sie ab diesem Zeitpunkt niemals wieder zu, dass Partner, Vorgesetzte, Kollegen, Familienmitglieder oder sogenannte Freunde irgendetwas bemängeln oder ändern wollen.

Eine Stärke lässt sich nicht sezieren. Halbgegart eingesetzt, erreicht sie zwar schnell und leichtfüßig das Mittelmaß. Ein Maximum im Stärkenbereich ist aber nur möglich, wenn die Begeisterung mitschwingt und dazu die Absicht, das Beste aus sich herauszuholen, was möglich ist. Ein begnadeter Violinespieler wird sich in einem drittklassigen Orchester bald langweilen, ein Texter mit literarischen Qualitäten würde beim Verfassen von Werbeslogans keine Freude empfinden. Wenn Stärken nur in kleinen Häppchen wirken dürfen, entsteht Unlust. Und wenn ein Talent von anderen gelenkt wird, dann kann es sogar zur Qual werden. David Garrett, ein genialer Musiker, wäre kaum derart populär und vor allem glücklich mit seiner Musik geworden, hätte er nach Vorgabe seiner Eltern und Manager Klassik statt Pop und Rock gespielt. Das ist ein Beweis dafür, dass sich ein Talent nicht in vitro züchten lässt. Es braucht die inneren Impulse, die Leidenschaft, um groß und größer und grenzenlos zu werden. Dass die Philosophen niemals aufhören werden, über die Entstehung des Selbst und über das, was Menschen beglückt, zu sinnieren, das wünsche ich mir mehr als den Wettbewerb der Wissenschaftler um harte Fakten und Formeln zu diesem Thema. Ein Talent ist ein weicher, ein sensibler Stoff, er eignet sich nicht für Algorithmen, für den Datenfluss und auch nicht für Allgemeingültigkeiten. Er hat seinen Ort in uns selbst und lässt sich nicht formen, posten, teilen. Und trotz all dieser Einsichten fragen die Teilnehmer und sicherlich auch Sie: Stärken erkannt, und nun? Nun, Sie werden in den nächsten Wochen höchstwahrscheinlich diese Stärken als gegeben annehmen und mit Ihnen wachsen.

5 Phasen des Wachsens

Leichtigkeit Sie erkennen, welche Aufgaben Ihnen leicht von der Hand gehen. Das kann eine Handlung ebenso sein wie ein Akt des Denkens oder auch des Fühlens oder Wahrnehmens. Ihnen selbst oder anderen fällt diese Begabung auf.

Anerkennen Sie empfinden Stolz auf Ihre Begabung. Sie trauen sich zu, sie mit dem schönen Wort »Talent« zu bezeichnen. Dieser kleine Schritt ist sehr wichtig für Ihr Selbstverständnis und für die weitere Entwicklung Ihres Talents hin zur Stärke.

Weiterentwickeln Schaffen Sie sich ein Umfeld, in dem Sie Ihre Begabung entfalten können. Suchen Sie sich Begleiter, die Sie unterstützen. Sorgen Sie für ein wertschätzendes Klima. Und vor allem: Achten Sie darauf, ob das Weiterentwickeln Ihres Talents Ihnen Freude bereitet.

Biss Jeder Sportler weiß, dass ein paar halbherzige Trainingseinheiten nicht ausreichen, um zu siegen. Sie müssen leidensfähig, schmerzresistent und verbissen sein – aber übertreiben Sie nicht. Wie ein Muskel erst in der Phase der Entspannung wächst, so brauchen auch Stärken diesen Wechsel. Anstrengung und Ruhe. Trainieren Sie angemessen, aber immer mit Plan. Nehmen Sie sich zum Beispiel eine Woche lang vor, die eigenen Stärken im Job einzusetzen, und zwar nach der Regel: Was Sie am besten können, werden Sie am häufigsten tun. Hört sich einfach an, ist es aber nicht. Leider lehrt uns das allgemeine Zeitmanagement, unsere Aufgaben nach Dringlichkeit und Wichtigkeit zu sortieren – und nicht nach Stärke. Sie sollten sich auch im Alltagsstress fragen: Wie kann ich meine Stärken einsetzen, damit sie mir und dem Unternehmen nutzen?

Weitblick Wenden Sie Ihre Stärken in verschiedenen Kontexten an. Was Sie beruflich weiterbringt, kann Ihnen auch privat nutzen. Stärken sind wie Querverbindungen zu allen Lebensbereichen. Es wäre schade, würden sich Ihre Kreativität in der Wahl der Krawatte erschöpfen oder Ihre Freunde nicht von Ihrer kooperativen Art profitieren. Einer der effektivsten Wege, um eine Stärke auszubauen, ist es, andere Menschen darin zu unterstützen, diese Stärke ebenfalls zu entwickeln. Dann konzentrieren wir uns auf unsere Begabungen und darauf, wie wir sie einsetzen. Durch das Bewusstmachen unserer unbewussten Stärken bekommen wir mehr Klarheit und Sicherheit über unser eigenes Tun.

Rendezvous mit den Stärken

Ob die Begegnung mit Ihren Stärken einschlägt wie die Liebe auf den ersten Blick oder ob sie eines langsamen Antastens bedarf, das ist unerheblich – denn am Anfang der Stärkenfindung steht die Demut. Dieser alte Wert, der uns im Alltag nur selten streift, weil Aufgaben längst zur Routine wurden, weil wir uns fühlen, als wären wir in ein Tätigkeitskorsett eingepresst, flackert in uns auf mit dem Versprechen: »Ich halte diese Stärke fest! Ich werde sie gar verfeinern, täglich an ihr arbeiten, denn ich weiß: Da geht noch mehr. Ich kann in diesem Stärkenfeld so viel mehr leisten als ich bislang für möglich hielt. Ich muss mich nur auf die Fähigkeiten konzentrieren, die in mir sind. Ich darf üben, üben, üben und dabei Freude empfinden.« Demut ist, wenn wir nicht anderen gefallen wollen, sondern wenn wir selbst in unserer Mitte sind, quasi am Äquator unserer inneren Landkarte. Und genau für diese Perspektive habe ich den Test konzipiert. Ich will zunächst keinen Schwächenblick, kein Zögern, kein: »Ich traue mir das nicht zu«. Ich will nur und ausschließlich die Dimension Ihrer Stärken erkennen. Die Schwächen sehen wir uns später an. Zunächst geben wir Ihren analytischen, entdeckenden, kooperativen, praktischen oder stabilisierenden Stärken eine sehr scharfe Kontur. Wir wollen verstehen, wo Sie Ihre Stärken beruflich erfolgreich einsetzen und wie Sie eine innere Zufriedenheit erlangen. Bestenfalls steigt in Ihnen Freude hoch, wenn Sie an Ihre Tätigkeiten denken. Ihnen wird bewusst, dass Sie sich an Ihrem Arbeitsplatz wohlfühlen, weil Ihre Aufgaben Ihrem Profil entsprechen – Psychologen reden dann von einer Passung. Schlimmstenfalls spüren Sie eine Traurigkeit, weil Sie ahnen: Alles, was Sie bislang an Karriereschritten initiierten, scheiterte daran, dass Ihre Aufgaben im Schwächebereich lagen. Sie haben sich angestrengt, hochgerappelt, mit einem immensen Zeitaufwand gegen Ihre Ressourcen angekämpft – und doch keinen Fortschritt erzielt.

Menschen, die ihre Stärken nicht gefunden haben, suchen im Außen, lassen sich zu einer extrinsischen Motivation für ihre Aufgaben verleiten. Sie zehren vom Lob der anderen, von den Zuckerstückchen im Boni-Format, die der Chef hinhält, um seine Mitarbeiter zum Erfolg zu treiben. Das kann eine Zeitlang funktionieren. Aber irgendwann regt sich im Mitarbeiter die Ahnung, dass er den falschen Gipfel erstürmt. Dieses Gefühl kann quälend sein, denn es führt mitten hinein in die Unzufriedenheit. Mit dem Unterdrücken des wahren Potenzials glimmen Intellekt, Kraft und Emotionen auf Sparflamme, Leistung wird anstrengend. Was folgt, ist das Drehen in der Komfortzone, für weite Strecken reicht die Energie nicht mehr.

Kick im Außen

Wer seine Stärkenlinie nicht kennt, hat genau zwei Alternativen: Entweder er bleibt ein Suchender, der irgendwann erschöpft aufgibt und denkt: »Vielleicht bin ich nicht mit besonderen Gaben gesegnet. Vielleicht sollte ich mich damit abfinden und zufrieden sein.« Oder er sagt sich: »Ich suche meinen Kick in der alltäglichen Langeweile woanders.« Dann stürzt er sich, sollte es sein Bankkonto erlauben, aus 43 Metern Höhe von der Kawarau-Brücke in Neuseeland und lässt diesen Bungee Jump vom Fluss aus filmen. Ein Kitzel vom Bauch übers Herz bis ins Gehirn. Genau dort, wo normalerweise die Talentlinie verläuft, entsteht für wenige Sekunden ein lebendiger Klang. Oder er besteigt den Mount Everest, um sich Anspannung, Abenteuer und den äußeren Gipfelsturm zu gönnen. Höhenkrankheit, Sauerstoffmangel, Steinschläge riskiert er – und vielleicht sein Leben – für eine kleine Sequenz Glückseligkeit, während ihm die Zehen vor Kälte gerade absterben. Oder er leistet sich das Traumauto, Traumhaus oder die Traumgolfschläger für den teuersten Club der Stadt. Dagegen ist per se nichts einzuwenden. Diese gesetzten Highlights im Jahr fügen sicherlich Ihrem Panaromabild der Erinnerung ein Glanzpünktchen hinzu, aber für eine dauerhafte Zufriedenheit sorgen sie nicht. Im Gegenteil. Gekauftes Glück ist wie ein Feuerwerk: ein kurzer Knall, buntes Funkeln und dann der graue Rauch. »Ja, es war toll. Aber es ging viel zu schnell vorbei.« Der Alltag kehrt zurück und damit das Bewegen durch die Komfortzone, immer im Kreis, aber nie nach oben, nie jenem Punkt entgegen, den wir Flow nennen. Den nämlich finden Sie nicht auf einem Fünf-Sterne-Kreuzfahrtschiff und auch nicht Huckepack mit den nepalesischen Sherpas und Atemmaske vor dem Gesicht. Der Flow hat eine andere Dimension und die befindet sich dort, wo Ihre Fähigkeit sich mit der Anforderung deckt.

Alles fließt

Seit der Psychologe Mihaly Csikszentmihalyi den Flow mit Glück gleichsetzte, wissen wir, dass Glück durchaus seine Konsistenz ändern kann. Denn ein Flow kann nachweislich die Gehirnstruktur modellieren, und damit mutiert der flüchtige Stoff von Glück zu einer berechenbaren Größe. Dann kommunizieren Milliarden von Gehirnzellen derart intensiv miteinander, dass sich die rechte und linke Gehirnhälfte wie zwei Programme in einer Cloud synchronisieren, dass Wissen mit Kreativität verschmilzt. Die dann entstehende Elektrizität im Gehirn findet auf der Frequenz der niedrigen Alpha-Wellen von ungefähr 8 Hertz statt. In dieser Sequenz entstehen Effekte mit Auswirkung auf die Intelligenz, die Konzentrations- und die feinmotorische Fähigkeit. Der Stress wird reduziert. Der entspannte Bewusstseinszustand wird gefördert. Auf diesem Niveau können mentale Höchstleistungen stattfinden, ohne Angst und Anstrengung. Ein solcher Zustand kann uns bis an die Schwelle zur Beta-Frequenz führen – und damit hin zum unbewussten Potenzial.

Csikszentmihalyi schreibt dazu in seinem Buch *Flow. Das Geheimnis des Glücks*: »Jeder hat dieses Gefühl schon erlebt: über sich selbst zu verfügen, im Einklang mit sich und der Welt zu sein und sein Schicksal in die eigene Hand nehmen zu können. Bei diesen seltenen Gelegenheiten spürt man ein Gefühl von Hochstimmung, von tiefer Freude, das lange anhält und zu einem Maßstab dafür wird, wie das Leben aussehen sollte.«[22] Ich stimme dieser These zu. Menschen blühen erst auf, wenn sie ihre Einzigartigkeit anerkennen, einsetzen und zu einer Stärke formen. Das Perfektionieren eines Talents zur Stärke hat eine ungemeine Kraft und verändert die physiologische und mentale Ausstrahlung. Es beeinflusst das Selbstverständnis in einer Weise, die uns unabhängig von Lob, Anerkennung, Manipulation macht. Bleibt die Frage, ob wir diesen Zustand zu jeder Zeit und an jedem Ort wiederholen können. Das trieb auch den Erfinder des Flows um. Er erkannte früh, dass Flow nur ein Zustand der Gegenwart ist und damit losgelöst von Vergangenheit und Zukunft. Weder können Sie einen Flow, den Sie gestern erlebten, heute wiederholen, noch können Sie sich in Ihren Terminkalender für morgen ein Flow-Symbol eintragen und ein Zeitfenster offen halten. Csikszentmihalyi suchte deshalb nach einem Instrument, um den Zustand in Echtzeit zu messen und auszuwerten – und erfand die Beeper-Methode. Dazu wählte er fünf Unternehmen aus und staffierte 107 Mitarbeiter mit elektronischen Signalgebern, Beeper, aus. Acht Mal täglich sendete er ein Signal an die Mitarbeiter, verbunden mit der Bitte, sofort aufzuschreiben, was sie in diesem Moment dachten und taten. Das Ergebnis überraschte. Die Mitarbeiter beschäftigten sich gedanklich mit der Interpretation belangloser Gespräche, mit anstehenden Aufgaben oder mit Plänen für den Feierabend. Nur 8 Prozent aller Gedanken drehten sich um das Selbst. Das bedeutet im Umkehrschluss: 92 Prozent der Mitarbeiter waren weit von einem Flow entfernt, weil sie sich mit Zerstreuung oder Routineaufgaben beschäftigten. Es bedarf wenig Fantasie, daraus den Schluss zu ziehen, dass diese Mitarbeiter nicht nach ihren Stärken eingesetzt worden waren. Dieser Versuch erzeugte ein weltweites Echo. Unternehmer wurden hellhörig und gingen auf Stärkensuche. Seither ist einiges geschehen: Der StrengthsFinder des Gallup-Institutes ist zu einem probaten Instrument der sinnvollen Mitarbeiterförderung geworden. Die Fachliteratur hat die Stärkenfindung für sich entdeckt. Die Personalleiter sind bereit, ihre Zielformulierung nicht nur an den Aspekten des Unternehmenswachstums auszurichten, sondern ebenso die Talente ihrer Mitarbeiter zu beachten und zu nutzen. Sie entwerfen Fragebögen, anhand derer sie auswerten wollen, wann und wo ihr Mitarbeiter einen Flow erlebt, um diesen möglichst oft durch die Passung der Aufgaben zu erreichen.

Wir dürfen aus den Flow-Forschungen eine Quintessenz ziehen: Je mehr Sie Ihre Stärken trainieren, desto einfacher gleiten Sie in den ersehnten Alpha-Bereich – unabhängig von Ihrer Stärkendimension und Ihrem Arbeitstempo, das je nach Stärkenmerkmal unterschiedlich ausfällt. Für Ihr Testergebnis bedeutet das:

- Sollten Sie über hohe Werte bei den entdeckenden Stärken verfügen, so werden Sie sich ungeduldig auf neue Aufgaben stürzen und versuchen, diese in einem schnellen Zeittakt zu erledigen. Immer einem attraktiven Ziel entgegen, nur nicht ausruhen, lautet Ihre Devise. Mancher Kollege mag sich über diesen Vorwärtsdrang wundern. Sie wollen Veränderung und sehnen sich nach Neuem. Menschen mit entdeckenden Stärken beeindrucken zuweilen durch ihre Begeisterung und ihren Hang zum Risiko – beides scheint ihre Kreativität zu beflügeln.
- Sollten Sie hohe analytische Stärken zeigen, so ist Ihnen dieses Verhalten fremd. Sie brauchen Ruhe und Einsamkeit, um sich tief in Ihre Themen zu versenken. Sie wollen Details erfahren und das kostet eben nicht nur Kraft – sondern auch Zeit. Wo andere längst den Schlussstrich ziehen, kontrollieren Sie noch immer, weil Sie ganz sicher sein wollen, dass Sie keinen Fehler übersehen haben. Nicht die Entschlusskraft ist Ihnen zu eigen, sondern die Reflexion. Sie ziehen den roten Faden stets von vorne durch Ihre Gedanken. Das ist der Grund, warum Veränderungen Sie verunsichern. »Bitte erst den Plan, dann den Wandel« denken Sie sich – und schaffen sich dadurch eine vermeintliche Sicherheit.
- Wer über kooperative Stärken verfügt, der wird seinen Flow nicht

einsam erleben. Er braucht die Zustimmung und das Wohlgefallen der anderen. Das Gefühl der Wertschätzung in einer Gruppe ist ihm wichtig. Beziehungen zu pflegen, ist sein Bestreben und seine Art von Glück.

- Anders verhalten sich Menschen mit praktischen Stärken. Sie setzen sich Ziele und fokussieren sich auf den Weg dorthin. Jeder trägt Verantwortung für sich selbst, sagen sie sich und preschen los. Eine Niederlage verkraften sie ohne Gejammer. Sie stehen auf, sehen sich um, erkennen den Fehler. Dann schütteln sie sich und marschieren weiter. Stolpern passiert eben auf einem weiten Weg. »Die Erfahrungen, die wir machen, bestimmen das Leben, das wir führen«, sagte einst Danny DeVito. Bei diesem Satz nicken sie.
- Die stabilisierenden Stärken verlaufen quer zu allen anderen Stärken. Diese Dimension richtet sich nicht nach außen, zeigt sich nicht auf den ersten Blick im Verhalten, sondern sie ist wie ein Bollwerk gegen jegliche Angriffe der anderen, wenn diese die eigenen Stärken infrage stellen oder gar unterdrücken wollen. Sie beschreibt eine emotionale Intelligenz, die einen Menschen befähigt, frühzeitig Probleme zu erkennen und Lösungen zu entwerfen. Wer in dieser Dimension eine hohe Punktzahl erreicht, der wird sich selbst der beste Ratgeber sein, weil er über ein außergewöhnliches psychologisches Feingefühl und gleichsam über eine hohe innere Festigkeit verfügt.

So hat jede dieser Dimensionen ihre Besonderheiten, gemacht aus Ihrem Temperament, Talent und auch der Einstellung zum Leben. Nehmen Sie sie an. Wo Ihre Stärken sind, da befindet sich Ihr Kompetenzreservoir.

Die vier Stufen des Kompetenzmodells verlaufen wie folgt:

1. Unbewusste Inkompetenz Auf dieser Ebene herrscht völliges Unwissen über eine Fähigkeit. Sie wurde nie erkannt und nie trainiert. Sie schlummert vielleicht im Unbewussten und vielleicht wird sie nie das Bewusstsein erreichen.

2. Bewusste Inkompetenz Der Blick ruht auf der Schwäche. Ich weiß, dass ich etwas nicht kann. Ich bin mir bewusst, dass ich in einer Dimension nicht leistungsstark bin und es selbst bei großem Trainingsaufwand wohl nicht so ohne weiteres sein werde.

3. Bewusste Kompetenz Die Stärke ist mir bewusst. Ich habe sie erkannt. Auf dieser Ebene befinden Sie sich, wenn nach dem Stärkentest Ihre Stärken sichtbar geworden sind. Sie wissen, dort liegt Ihr größtes Potenzial. Allerdings ahnen Sie auch, wie viel Training nötig sein wird, um aus dieser Fähigkeit eine verlässliche Stärke zu machen. Genau an diesem Punkt setzt die Philosophie Sokrates an, wenn er sagte: »Ich weiß, dass ich nicht weiß.« Er war ein Wissender – und suchte diesem Wissen eine Kontur zu geben.

4. Unbewusste Kompetenz Auf dem Gipfel angekommen. Ihre Gehirnwellen schwingen im Alpha-Modus, denn Sie dürfen sich auf Ihre Kompetenz verlassen. Die Tätigkeiten bedeuten Ihnen keine Mühe mehr, sie sind trainiert und abrufbar und zu einer verlässlichen Größe geworden. Die Nervenstränge sind mit einer dicken Schicht Myelin umwickelt, das ist das Ergebnis eines disziplinierten, fleißigen Arbeitens an Ihren Fähigkeiten. Aber Achtung: wer sich hier ausruht, der stagniert. Auch eine Stärke kann zur Komfortzone werden, wenn der Gipfel nicht in Sichtweite bleibt.

Talent trifft Stärke

Wie üblich bat der Personalleiter eines mittelständischen Verpackungsunternehmens die Mitarbeiter zum jährlichen Zielvereinbarungsgespräch. Manche bereiteten sich detailreich vor, für andere war es nichts weiter als eine Pflichtveranstaltung. Für Sigrid Meiershagen war es meist eine Bestätigung, am richtigen Platz zu sein, denn ihre Ziele wurden meist abgenickt und mit einem Lob versehen. Sie war seit rund einem Jahr die Pressesprecherin des Unternehmens. Sie hatte sich durchaus ein Profil bei den Journalisten diverser Fachblätter erarbeitet und im Kollegium galt sie als fleißige Mitarbeiterin.

Eine Pressestelle zu leiten, verband sie mit Nervenkitzel. Denn hier war kein Tag wie der andere, jederzeit konnte ein Erfolg in den Medien gefeiert oder ein Krisenmanagement erforderlich werden. Das geschah im letzten Jahr, als man feststellte, dass die Verpackung der Firma gesundheitsgefährdende synthetische Östrogene enthielt. Die Gesundheitsbranche schrie auf und die Medien reagierten harsch. Sigrid Meiershagen hatte die Krise mit Charme und Fachwissen gelöst, hatte Hunderte Interviews journalistisch sauber vorbereitet und die Lösung des Unternehmens, fortan nur noch Naturmaterial aus recyclingfähigem, wasserdichten Papier zu nutzen, angekündigt. Der Imageschaden hielt sich dank ihrer Professionalität in Grenzen. Das war vor genau 11 Monaten. Seither sonnte sich Sigrid Meiershagen in diesem Erfolg. Kurzum: Sie hatte die Pressearbeit nicht weitergebracht. Weder gab es einen Folgebeitrag in den Zeitungen noch eine Pressekonferenz zum nächsten Schritt des Wandels. Sie veröffentlichte keine Sonderausgabe im Mitarbeiter- oder Kundenmagazin. Es schien, als würde sie sich auf ihren Lorbeeren des vergangenen Krisenmanagements ausruhen. Das Zielvereinbarungsgespräch mit dem Personalchef verlief entsprechend verhalten: »Nichts Neues an der Pressefront. Alles ruhig, dank meiner Umsicht. Ich warte ab, bis wir die Papierverpackung patentiert haben, dann schreibe ich eine Info. Bis dahin pflege ich den Verteiler und evaluiere noch einmal die Gespräche während der Krise.« Dabei lächelte sie dem Personalchef entgegen. Der schwieg. Er blätterte in der Personalakte, räusperte sich und antwortete. »Nein, Frau Meiershagen. Wir warten nicht mehr ab. Den Presseverteiler wollten Sie schon im letzten Jahr pflegen und die Evaluierung der Gespräche scheint mir nach 11 Monaten nicht mehr sinnvoll. Sie drehen sich im Kreis. Es geht nicht voran. Es ist als würde unser Unternehmen in den Medien nur in Krisenzeiten stattfinden und ansonsten gäbe es kein Thema. Dabei revolutionieren wir gerade die Verpackungsindustrie!« Frau Meiershagen hörte den Worten nach, die wie ein Echo von einer Schädelwand auf die gegenüberliegende tönte. »Wie meinen Sie das?« fragte sie, teils um Zeit zu gewinnen, teils in der Annahme, er mache einen Scherz. »Wie ich es sage. Ich halte Sie für den Job nur begrenzt kompetent. Mir fehlen überraschende, verblüffende, herausragende Ziele.« »Können Sie mir bitte genau erklären, wie Sie das meinen?« Sigrid Meiershagen gewann ihre Haltung zurück und stellte sich innerlich auf eine Diskussion ein, in der sie ihre Leistung des letzten Jahres noch einmal darlegen würde.

Aber der Personalchef kam ihr zuvor: »Ich glaube ganz einfach, Sie verfügen nicht über jene grundsätzliche Stärke, die eine Pressefrau braucht: über das Schreiben von Texten. Sie agieren überzeugend in Ad-hoc-Situationen, aber Sie knien sich nicht in ein Thema, um es analytisch zu erarbeiten und in eine für Journalisten verständliche Sprache zu übertragen. Ich habe zunächst gedacht, Sie hätten eine Schreibblockade, immerhin waren Sie am Ende der Krise sehr erschöpft. Aber mittlerweile bin ich sicher, Ihnen fehlt das Schreib-Talent. Sie sind fleißig, keine Frage. Aber eine Fähigkeit, die nur auf Fleiß beruht, bleibt doch nur im Durchschnitt hängen und wird irgendwann zur Qual.« Damit lehnte er sich zurück, verschränkte die Arme vor der Brust, als wollte er sagen: keine Diskussion. Sigrid Meiershagen atmete schwer. Wie viele Kurse hatte sie belegt, wie viele Nächte hatte sie sich um die Ohren geschlagen, um den Text am nächsten Tag abzuliefern. Und nun das. Sie brauchte den Job und sie hatte Angst, sich selbst eine Niederlage einzugestehen. Ja, Schreiben war nicht ihr Ding, aber konnte man mit gutem Willen und Disziplin nicht vieles ausgleichen? Mit trockener Stimme fragte sie nach: »Woher kennen Sie denn mein Talent?« Der Personalleiter sah sie nun freundlich an: »Ich halte Sie für eine wertvolle Mitarbeiterin und will Sie fördern. Aber nicht in Ihrem Schwächenbereich! Ihre Stärke habe ich während des letzten Jahres erkannt: Sie haben ein besonderes Talent in der Kommunikation. Sie verfügen über emotionale Stabilität in schwierigen Situationen und über eine Menge Kreativität, wenn es darum geht, Argumente für eine Sache zu finden. Sie sind als Leiterin im Vertrieb besser aufgehoben. Sie müssen an die Kundenfront! Sie bringen die Verträge zum Abschluss!«

Wenn sich ein Talent entfalten kann, dann ist mehr möglich als eine bewusste Kompetenz, als die vierte Stufe des wissenschaftlichen Modells. Dann brauchen wir kaum Fleiß und Training. Ein Talent kann derart mächtig sein, dass es durch jede Handlung scheint, dass andere es erkennen und spiegeln und als Gewinn bezeichnen. Dann kann es sein, dass es uns in diesem Moment wie Schuppen von den Augen fällt: »Ja, genau das ist es, was ich liebe, was mich antreibt zu einer Leistung, bei der Boni und Lob nicht wichtig sind. Ich will diese Leistung für mich, weil ich wachsen werde, weil ich ein Bild von meinem Selbstkonzept damit male, und zwar in den Farben, die zu mir passen.« In diesem Moment des Erkennens entsteht die Motivation zu lernen und zu schleifen, und diese Absicht bringt uns dem Flow entgegen. Zwar können wir Fähigkeiten bis zu einem gewissen Grad trainieren, aber wirklich hoch hinaus kommen wir mit diesem Training erst, wenn Talent mitschwingt. Dann erhebt sich das Gelernte über alle Maßen hinaus, alles wird möglich. Es gibt keine Grenze in uns, nur den Flow, der uns von einem inneren Gipfel zum nächsthöheren trägt. Ich nenne diese fünfte Stufe »die talentgetriebene Kompetenz«. Diese Stufe befindet sich jenseits des einstudierten Könnens.

Die Bandbreite zwischen Stärke und Schwäche

Ob Sie selbst oder Ihre Mitarbeiter über Talent, Stärke oder Können verfügen, wird für Ihren Teamerfolg wichtig sein. Diese Einschätzung ist entscheidend für die Art der Förderung und für das zu erwartende Ergebnis:

- Außerhalb Ihrer Stärkendimension können Sie gute Leistungen zeigen, allerdings bewegen Sie sich dabei im Können-Modus. Um dorthin zu gelangen, bewerkstelligen sie mit hohem Kraft- und Zeitaufwand ein Training. Ähnlich wie die Pressesprecherin aus unserem Beispiel: Sie krallt sich geradezu in die Aufgabe, ist bereit, nachts zu arbeiten. Sie will einen guten Eindruck hinterlassen, will den Job halten und begegnet den Schwierigkeiten, die oft im Schwächenbereich liegen, mit einem Powerprogramm. Freude empfinden diese Mitarbeiter nicht. Vielleicht wird ihr Können zur Routine. Sie streben dann nicht weiter, darin sehen Sie keinen Sinn. Sie ziehen die Grenze um die Komfortzone.
- Außergewöhnliche Leistung auf sehr hohem Niveau entsteht, wenn aus einem besonderen Talent eine verlässliche Stärke wird. Dann ist alles möglich. Vom Weltrekord am Reck über die Gründung der erfolgreichsten Firma bis zum Bestsellerroman, in 60 Sprachen übersetzt. Diese Ingredienz für Leistung ist unschlagbar! Wenn Sie dann noch durch Bildung, Erziehung und Kultur mit offenem Geist und einer verblüffenden Kreativität gesegnet sind, dann halten Sie jetzt bitte

einmal den Atem an und seien Sie für drei Sekunden Gegenwart demütig. Denn dieser Mix ist das, wovon wir träumen: ein Kopfsprung ins Glück – oder in die Perfektion Ihres Talents. Denn Sie werden mit Leichtigkeit den ansteigenden Weg Ihrer inneren Landkarte weitergehen. Wo andere vor Hürden stoppen, springen Sie hinüber. Sie werden den Punkt des Flows immer entdecken und wahrnehmen und wachsen.

Merkmale von ...	eine Tätigkeit geht mir leicht von der Hand und kostet mich wenig Anstrengung
Stärke	trifft voll und ganz zu
Talent	trifft teilweise zu; je intensiver die Tätigkeit ausgeübt wird, umso intensiver wird das Talent weiterentwickelt und die Ausführung der Tätigkeit
Können	trifft in einem hohen Maße zu
Schwäche	trifft nicht zu

Merkmale von ...	beim Ausführen der Tätigkeit bin ich intrinsisch motiviert
Stärke	trifft voll und ganz zu
Talent	kann zutreffen, muss aber nicht in jedem Fall zutreffen! Es gibt die berühmten ewigen Talente, die bestimmte Sachen besser können als andere, aber dennoch füllt sie die Tätigkeit nicht immer aus und es mangelt ihnen oft an Motivation, mehr aus ihrem Talent zu machen
Können	kann zutreffen, muss aber nicht! Ein Könner beherrscht seine Sache manchmal ausgezeichnet, ohne dass er dabei wirklich motiviert ist. Manchmal ist es auch so, dass ein Könner erst im Laufe der Zeit in seiner Tätigkeit aufgeht und intrinsisch motiviert ist. In diesem Fall kann man dann auch von einer Stärke sprechen
Schwäche	trifft nicht zu

Merkmale von ...	beim Ausführen der Tätigkeit erreiche ich regelmäßig sehr gute Ergebnisse
Stärke	trifft voll und ganz zu
Talent	trifft immer öfter zu, je intensiver das Talent entfaltet wird
Können	trifft voll und ganz zu
Schwäche	trifft nicht zu

Tabelle 2: Merkmale von Stärke, Talent, Können und Schwäche

Mit dem Blick des Managers

Männer überschätzen sich im Beruf – Frauen auch. Sind Kinder und Jugendliche fähig, ihre schulische Leistung realitätsnah einzuschätzen, so verlieren Erwachsene diese Fähigkeit häufig. Sie glauben, leistungsstärker zu sein als sie de facto sind. Das fanden die Psychologen David Dunning und Justin Kruger heraus. Sie konstatierten dieses Phänomen als gesellschaftliche Entwicklung, da besonders in den westlichen Ländern Karriere, Status und Aussehen eine Rolle spielen. Wem ein Talent fehlt, der will dennoch in einer ersten Liga spielen, also kompensiert er mit Worten und Gesten. Das ist die Geburtsstunde der Unzufriedenheit. Die Negativspirale beginnt. Die Aufgaben strengen an, weil sie die Schwächendimension streifen. Können wird für Talent gehalten und damit erhält die Aufgabe eine Schwere. Aus meiner Sicht scheitern Teams daran, dass Mitarbeiter keine passenden Aufgaben erhalten oder finden. Sie achten auf das Geld am Monatsende und auf das Lob der anderen, aber sie horchen zu wenig in sich selbst hinein. Sie denken, irgendwie werde ich die Aufgabe schon bewältigen, aber das mit Schweiß antrainierte Können hievt sie lediglich ein wenig über das Mittelmaß hinaus.

Es wäre gut, würden die Manager in den Unternehmen diese Selbstüberschätzung identifizieren. Es wäre der erste Schritt zum Unternehmenserfolg und darüber hinaus zur Zufriedenheit der Mitarbeiter. Aus diesem Grunde habe ich meinen Stärkentest ebenso als

Instrument für Personalentwickler konzipiert. Ein Stärkenprofil zu erstellen und mit dem Mitarbeiter zu besprechen, kann eine Schranke für den oben beschriebenen Dunning-Kruger-Effekt sein und verhindern, dass Mitarbeiter am falschen Platz im Unternehmen wirken. Manager sollten bedenken: Die Stärken ihrer Mitarbeiter sind ihr unternehmerisches Potenzial.

»Wir gehen nicht zur Arbeit, nur um Geld zu verdienen,
sondern um einen Sinn in unserem Leben zu finden.
Was wir tun, macht einen großen Teil dessen aus, was wir sind.«
Alan Ryan

Flow-Aufgaben nach dem Stärkenprofil

Aufgaben für Mitarbeiter mit analytischen, entdeckenden, praktischen, stabilisierenden und kooperativen Stärken:

Analytische Stärken
- Planen
- Rechnen
- Budgetieren
- Organisieren
- Regeln festlegen
- Leitlinien erarbeiten
- Strukturieren

Entdeckende Stärken
- Erfinden
- Kreieren
- Kunst schaffen
- Ideen entwickeln
- Ausprobieren
- Erschaffen
- Risiko eingehen

Praktische Stärken
- Handwerkliche Tätigkeiten
- Körperliche Aktivität
- Dinge abarbeiten

Stabilisierende Stärken
- Therapeutische Tätigkeiten
- Beraten
- Krisenmanager

Kooperative Stärken
- Arbeit mit Menschen
- Erziehung
- Pflege
- Ausbildung
- Fürsorge

STÄRKE
TALENT
KÖNNEN
SCHWÄCHE

Kapitel 6

EIN GRUNDRAUSCHEN VON GLÜCK

Wenn ich bisher das Entschlüsseln, Anerkennen und Weiterentwickeln des Talents mit einem glücklichen Gefühl verwebt habe, dann muss ich eine kleine Einschränkung machen: Talent ist nicht per se eine Garantie für Glück. Egal wie viele Kriterien die Wissenschaft dekliniert, egal wie viele Glücksbücher, -atlanten und -rankings veröffentlicht werden: Ihr Glück schert sich nicht um die Forschung. Es will seine eigene Performance. Zwar kennen wir den Humus, auf dem es entstehen kann, aber mehr darüber wissen wir nicht:

Auf politischer Ebene sind das Demokratie und Rechtsstaatlichkeit, die universelle Verwirklichung der Menschenrechte, die Achtung der Würde des Menschen, der Schutz von Natur, Kultur und Umwelt.

Auf der wirtschaftlichen Ebene sind es die Kriterien für den fairen freien Handel, das freie Unternehmertum, der Schutz aller Lebensräume, der Sinn für Tradition und Innovation, das Anerkennen von Leistung, die globalen Wachstumsmöglichkeiten.

Auf der gesellschaftlichen Ebene ist es die Teilhabe an Bildung, Kunst, Sport, an sozialem Leben. Es ist ebenso die Gewissheit, dass Eigentum geschützt wird und dass die Privatsphäre ein hohes Gut ist. Es sind die Chancen, die jeder Mensch mit der Geburt erhält, sich nach seinen Stärken zu entwickeln.

Auf der wissenschaftlichen Ebene ist es die Forschung, einzig begrenzt durch eine Ethik, die den Respekt vor dem Menschen niemals infrage stellen darf.

Auf der philosophischen Ebene bleibt es die Freiheit aller Gedanken, die Suche nach dem Sinn und die niemals endgültig zu beantwortende Frage, wie ein zufriedenes Leben gelingen kann.

Vermischen wir diese Ebenen zu einem Substrat, kann durchaus ein Grundrauschen von Glück entstehen – oder auch nicht. Es bleibt letztendlich von Ihrer Haltung, Ihrer Stimmung, Ihrer Zuversicht abhängig. Ihre Gedanken entscheiden über Ihren Zustand. So können wir sagen: Glück ist Kopfsache. Es beginnt, ähnlich wie die Liebe, im Kortex und von dort sprudelt es in Kaskaden durch den Körper. Von dem Ulmer Gehirnforscher Manfred Spitzer stammt gar der Satz: »Verliebtheit, Lernen und Glück sind sozusagen verschiedene Seiten des gleichen Funktionszusammenhangs.« Nun, das Verliebtsein können Sie schwerlich planen, aber das Lernen als Glückstreiber zu begreifen, führt Sie mitten hinein in Ihre Stärken. Sobald Sie daran arbeiten, sich weiterentwickeln, sobald Gutes entsteht, quillt das begehrte Dopamin hervor und färbt Ihre Gedanken rosarot. Mehr vom Gleichen, lautet dann das Kommando und Ihre Augen leuchten. Es kann sein, dass Sie dabei Glück empfinden. Es kann aber auch sein, dass diesem Glück von außen Widerstände entgegengrollen. Dann gönnen fremde Menschen Ihnen weder Erfolg noch das gute Gefühl. Sie stemmen sich mit allen Mitteln gegen das, was Sie antreibt. Es scheint, als würden Ihre Stärken weder Ihrer Karriere noch Ihren Träumen nutzen und als würde die Umgebung Ihre Gabe nicht schätzen. Ein Dilemma, könnte man denken. Privat werden Sie belächelt, weil Sie es im stabilisierenden Stärkenbereich allen recht machen wollen und nicht Nein sagen können. Beruflich stöhnen die Teamkollegen genervt auf, wenn Ihnen zu einem Thema hundert kreative Gedanken einfallen. Ihre entdeckenden Stärken treiben Ihre Fantasie in die Luft, was andere nicht als Bereicherung, sondern als Zeitproblem empfinden. Und doch drängt es Sie weiter. Wie von unsichtbarer Hand geschoben, landen Sie immer in Ihrem Stärkenbereich und bedienen sich dieser Merkmale. Das heißt konkret: Sie nehmen Stress in Kauf, um Ihren Seelenfrieden mit sich selbst zu erlangen. »Lohnt sich das?«, fragen Sie sich vielleicht. Oder wäre es unter schwierigen Bedingungen, unter der Missgunst der anderen einfacher, den Stärkenweg zu verlassen, unliebsame Aufgaben anzunehmen, sich nach den Wünschen der anderen zu richten? »Wo«, denken Sie, »kann der Sinn liegen, wie Don Quichotte gegen Windmühlen zu rennen?« Nun, das Missachten der eigenen Stärken wäre der sichere Weg in die Unzufriedenheit.

Sie haben auf diesem schönen Planeten nur eine begrenzte Zeit zur Verfügung. Da sollte kein Platz sein, um fremde Sehnsüchte zu bedienen. Das wäre etwa so, als würden Sie sich auf Ihr Lieblingsessen – sagen wir Sushi – freuen und der Kellner bringt Ihnen mit unfreundlicher Miene eine Portion Weißwurst mit Sauerkraut. Sie fragen, warum er Ihnen dieses Gericht, das Sie gar nicht bestellten und schon gar nicht mögen, vor die Nase knallt. Der Kellner erwidert in barschem Ton: »Weil ich will, dass Sie das essen.« Ihnen steigt der säuerliche Dampf des Krautes in die Nase, sie sehen die aufgeplatzte Darmhaut der Wurst und Ihnen vergeht der Appetit. Aber Sie würgen es hinunter, weil Sie nicht unbequem erscheinen wollen und geben dem Kellner am Ende noch ein Trinkgeld. Diese kleine Metapher kann für tausende kleine Entscheidungen stehen, die im Laufe des Lebens zu einer unsäglichen Sammlung werden. Jedes Mal, wenn Sie Ihre eigene Sehnsucht mit Unliebsamem ersticken, kippen Sie einen inneren Schalter um. Dann stoppt der Dopaminfluss. Das gute Gefühl weicht einer Unzufriedenheit. Sie verlieren Ihren Standpunkt.

Ihre Stärken sind wie ein Handlauf im Alltag, Sie können sich daran halten, aufrichten und mit sicheren Schritten weitergehen. Dass dabei oft ganz wunderbare Lebenswege entstehen, die von Ausdauer und auch von Resilienz erzählen, ist durch alle Zeiten überliefert. Wenn wir die Vitae großer Persönlichkeiten ansehen, erkennen wir, dass ihnen eines gemein ist: Das Festhalten an den Stärken – unter allen Umständen!

Es war einmal …

Denken wir an Märchen, denken wir an die Brüder Grimm. Wer kennt sie nicht, die Machenschaften dunkler Gestalten, die diese Brüder niederschrieben? Hexen, Räuber, verzauberte Ungeheuer jagten uns als Kinder einen wohligen Schrecken ein. Auf der einen Seite rissen wir die Augen und Ohren auf, weil sich eine Erzählstunde lang Unheimliches anbahnte. Auf der anderen Seite hofften wir auf die Moral mit dem Schlusssatz: »Und wenn sie nicht gestorben sind, dann leben sie noch heute.« Dann erst stießen wir den Seufzer der Erleichterung aus. Die gute Fantasie hat die böse besiegt. Das kindliche Weltbild war wieder geradegerückt. In den Ecken des Kinderzimmers hockte dann die Zuversicht, dass wir Regeln durchbrechen und Abenteuer bestehen könnten. Manchmal scheint mir: Mit dem Auszug aus den Kinderzimmern haben wir vergessen, diese Zuversicht in die Kisten zu packen.

Mehr als 200 Märchen sammelten Jakob und Wilhelm Grimm. Die Brüder hörten hin, wenn Frauen von Sagen und Mythen erzählten. Dann zückten sie Feder und Papier, schrieben auf, was ihnen druckwert erschien. Vielleicht haben sie an der einen oder anderen Stelle den Spannungsbogen mit eigenen Ideen gestrafft, wir vermuten es nach neuestem Forschungsstand. Gefragt nach den Gründen für ihr fleißiges Sammeln und Schreiben, nannten die Brüder zu Beginn des 19. Jahrhunderts, dass sie die Tradition und die Kultur bewahren wollten, dass sie Angst davor hätten, Wichtiges könnte verlorengehen. Ich aber vermute einen weiteren Grund für ihr Lebenswerk: Beide Brüder hatten ein ungemeines Talent für Sprache. Sie pflegten es, trainierten es, trugen es mit Stolz vor sich her. Sie brachten es ein in ihre Arbeit an Museen, in Bibliotheken und Akademien als wissenschaftliche Mitarbeiter, betätigten sich als Schriftsteller. Immer schien der Anfang ihrer Arbeit erfolgreich, aber das Ende ihrer Karrieren schlug in eine Niederlage um. Ihr Talent schien für sie Fluch und Segen gleichermaßen zu sein. Die Fürsten nutzen den Fleiß der Brüder gerne, aber ihre Zuwendung stoppte just in dem Moment, in dem eine verantwortungsvolle und öffentliche Position zu besetzen war. In Wissenschaftskreisen spöttelte man über die Märchenerzähler, übersah zuweilen ihre Schaffenskraft. 1812 erschien der erste Band der Grimmschen *Kinder- und Hausmärchen*, 1815 der zweite. Die Werke verkauften sich nur schleppend, ein Teil wurde zum Ladenhüter und eingestampft. August Wilhelm Schlegel, Literaturkritiker und Bruder des Kulturphilosophen Friedrich Schlegel, höhnte in einer kritischen Rezension in der Zeitschrift *Altdeutsche Wälder*: »Wenn man die Rumpelkammer wohlmeinender Albernheit ausräumt und für jeden Trödel im Namen der ›uralten Sage‹ Ehrerbietung begehrt, so wird in der That gescheiten Leuten allzu viel zugemuthet.«[23]

Die Grimms scherten sich wenig darum. Sie verfeinerten zeitlebens ihre Gabe für Worte. Keine Kritik, keine Kündigung, kein Hungerlohn konnte sie davon abhalten. Wie sonst hätten sie ein derartig umfassendes Erbe hinterlassen können? Sie waren erfüllt von dem Gedanken, jedem Wort eine entwicklungsgeschichtliche Bedeutung zu geben und darüber hinaus zu beweisen, dass Sprache und Erzählungen mehr sind als kleine Blüten der Zeit, sondern dass sie sich vermehren und facettenreicher werden, je intensiver man sich an die Herkunft dieser Worte erinnert. Ausgestattet mit analytischen Stärken, verhakten sie sich in Details, suchten selbst kleinste Punkte in einer etymologischen Linie. Sie verschrieben sich der Vergangenheit, wollten zusammenfügen, was auseinanderzubrechen drohte, nämlich der Geist der Romanik. Wer ihr Werk betrachtet, der wird ein wenig demütig ob ihres Fleißes, für den ein Menschenleben nicht ausreichte.

Neben zahlreichen sprachwissenschaftlichen Abhandlungen, neben Veröffentlichungen zur deutschen Grammatik und alten Sagengestalten erhielten sie in der Mitte ihres Lebens einen Ruf nach Berlin. Der inthronisierte Friedrich Wilhelm IV. beauftragte die beiden Forscherbrüder mit einem wahrlich kräfteraubenden Auftrag: Sie sollten das erste deutsche Wörterbuch erstellen. Mittlerweile von so manchem Verdruss gezeichnet, sagten die Grimm-Brüder zu – und überstiegen damit ihre Stärke. Illusorische Veröffentlichungspläne und zudem ihr ständiges Überarbeiten der Sammlung, ihr Ergänzen und Feilen und Forschen aller Worte, die jemals zwischen Luther und Goethe geschrieben und gesprochen wurden, brachte sie an die gesundheitlichen Grenzen. Sie sollten an diesem Auftrag nervlich und zeitlich erschöpfen. Mit ihrem Tod sollte das Wörterbuch 350 000 Wörter umfassen und es sollten 123 weitere Jahre vergehen, bis der Abschlussband 1961 erschien. Es war Band 32.[24]

Sie können sich nun fragen, ob der Lebensweg der Brüder konfliktärmer verlaufen wäre, hätten sie nicht an ihrem Talent festgehalten. Ja, vielleicht. Vielleicht wären sie Leiter der Bibliothek in Kassel geworden oder Inhaber einer Kanzlei in der Stadt. Vielleicht hätten sie leiser und unauffälliger gelebt. Aber sie hätten niemals ihre Grenzen erfahren und ein Werk geschaffen, das Menschen bis heute bestaunen. Sowohl ihre Märchen als auch ihr Buch der deutschen Grammatik und besonders das umfängliche Wörterbuch sind zeitgeistliche Werke, deren Spuren wir heute noch erkennen. Die Grimms hinterließen zudem den Talent- und Stärkenforschern die folgenden drei Hinweise:

1. Ein einmal entdecktes Talent blinkt immer durch die Persönlichkeit, selbst wenn andere es kritisieren,
2. wenn ein besonderes Talent zur Stärke wird, dann zieht sie sich wie ein roter Faden durchs Leben,
3. die Spur, die aus Talent und Stärke entsteht, kann über den Tod hinausreichen.

Die feine Trennlinie zwischen Talent, Stärke und Können

Bevor Sie sich entscheiden, Ihr Talent als Abwehr gegen Missgunst und Neid einzusetzen, möchte ich Sie noch einmal bitten, einen Blick auf den Selbsttest im vorigen Kapitel zu werfen. Es gibt dort nämlich feine Trennlinien zwischen den einzelnen Bereichen aus Talent, Stärke, Können und Schwäche. Diese zu erkennen, wird wichtig sein, um eine Abwehrstrategie aufrechtzuerhalten, damit Sie nicht an den Aufgaben erschöpfen. Deshalb halte ich viel davon, sich einmal mit der etymologischen Bedeutung der Begriffe zu beschäftigen und darüber hinaus den Wert der einzelnen Bereiche für Ihren Alltag zu erkennen.

Bemühen wir noch einmal die Autoren des Deutschen Wörterbuches, die Brüder Grimm:

- **Das Talent** leiten sie von einem Vermögen ab, das den Besitz eines Menschen beschreibt. Denn Talent war in der griechischen Antike ein Maß für Geld. Nach heutiger Berechnung wäre ein Talent rund 2160 Euro wert. Nehmen Sie dieses Maß einmal als metaphorische Währung für Ihre geistige Gabe und fragen Sie sich: Was ist mein Talent meinem Arbeitgeber wert? Mit dieser Haltung lässt sich die nächste Gehaltsverhandlung mit mehr innerer Entschlusskraft gestalten. Rufen Sie sich zudem in Erinnerung, dass Ihr Talent einen hohen Wert für Ihre Lebenszufriedenheit darstellt.
- **Die Stärke** definiert das Deutsche Wörterbuch mit: »rubur, vigor, fortitudo, multitudo« und »als Eigenschaft lebender Wesen«. Um hier das geistige, seelische Vermögen eines Menschen zu erläutern, griffen die Autoren auf ein altes Sprichwort zurück: »sterck is nit in beynen, sonder im gemüt«.
- **Das Können** wurde von »facultas« abgeleitet und damit folgten die Grimms dem alten Spruch: »sich von auszen und von innen kennen ist das beste künnen«.
- **Und die Schwäche?** Das war für die Autoren des alten Wörterbuches eine zu vernachlässigende Größe, ähnlich wie es dem heutigen Stand der Wissenschaft entspricht. Schwäche bedeutete »fragilitas« und »ebilitatio«, eine Art Hilflosigkeit und Gebrechen.

Natürlich finden wir zahlreiche Definitionen: Duden, Wikipedia, verschiedene Institute für Verhaltenspsychologie, Managementmethoden sowie Glücks- oder Stärkenforschung setzen sich mit dem Themenspektrum auseinander. Was in der Mitte des vorletzten Jahrhunderts galt, ist heute ob Erkenntnissen und Erfahrungen verändert worden. Ich habe deshalb aus allen gängigen Definitionen die Quintessenz gezogen und möchte Ihnen diese anbieten. Sie soll Klarheit in zahlreiche Interpretationen bringen und Ihnen eine Recherche ersparen. Sie soll zudem den aktuellen Stand der Wissenschaft spiegeln.

Meine Definition

- Eine ***Stärke*** ist etwas, was wir gut können, gerne machen und wobei wir hervorragende Ergebnisse erzielen.
- Ein ***Talent*** ist eine Begabung, die jemanden zu hervorragenden intellektuellen, sozialen, künstlerischen oder sportlichen Leistungen befähigt.
- Ein ***Können*** ist das erworbene Vermögen, um bei einer bestimmten Tätigkeit etwas Besonderes zu leisten.
- Eine ***Schwäche*** ist ein Mangel an Wissen, Fähigkeit, Talent, Motivation oder eine Eigenart der Persönlichkeit beim Ausführen einer bestimmten Tätigkeit.
- Man spricht von einem ***Talent***, wenn jemand eine überdurchschnittliche Fähigkeit zum Erlernen einer Fertigkeit mitbringt. Wenn eine Person diese Fertigkeit auf einem konstant hohen Niveau ausübt, verfügt sie über ein herausragendes ***Können***. Wenn eine Person eine Fertigkeit mit konstant hoher Leistung regelmäßig ausüben kann und dabei einen hohen inneren Antrieb und Freude verspürt, spricht man von einer ***Stärke***. Mangelt es einer Person an Können, weil sie über eine zu gering ausgeprägte Fertigkeit verfügt, spricht man von einer ***Schwäche***.

Sie dürfen sich Zeit nehmen, um die kleinen Trennlinien zwischen diesen Bereichen zu erfassen und um fortan in sich zu spüren, wo Talent auf Stärke trifft und damit die Leidenschaft für Ihre Aufgaben entflammt – oder Sie werden entscheiden, wo Ihnen ein Können ausreicht, weil dort Ihre Emotionen gar störend wären. Ein Feuerwehrmann muss die Regeln am Katastrophenort detailgenau kennen, seine Handgriffe wie automatisiert ausüben. Er darf weder kreativ, noch emotionsgeladen sein. Er braucht den kühlen Kopf und das konsequente Fokussieren auf die Aufgaben. Alles andere würde sein eigenes Leben und das der anderen gefährden. Können ist die Kunst, das Wesentliche in Perfektion auszuführen und ohne Stimmungen, Launen, ohne Ablenkung von außen abzurufen. Ein Flow wäre hier hinderlich. Raum und Zeit dürften sich nicht auflösen, weil Wachsamkeit und Zuverlässigkeit und die Kommunikation mit allen Beteiligten in strenger Abfolge erst den Erfolg garantiert. Später, wenn die Aufgabe bewältigt ist, folgt eine Art von Zufriedenheit, die sich auf den gelungenen Einsatz bezieht, aber nie auf eine persönliche Glückseligkeit.

Kurzum: Ein Talent wird nicht immer zu einer Stärke, aber eine Stärke beruht immer auf einem Talent.

Müde heißt nicht erschöpft

Peter Willert war einer der zwanzig Vertriebler, die an meinem Kommunikationsseminar teilnahmen. Ein Unternehmen aus der Medienbranche hatte es seinen Mitarbeitern verordnet. Im Mittelpunkt stand der Anspruch, während der Verkaufsgespräche authentisch zu wirken. Sehr früh kristallisierte sich heraus, dass zwei Mitarbeiter über ein besonderes Können verfügten. Sie wiesen die höchste Zahl der Vertragsabschlüsse aus und waren im Kundenkreis anerkannt und als Experten geschätzt. Der eine war Peter Willert, die andere war seine Kollegin Regina Meier. Nach der Vorstellungsrunde bat ich zunächst Frau Meier, von ihren Erfolgen zu erzählen. Sie trat mit federnden Schritten auf, stellte sich vor die Teilnehmer, lächelte in die Runde. Mit fester Stimme erläuterte sie ihre Kommunikationsstrategie. Sie öffnete quasi ihren Werkzeugkoffer für Fortgeschrittene, indem sie erklärte, was sie tat, wenn Einwände folgten und der Kunde die Unterschrift verzögerte. Und während sie dastand und Einblicke in ihr Vorgehen gewährte, begannen ihre Wangen zu glühen. Die Worte, die sie wählte, zeugten von einer Liebe zur Aufgabe. Sie ließ uns ihren Beruf erleben, weil sie Atmosphäre, Launen, Spannungen erzeugte. Wir hingen an ihren Lippen. Jeder im Raum nahm ihr diese ehrliche Freude am Verkaufen ab. Und als sie ihr Referat schloss, fügte sie folgende Sätze an: »Ich arbeite für diesen Erfolg 60 Stunden in der Woche. Selbst am Wochenende überlege ich, wie ich meine Strategie verbessern kann, belege sogar Seminare für stimmliche Präsenz und Schauspielkunst.

Ich bin geradezu versessen darauf, mich weiterzuentwickeln. Ich will den Verkaufserfolg! Und wissen Sie was: Dieses Ziel erfüllt mich mit Freude. Ich scheine niemals müde zu werden. Seit ich diesen Job hier mache, seit genau zwei Jahren, dreht sich alles – mein Denken, Handeln, mein Privatleben – um meine Arbeit. Und das finde ich ganz fantastisch.« Dann kam Peter Willert an die Reihe. Auch er sollte den Teilnehmern berichten, wie sein Erfolg zustande kam, denn auch er leistete Außergewöhnliches. Peter Willert federte nicht nach vorne. Er räusperte sich, bevor er anfing zu sprechen: »Natürlich bin ich stolz auf meine Leistung. Sie hat mich viel Zeit und persönliches Invest gekostet. Ich habe die Weiterbildungsangebote unserer Firma angenommen, habe jedes Fachbuch verschlungen, das das Thema Vertrieb auch nur im Ansatz streifte. Ich habe mir die Mühe gemacht, die Kunden nach Persönlichkeit und Eigenschaften zu kategorisieren und einen Plan zu entwickeln, wie ich jeden Einzelnen im Gespräch abholen kann. Aber ich will ehrlich zu Ihnen sein, will Ihnen nicht vorspielen, dass mir mein Erfolg leicht gefallen ist. Im Gegensatz zu meiner Kollegin muss ich sagen: Ich bin dabei an meine Grenze gegangen. Ich bin abends mittlerweile derart erschöpft, dass ich mich ernsthaft frage, ob sich dieser Kräfteeinsatz für eine kleine Urkunde und einen Händedruck der Geschäftsführung lohnt.« Stille im Raum. Kein Applaus, nur Betroffenheit. Man muss an dieser Stelle kein Stärkenforscher sein, um zu sehen: Regina Meier bewegte sich im Bereich ihrer Stärke. Peter Willert dagegen hat sein Können perfektioniert.

Seine schonungslose Offenheit beeindruckte mich. Er sonnte sich nicht in einem Erfolg, der ihn nicht erwärmte. Diese Ehrlichkeit war der erste Schritt zu einer Änderung. Einmal ausgesprochen, arbeitet das Unterbewusstsein weiter. Es hat quasi einen Impuls erhalten, um nach einem vergessenen Talent zu suchen. Ich ermunterte ihn, diese Suche nicht vorzeitig abzubrechen und wir vereinbarten ein Folgetreffen nach zwei Monaten. Er sollte zwischenzeitlich notieren, was genau ihn an seiner Arbeit erschöpfte. Dieses Stressbuch führte er wie ein Tagebuch. Er erzählte von den Begegnungen mit Kunden, von seiner Angst, als harter Verkäufer verkannt zu werden und von seiner Sehnsucht nach gefühlvollen Gesprächen jenseits einer Verkaufsstrategie. Natürlich hoffte ich, dass mit dem Schreiben neue Ideen entstanden. Und so kam es. Ihm wurde schnell klar, dass er den Umgang mit Menschen liebte. Was ihm Schwierigkeiten bereitete, das war die Phase der Vertragsunterschrift, wenn er die Einwände der Kunden niederreden und ihre Bedenken nicht ernst nehmen sollte. Außerdem brach der Kontakt just in dem Moment der Unterschrift ab. Er konnte sie nicht weiterbegleiten, nicht weiter wachsen sehen, konnte die Früchte seiner Arbeit nur in der Anzahl der unterschriebenen Verträge ernten. Das zermürbte ihn. Ich fragte ihn, was genau er an der Kommunikation mit Menschen liebte. Seine Antwort war: Beziehungen aufbauen, halten, pflegen, ein verlässlicher Partner zu sein. »Aber das gibt mein Beruf nicht her«, bedauerte er. So griff ich zur Wunderfrage, die in seinem Kopf alle Barrieren herunterreißen sollte. Ich fragte: »Was würden Sie sein wollen, gäbe es Ihre Firma nicht, Ihren Arbeitsvertrag und keinerlei Vorgabe für Geld und Sicherheit? Was wäre, würde sich jetzt ein Bild zeichnen von Ihrem Berufswunsch, den Sie selbst niemals auszusprechen trauten?« Peter Willert überlegte: »Wenn wirklich alles möglich wäre? … Na, dann wüsste ich, was ich wirklich, wirklich gerne täte. Ich wäre Altenpfleger. Ich würde Menschen am Ende ihres Lebens ein wenig Leichtigkeit, Spaß und Zuwendung schenken. Ich würde mit ihnen über all das reden, was sie bewegte, würde ihnen geduldig zuhören und ihre Pläne mit meinen Ideen bereichern. Ja, das wäre es, was ich wollte.« Heute ist er Altenpfleger. Er hat sich für eine anstrengende, ihn erfüllende Arbeit entschieden, ist abends oft körperlich müde, aber geistig nicht erschöpft.

Warum tun sich manche Menschen so schwer damit, ihr Talent als Teil des persönlichen Glücks zu empfinden? Darüber gibt es zahlreiche Studien, die sich letztendlich in jede denkbare Richtung interpretieren lassen – und uns doch nicht weiterbringen auf dem Weg der Zufriedenheit. Generell führt die Frage: »Ist das, was ich tue, das, was ich will?« zu einer persönlichen Bestandsaufnahme, die Menschen oft in der Mitte des Lebens anfertigen. Das kann ein Anstoß zur Veränderung sein. Oft aber zucken Menschen mit den Schultern und stellen resigniert fest: »Mir fehlt das Gen zum Glück.«

Ist Glück eine Sache von Genen?

Diese Frage beantworte ich salomonisch: Ja, Glück ist – auch – eine Sache von Genen und ebenso ein nicht messbares Fluidum. Es ist in seiner Feinheit nicht zu definieren. Es ist abhängig von der Persönlichkeit eines Menschen und damit von seinen Genen. So wie wir unsere Lebensumstände gestalten, wie wir uns in sozialen oder Liebesbeziehungen bewegen, so wie wir unsere Aufgaben mit Leidenschaft erfüllen und zudem die Ziele mit Leichtigkeit erreichen, so steigt oder fällt unser Glücksgefühl. Zu dieser Einsicht gelangte übrigens der Erfinder der Positiven Psychologie, Martin Seligman, als er Folgendes statuierte: Wenn er seine Patienten vom Leid befreien konnte, dann entstand nach dieser Therapie kein Glück – sondern Leere. »Das Gegenteil von Leid ist nicht Glück«, war die Schlussfolgerung und damit tappte die Psychologie weiterhin im Dunkeln. Vielleicht, so war der nächste Gedanke, bringen die Big Five die Glücksforschung weiter und so regte Seligmann um die Jahrtausendwende eine Studie an: Damals untersuchte er 222 Studenten auf ihre Lebenszufriedenheit. Er prüfte die unterschiedlichen Eigenschaften und Merkmale und verglich sie mit den Kriterien der Big Five. Sie erinnern sich? Extraversion, Verträglichkeit, Gewissenhaftigkeit, Offenheit, Neurotizismus. Nach seinen Beobachtungen waren die Studenten besonders zufrieden, die einen hohen extravertierten, verträglichen Wert aufwiesen und weniger neurotisch waren. Ihnen gemein war eine stabile Bindung im sozialen Bereich. Sie waren gesellig und beliebt. Sie waren mit sich und ihrem Leben im Einklang. Ein schöner Zustand, aber leider war das Ergebnis nicht haltbar. Heute sagt Seligmann, dass im Gegensatz zum Glück lediglich ein individuelles Wohlbefinden messbar sei. In seinem Buch *Flourish – Wie Menschen aufblühen* identifiziert er hierzu fünf Elemente. Sie lauten: positive Emotionen, Selbstverwirklichung, gute Beziehungen, Bedeutung und Leistungsorientierung. »In der Theorie des Wohlbefindens geht es um alle fünf Pfeiler, und die Stärken sind die Stützen der fünf Elemente […] Das bedeutet letztendlich, dass Wohlbefinden nicht einfach nur in Ihrem Kopf existieren kann: Wohlbefinden ist eine Kombination eines guten Gefühls mit dem tatsächlichen Vorhandensein von Sinn, guten Beziehungen und Erfolg. Wir wählen unseren Kurs im Leben so, dass wir möglichst viel von allen fünf Elementen erlangen.«[25] – Ich finde diese Sätze beeindruckend, denn der Kurs, den Sie nehmen, folgt tatsächlich Ihrem persönlichen Muster: Dort wo das Talent liegt, finden Sie auch die begehrte Quelle, nach der Menschen niemals müde werden zu suchen. Diese Quelle versiegt nicht, sie rauscht unentwegt in Ihnen. Auch wenn Sie sich in Ihrem Job weit davon entfernen, weil Sie Aufgaben erledigen, die Sie eigentlich nicht erledigen wollen. Hier mag der Sicherheits- oder Geldaspekt Sie treiben, hier mögen äußere Umstände Ihnen den Sinn für Alternativen verstellen. Das alles ist für eine Weile akzeptabel. Das halten Sie aus, wenn Sie um Ihre Stärke wissen und wenn Sie alles daran setzen, nach einer gewissen Zeit wieder dorthin zurückzukehren. Würden Sie das nicht tun, dann würden Sie auf Dauer starr, unzufrieden, unleidlich.

Menschen, die sich in einer unglücklichen Ehe gefangen sehen, erkennen über kurz oder lang nur noch nervende Schwächen am Partner. Damit rechtfertigen sie einen Seitensprung. Menschen, die in einem unliebsamen Job hängenbleiben, kündigen innerlich. Beides ist aus Sicht der Motivationspsychologie bedenklich, weil alte Glaubenssätze wirken. »Ich bin nicht fähig, eine lange, glückliche Beziehung zu führen«, »Ich muss zufrieden sein, dass ich überhaupt diesen Job habe, andere sind arbeitslos oder beziehen Hartz IV«, »Ich darf nicht anspruchsvoll sein, sonst habe ich am Ende gar nichts mehr«. Solche Sätze ziehen uns in den Sumpf der Unzufriedenheit, bis irgendwann keine Vorstellung von Glück mehr in uns wächst. Sie halten uns fern von einem stärkenorientierten Handeln. Es bedarf oft einer enormen Anstrengung, um sich davon zu befreien, denn mit den Jahren wurde die Unzufriedenheit trainiert und zu einem bekannten Muster. Die Vorstellung, nicht mehr zu leiden, hinterlässt tatsächlich ein Gefühl von Leere, wie Seligmann es beschrieb. Mein Rat lautet: Lassen Sie sich auf ein solch destruktives Training nicht ein! Entdecken Sie Ihre Stärken neu wie eine fast vergessene Liebe.

Fragen zur Stärkenfindung

Nehmen Sie sich abends fünfzehn Minuten Zeit, um den Tagesablauf noch einmal gedanklich nachzuzeichnen:

1. Sind Ihre Aufgaben Ihnen leicht gefallen und haben Sie diese mit guter Laune erledigt?
2. Fühlen Sie eine freudige Erregung, wenn Sie daran denken, dass Sie sich morgen wieder Ihren Aufgaben widmen dürfen?
3. Kann es passieren, dass Sie E-Mails und WhatsApp-Messages oder sogar einen Termin vergessen, weil Sie in Ihre Aufgaben vertieft sind?
4. Fühlen Sie sich mit dem, was Sie täglich tun, wohl und sicher?
5. Haben Sie an einem Punkt auf der heutigen Zeitskala ein Lächeln, eine Bewunderung, eine Zustimmung erfahren?
6. Gab es ein Lob durch Kollegen oder den Chef?
7. Beschäftigen Sie sich mental mit Ihren Aufgaben, auch wenn Sie längst das Büro verlassen haben?
8. Fällt anderen Menschen auf, dass Sie mit Engagement und Begeisterung von Ihren Aufgaben erzählen?
9. Könnten Sie ad hoc einen Vortrag über Ihre Tätigkeit halten, sodass andere Ihnen gebannt zuhören?
10. Überlegen Sie nahezu täglich, wie Sie Ihre Fähigkeiten im Job auch auf andere Bereiche Ihres Lebens übertragen können?
11. Ist es Ihnen unverständlich, wenn Kollegen von einer Work-Life-Balance sprechen, weil für Sie die Grenzen hier verschwimmen, da Sie das, was Sie tun, am liebsten stündlich täten?
12. Haben Sie heute Dankbarkeit empfunden, dass Sie sich genau an diesem Ort zu dieser Zeit Ihren Aufgaben widmen durften?
13. Arbeiten Sie in dem Bereich, den wohlwollende Personen für Sie vorhersagten?
14. Würden Sie nach Ihrem Traumberuf gefragt, würden Sie Ihren jetzigen Beruf nennen?

Wenn Sie diese Fragen mit Ja beantworten, dann gibt es wenig Grund für eine Veränderung. Das ersehnte Grundrauschen ist hörbar, denn Sie nutzen Ihre Stärken täglich und damit trainieren Sie sich in puncto Glück. Es reicht aus, jeden Tag eine kleine Sequenz wahrzunehmen. Dazu benötigen Sie Selbstachtsamkeit und hin und wieder eine Reflektion über den Tag. Denn auch das Glück kann zur Gewohnheit werden, auch die schönste und passendste Aufgabe zur Normalität. Deshalb ist mein Tipp: Betrachten Sie Ihre Stärke wie ein Maler sein Kunstwerk. Staunen Sie über Glanz, Tiefe und Farbenkraft und vor allem über die Tatsache, dass niemand es Ihnen jemals stehlen kann.

Wenn Sie manche Fragen verneinen, dann kann es sein, dass Sie beste Leistung zeigen, aber dass Ihnen die Emotionen für diese Aufgaben fehlen. Dann agieren Sie im Bereich des Könnens, verfügen über ein hohes Maß an Fertigkeit. Sie werden jedoch Ihre Aufgaben zur Seite schieben, sobald Sie am Abend das Unternehmen verlassen und sich anderen, talentbestimmten Tätigkeiten zuwenden. Vielleicht sind Sie ein passionierter Golfer, ein Langstreckenläufer oder Sie spielen Saxophon und merken, dass Ihnen dabei das Herz warm wird. Solange Sie diesen Ausgleich finden, ob familiär, sportlich, künstlerisch, wird sich Ihr Grundrauschen zu diesen Stunden einstellen. Genießen Sie es und sehen Ihre Aufgabe im Job an als das, was es ist: ein Broterwerb, bei dem Sie in einer abrufbaren Weise Leistung zeigen.

Wenn Sie jede Frage mit Nein beantworten, dann herrscht höchstwahrscheinlich Stille auf Ihrem Glückspfad. Sie bewegen sich im Bereich der Schwäche. Ihnen mangelt es an Wissen, Erfahrung, Fähigkeit, an persönlichen Eigenschaften für Ihren Job. Mein Rat lautet, Sie ahnen es: Ändern Sie diese Situation! Das Leben ist zu kurz, um acht bis zehn Stunden täglich innerlich zu kündigen. Sie wirken weit unter Ihren Möglichkeiten. Suchen, pointieren, extrapolieren Sie Ihren Eigen-Sinn!

Stärkenblockade

Es kann sein, dass Ihnen nun, da Sie um Ihre Stärkendimension wissen, der folgende Gedanke über die Nervenbahnen schießt: »Ich habe Talent, werde es nutzen für Leistung und Erfolg. Ich werde der Beste meines Metiers sein und dafür bin ich bereit, viel Zeit und Energie zu investieren.« Das ist erst einmal ein gutes, ein gesundes Signal. Ihre intrinsische Motivation kommt in Schwung, weil Sie sich als selbstbestimmt wahrnehmen. Mit der Entdeckung Ihres Talents spüren Sie eine Autonomie in sich, die Sie unabhängig von der Belohnung durch andere macht. Sie bestimmen Ihr Aktionsniveau – und nicht Ihr Chef, Ihre Frau, Ihre Kollegen. Derart frei von Zwängen wächst Ihre Kreativität, beflügelt Sie im Streben nach Wachstum. Eine intrinsische Motivation ist die Voraussetzung für einen Flow, für jenen Zustand, der uns in höchste Konzentration hüllt. Das ist Doping fürs Gehirn. Es kann sogar eine Art Sucht erzeugen. Wie ein Marathonläufer, der sich an trainingsfreien Tagen unwohl fühlt, weil die Muskeln nicht arbeiten, weil der Stoffwechsel sich verlangsamt, brüllt alles in ihm nach Leistung. Er ist auf Entzug, weil der Fluss aus Noradrenalin und Dopamin an trainingsfreien Tagen stoppt. Das ist kein gutes Gefühl. Er sucht sein Limit, will Grenzen verschieben, er braucht die Atemlosigkeit. Aber Achtung. Auch Ihr Gehirn ist ein Muskel, es kann übersäuern und überspannen. Neurowissenschaftler warnen sogar, dass Regionen des Gehirns schrumpfen können, wenn Sie den Rhythmus aus Anspannung und Entspannung nicht einhalten. Was dann passiert, das klingt wie ein Paradoxon: Ihre Stärke blockiert Ihr Handeln. Nichts geht mehr. Zusammenbruch der Leistung. Wer sein Stärkentraining übertreibt, der kann für eine Weile die Leichtigkeit, die Freude verlieren. Dann wird die Stärke zur Last. Versagensangst setzt ein.

Eine Blockade verfestigt sich, je mehr Sie Ihre Stärken beschwören. Am Ende empfinden Sie nur noch Starre. Nichts geht mehr. Es scheint, dass sogar Ihr Talent, das worauf Sie sich ein Leben lang zu stützen wünschen, sich verflüchtigt. Ich kenne Schriftsteller, die Schweißausbrüche haben, sobald sie sich in Schreibposition brachten. Ich kenne Manager, die fantastische Redner sind, die mit ihrer Eloquenz Hunderte Mitarbeiter von einem Wandel im Unternehmen überzeugten – und plötzlich suchten Sie nach Worten, nach Sätzen, sie gingen am Ende mit einem Blackout von der Bühne. Wer zu viel Leistung in zu kurzer Zeit erwartet, der drangsaliert seine Stärke. Ich führe diese Blockade auf eine Erschöpfung zurück. Und dieser begegnen Sie sinnvollerweise mit dem bewährten Hausmittel der Ruhe. Treten Sie für ein, zwei Tage zurück und vertrauen Sie auf die Regenerationskraft von Körper und Geist.

Sobald Sie merken, dass die Aufgaben, die Sie normalerweise lieben, Ihre Zornesfalte vertiefen, lassen Sie los! Gehen Sie aus der Situation hinaus, lenken Sie Ihre Aufmerksamkeit für eine begrenzte Zeit auf ein stärkenfernes Thema. Auch in der schönsten Beziehung braucht ein Paar einmal Abstand voneinander, um den Reiz aufeinander wach zu halten.

Nach allen Regeln der Talent- und Stärkenentfaltung können in den Phasen der Ruhe überraschende Ideen für die Zukunft entstehen – denn auch die Kreativität blüht auf, wenn Sie ihr Raum zum Atmen geben. An dieser Stelle höre ich oft den Einwand: »Ich habe Angst, dass ich meine Stärke verliere, wenn ich sie nicht täglich trainiere.« Da kann ich Sie beruhigen, das wird nicht passieren. Eine Stärke, da dürfen Sie sicher sein, verschwindet nicht, sondern ist ein unverwechselbarer Teil Ihrer Persönlichkeit.

Kapitel 7

VON DER ANGST, DIE TRÄUME IM LEBEN NICHT ZU ERREICHEN

Selbstverwirklichung. Ein Modewort, ein Versprechen, etwas für junge Träumer und deshalb nichts für Sie?

Früher, als Sie am Anfang Ihrer Karriere standen, da blühte die Selbstverwirklichung wie Gänseblümchen am Wegesrand. Sie hätten sie tausendfach pflücken können zu einem dicken Strauß – aber sie taten es nicht. Weil Sie dachten, die Zeit sei nicht reif. Weil Sie hofften, diese Blumenwiese vor Ihnen würde niemals welken. Optimistisch wie Sie waren, verlagerten Sie die Selbstverwirklichung in die Zukunft.

So blieb das Wort in Ihren Gedanken zwar präsent, aber Sie füllten es nicht mit konkreten Ideen. Allein der Klang reichte aus, um sich zu sagen: »Irgendwann werde ich meine ganz persönlichen Ziele definieren und erreichen. Dann werde ich dort stehen, wo ich mich wohlfühle und wo ich Glück empfinde. Bis es soweit ist, gibt es viel zu tun. Nichts wird einem im Leben geschenkt, jeder Erfolg erfordert Schweiß.« Der Logik dieser Gedanken folgend, beendeten Sie erst das Studium, gründeten eine Familie, erarbeiteten sich ein Profil im Job, stiegen auf zum Abteilungsleiter. Ein Schritt nach dem anderen, das war Ihr Rezept, um nicht zu stolpern. Außerdem hatten die anderen anderes mit Ihnen im Sinn als Ihre Selbstverwirklichung. Sie intervenierten, wenn Sie von Ihren Träumen sprachen. Dann kam die Antwort prompt: »Du kannst nicht nur an dich denken. Du hast Pflichten.« Dieser Protest traf Sie tief, denn ein Egoist wollten Sie niemals sein. Konsequenterweise strichen Sie irgendwann das Wort, das die anderen reizte, gänzlich aus Ihrem Vokabular. Das war ein Fehler. Das wissen Sie heute. Denn was daraufhin geschah, war das Sterben der Träume.

Wenn Sie sich heute umblicken, dann entdecken Sie die Gänseblümchen an Ihrem Wegesrand nicht mehr. Er scheint mit Pflichtaufgaben zementiert. Nur manchmal erinnern Sie sich, dass Sie vor vielen Jahren farbige Bilder mit Tupfern in sich trugen. Die waren voller Poesie und überraschenden Momenten. Sie hätten sich vorstellen können, in Australien zu studieren, einmal ein Formel-Eins-Rennen zu fahren, vor der Hochzeit mit dem Rucksack nach Tibet zu wandern. Bei dem Gedanken, dass sich Ihr Magen vom Buttertee in den Bergdörfern verdrehen würde, lächeln Sie leise vor sich hin und denken: »Vielleicht sollte ich diese Tour noch einmal planen?« Aber sofort hören Sie die Stimmen von damals: »Du kannst nicht nur an dich denken. Du hast Pflichten.« Glaubenssätze können mächtig sein.

Pyramiden besteigen

Selbstverwirklichung gehört in die Lebenswelt der Reichen, Kreativen und finanziell Unabhängigen. Nur wenige Menschen können sich diesen Luxus leisten, die weitaus größere Anzahl ist verdonnert, Verantwortung für sich und andere zu übernehmen. – Sollten Sie in dieser Weise denken, wären Sie nicht alleine. Spätestens seit der US-Psychologe Abraham Maslow im Jahre 1954 seine fünfstufige Bedürfnispyramide entwarf, ahnen wir, wie beschwerlich der Weg zu einem selbstbestimmten Leben ist. In seinem Modell erklärte er die weite Strecke von der Erfüllung der Grundbedürfnisse bis hin zur Selbstverwirklichung. Er war der Ansicht, dass die Spitze der Pyramide nicht mit einem einzigen Sprung vom Boden erreicht werden kann und dass nur wenige Menschen überhaupt diese Spitze erreichen.

Nach der These Maslows sehen die Stufen wie folgt aus:

1. An der Basis befinden sich Grundbedürfnisse wie Hunger und Durst. Ohne diese zu stillen, wären Menschen nicht überlebensfähig. Diese Stufe erklimmt der Mensch mit der Geburt.

2. Sobald die erste kleine Zufriedenheit eintritt, weil der Mensch gesättigt ist, rückt die Sicherheit in den Fokus seiner Interessen. Auch hier darf es keinen Mangel geben. Das würde eine grundsätzliche Gefährdung des Lebens bedeuten.
3. Was folgt, ist der Wunsch nach sozialen Bindungen und ab dieser Stufe bewegt sich der Mensch in der Wachstumsphase. Er öffnet sich nach außen, nimmt Eindrücke wahr und Erfahrungen in sich auf. Der Fokus ändert sich für die Möglichkeiten im Leben.
4. Mit seinem Grundrauschen an Zufriedenheit wächst die Selbstachtung des Menschen. Er blickt zunehmend mit Stolz auf das Erreichte, sieht auf die Spuren, die er in seinem Leben zieht. Viele Menschen verharren hier, weil es ihnen gut geht. Die Spitze der Pyramide zu erreichen, scheint nicht mehr nötig. So machen sich nach Umfragen lediglich 2 Prozent auf, um wirklich, wirklich zu leben wie sie wollen, um das Beste aus sich herauszuholen, was möglich ist.
5. Wer sich nun weiter wagt und weder Risiko noch Schwindel scheut, der landet auf der Pyramidenspitze. Hier oben blüht seine Lebenswiese in schillernden Farben, hier landet der Mensch mitten in seiner Selbstverwirklichung. Unterwegs hat er sein Kinn in die Luft gestreckt und den Blick in die Ferne schweifen lassen. Er hat sich an vielen Gefahrenstellen gesagt: Meine Stärken werden wie ein Handlauf sein, an dem ich mich halten kann.

Zählen Sie zu den 2 Prozent der mutigen Kletterer? Oder suchen Sie nach Gründen, um auf der vorletzten Stufe stehenzubleiben und den anderen nachzusehen, die das Wort Selbstverwirklichung mit Aufbruch und Anstieg verbinden? Besser wäre es, Sie würden sich an Ihr Talent erinnern und den letzten Gipfelsturm wagen. Sie würden dann aufhören, Ausreden für Ihre Dauerpause vor dem Anstieg zu erfinden. Sie könnten sich einfach sagen: Ich will weiter. Keine Ausrede. Weil dort oben der Anteil des Glücks größer wird. Weil der Stopp kurz vor dem Ziel niemals zufriedenstellt.

Ausreden sind wie Stoppschilder

Wir sind nicht geboren, um abzuwarten und mit einer aufopfernden Stimme zu erklären, warum wir unsere Selbstverwirklichung hinauszögern müssen. »Wenn ich das Haus abbezahlt habe, dann gehe ich auf Weltreise.« »Wenn die Kinder aus dem Haus sind, dann mache ich den Segelschein.« »Wenn ich Abteilungsleiter bin, dann nehme ich nicht mehr jedes Projekt an, um das man mich bittet«. Das scheint zunächst eine zufriedenstellende Lösung zu sein, um noch einmal in Ruhe über die Selbstverwirklichung nachzudenken. Man hat zwar das Thema auf der Agenda, aber ohne Priorität. So warten Sie auf die Zukunft, nicht wissend, wann sie beginnt und doch hoffend, sie möge Ihnen das Leben näher bringen als es Ihnen heute ist. Mit Hoffen aber ändert sich nichts. Hoffen bedeutet lediglich, Gründe zu finden, um den Status quo nicht im Hier und Jetzt verändern zu müssen. Folgendes Bonmot bringt diesen Zustand auf den Punkt: »Wer etwas will, der findet Wege; wer etwas nicht will, der findet Gründe.«

Das Spiel mit der Zukunft ist gefährlich: Es beruhigt uns oberflächlich, spiegelt uns eine falsche Tatsache vor, nämlich dass wir den Zeitpunkt der Selbstverwirklichung herbeirufen können, wann immer es uns beliebt. Das aber ist falsch. Wir vergessen die unverhofften Ereignisse im Leben, die Pläne durchkreuzen können. Dann wird die Weltreise niemals stattfinden, der Segelschein niemals gemacht – die Gesundheit erlaubt es nicht mehr. Dann wird kein Karriereangebot mehr locken, keine Unternehmensgründung mehr möglich sein – man ist zu alt, die Umstände sind nicht günstig, ein anderes Fachwissen ist gefragt.

Mit Ausreden sabotieren wir unsere Stärken! Meist formulieren wir sie nach den hinderlichen Glaubenssätzen, die wir in uns tragen. Die begleiten uns schon seit Kindertagen, sind über die Jahre sogar eine Stütze im Alltag geworden. Dort können wir uns anlehnen – und tun es allzu gerne aus reiner Bequemlichkeit. Wir haben Angst, diese alten Vertrauten loszulassen, denn wir wissen nicht, ob wir ohne sie straucheln.

Ja, diese Angst kann ich verstehen. Sie ist ein Merkmal eines jeden

Menschen, niemand ist frei von diesen Selbstzweifeln, nur ist dem einen ein leichterer Umgang mit diesen lästigen Kameraden gegeben – und ein anderer nimmt sie allzu ernst. Wie Sie mit Ihrem Zweifel umgehen, welche Macht Sie ihm geben, ist bis zu einem gewissen Grad abhängig von Ihrem persönlichen Stärkenprofil: Sollten Sie über einen hohen Anteil entdeckender, stabilisierender oder praktischer Stärken verfügen, fällt es Ihnen leichter, eine unliebsame Situation zu ändern. Sie sind neugierig, zuversichtlich, Sie kategorisieren das Leben nicht in Scheitern oder Gewinnen. Bei einem Scheitern freuen Sie sich über eine neue Erfahrung: »What's next?« fragen Sie sich, während Sie sich den Staub von den Hosenbeinen klopfen. Schon sehen Sie sich um, eine nächste Chance suchend. Nicht so diejenigen mit kooperierenden oder analytischen Stärken. Ihnen gemein ist es, Situationen festzuhalten, das Leiden auszudehnen, die Veränderung von sich zu schieben und sich zu sagen: »Die Zeit wird die Dinge regeln. Nur nichts riskieren, man weiß nie, welche Gefahren auf einem unbekannten Terrain lauern. Ich weiß, was ich habe, und meide, was ich nicht kenne. Später werde ich über eine neue Aufgabe, einen Jobwechsel, einen Umzug nachdenken. Heute ist es noch zu früh.« Eine solche Haltung zieht Frustrationsfurchen durch Ihre innere Landkarte. Um das Aufschieben zu rechtfertigen, folgen die Ausreden. Diese beruhigen zunächst die Gedanken – aber nur für eine kurze Zeit. Denn Unzufriedenheit ist wie Unkraut: Es wächst und wuchert zu allen Seiten, nimmt Licht, Sauerstoff und die Sicht auf die eigenen Stärken. Irgendwann wird es zu anstrengend, diese gierige Pflanze an den Wurzeln zu packen. Lediglich das Stutzen der äußeren Blätter ist noch möglich.

Drei Klassiker der Saboteure

Keine ökonomischen, sozialen, örtlichen Zwänge sollten Sie aufhalten, wenn es darum geht, an den Gipfel der Bedürfnisbefriedigung zu gelangen. Meist sind es Ausreden, die Sie davon abhalten. Die Klassiker sind:

1. Ich muss mich nach anderen richten

Wie viel Macht geben Sie den anderen, damit sie Ihren Weg beeinflussen können? Wo ist eine Abgrenzung nötig, damit Ihr Ich sichtbar bleibt? Wo müssen sich die Sichtweisen aus Ich und Wir vermischen, um ein soziales Zusammenleben zu initiieren, um sich in einer Gemeinschaft wohlzufühlen? Wer bestimmt die Regeln zwischen Ich und Wir und den anderen? Diese kultursoziologischen Fragen prägen das gesellschaftliche Miteinander ebenso wie die Selbstverwirklichung. Das eine schließt das andere nicht aus, wenn Ihre eigenen Bedürfnisse den anderen nicht schaden. Allein diese Prämisse zählt. Aber leider zerreißen wir unsere Pläne zu früh. Dann reicht es, wenn die ewigen Bedenkenträger in unserem Umfeld den Kopf schütteln oder wenn Kollegen und sogenannte Freunde uns auf die Schulter klopfen: »Träum' weiter. Aber für die Wirklichkeit taugt diese Idee nichts.« Wie schnell ziehen Menschen dann den Kopf ein, nicken noch einmal dankbar ihrem Kritiker zu, als hätte er sie vor einem Fehler bewahrt. In Wahrheit aber war es nichts weiter als ein Aufgeben eines schönen, persönlichen Traumes.

Ich habe einen jungen Wissenschaftler kennengelernt, der mit Leidenschaft für indigene Völker durch sein Studium der Ethnologie sprintete. Mit 28 Jahren hatte er den Doktortitel in der Tasche. Mit 37 Jahren hatte er es bis zum Professor und Leiter eines Forschungsinstitutes gebracht. Was folgte, war die Heirat und die Schwangerschaft seiner Frau. An diesem Punkt seines Lebens schien alles, was er sich gewünscht hatte, erreicht. Aber statt einer Zufriedenheit überkam ihn eine Sehnsucht nach Abenteuer. »Völlig unpassend«, befanden seine Freunde. Denn die Idee, von der er fortwährend sprach, war ein dreijähriger Forschungsaufenthalt in Australien, ein Leben mit den Urvölkern, die es auf diesem Kontinent noch in einer hohen Vielzahl gibt. Er wollte die Traditionen, Riten und Werte dieser lebendigen, seit 50 000 Jahren währende Kultur hautnah erleben. Er lag nachts lange wach, malte sich aus, wie es wäre, die Spiritualität dieser Menschen mit seinem Fachwissen zu verweben. Er könnte seine Forschungen in einer authentischen Weise vertiefen, wäre nicht mehr angewiesen auf Sekundärquellen wie Überlieferung, Erzählung, Studien. Seine Augen glänzten, seine Stimme wurde laut und flatternd, wenn er seiner Frau davon erzählte. Die strich sich über den Baby-Bauch. Und während die anderen einwandten: »Das kannst du deiner Frau und vor allem deinem ungeborenen Kind nicht antun. Es könnte Komplikationen geben«, bestätigte seine Frau: »Dann lass' uns mit den Aborigines leben.« Später sollte er sagen, er habe sie nie mehr geliebt als in diesem Moment. Seine Tochter sollte bei den Jagdtänzen der Aborigines in die Händchen klatschen und nackt mit ihren kleinen Stammesfreundinnen im Schilf spielen. Seine Familie sollte sich als Teil der Natur verstehen, sollte die Gaben, die dieses faszinierende Land den Menschen gibt, wertschätzen lernen.

Drei Jahre blieben sie dort. Sie hatte die Bedenken der anderen zur Seite geschoben und erkannt, dass eine Sehnsucht ein höchst individuelles Anliegen ist – und manchmal ein Lebenstraum.

2. Ich muss erst noch anderes erledigen

Diese Ausrede kennt nur eine Richtung: mitten hinein in die Aufschieberitis. So leicht dieser Satz über die Lippen kommt und so sehr er nach einer Disziplin und einem verlässlichen Pflichtgefühl klingt – so vernichtend ist er auch. Er ist der Traumzerstörer Nummer eins. Er lädt zum Festklammern an alten Gewohnheiten ein, lässt keinen Raum für Fantasien. Überraschungen sind unerwünscht. Wer diesen Satz verwendet, der hat oft Angst, in eine selbstbestimmte Zukunft zu marschieren. Er hält sich an Regeln. Er verweigert den Blick auf die Chancen, die rechts und links von einem plattgetrampelten Weg liegen, weil er sich sagt: »Erst die Pflicht, dann das Vergnügen.« Nur ist diese Kategorisierung wie ein Staudamm für Träume. Nichts fließt mehr.

Dieser Satz wird morgen so gültig sein wie heute und auf lange Sicht zum Mantra werden. »Ich erfülle mir meinen Traum, ich verändere meine Situation – später! Zuerst muss ich noch etwas erledigen.« Aus dem Mantra wird irgendwann eine Lüge und am Ende steht die Reue über ein lückenhaftes Leben. Werden Sie hellhörig, wenn dieser Aufschiebe-Gedanke aufblitzt und ziehen Sie die Notbremse. Ihre Zeit ist jetzt! Veränderung findet in der Gegenwart statt, denn nur diese können Sie durch Ihr Handeln beeinflussen.

3. Ich habe keine Zeit

Ein Satz wie Kaugummi. Je öfter Sie darauf beißen, desto geschmackloser wird er. Er klebt an den Zähnen, bringt keine Erfrischung. Wenn Ihnen diese Ausrede einfällt, dann kann es sein, dass Sie sich mit einer Situation abgefunden haben, die Ihnen weder gut bekommt noch schmeckt. Und doch finden Sie nicht die Kraft, um irgendetwas zu verändern. Dafür gibt es zwei Ursachen: entweder verfolgen Sie Ihr neues Ziel ohne Leidenschaft oder der Leidensdruck ist nicht groß genug. In beiden Fällen entsteht kein Impuls zum Handeln.

Natürlich kann es sein, dass die Umstände für eine Entscheidung nicht reif sind. Dann wäre es gut, Sie würden ohne zu jammern die Situation akzeptieren und Ihre Gegenwart annehmen. Selbstbestimmtheit erfordert, Entschlüsse zu fassen und sie beherzt umzusetzen oder aber im Hier und Jetzt zufrieden zu sein. Das ist übrigens die Grundthese der Existenzphilosophie. Sie geht davon aus, dass Menschen umso authentischer werden, je mehr sie sich über den Sinn der Gegenwart klar werden und je mehr Zuversicht sie für ihre Zukunft empfinden. Jean Paul Sartre thematisierte, dass sich jeder Mensch das Sein erst erschaffen müsse. Von ihm stammt der Satz: »Der Mensch ist wesentlich durch seine Möglichkeiten bestimmt« und jeder sei, was er sei, und das sei das, was er – durch seine Taten – aus sich gemacht habe. Starke Worte, die irritieren oder begeistern können. Sie lassen kein Mittelmaß, keinen Stillstand zu. Es sind Sätze, die manche Philosophen als Gift und andere als Credo bezeichnen. An Sartre scheiden sich die Geister. Und doch gelang es diesem polarisierenden Denker, einen Ruck durch unsere Gedanken zu senden: Die Freiheit, aus diesem Leben das Beste zu machen, liegt im Menschen selbst. Mögen auch die Umstände ungünstig sein, so gibt es doch immer eine Wahl, sich innerhalb dieser Grenzen zu bewegen und seinen Handlungsentscheidungen einen Sinn zu geben. Das setzt allerdings voraus, sich die Freiheit zur Entscheidung zu nehmen.

Vom Reflektieren der Dinge

Wenn ich Sie ermuntere, keine Ausreden gelten zu lassen, um ein selbstbestimmtes Leben zu verhindern, dann will ich damit eines nicht erreichen: sich dem Lobgesang von Udo Lindenberg anzuschließen. »Ich mach' mein Ding, egal was die anderen sagen/du gehst deinen Weg, ob geradeaus, ob schräg/Du machst dein Ding, egal was die anderen labern« heißt es in seiner Hymne auf angebliche Selbstbestimmtheit. Der Schlager soll die Illusion vermitteln, alles sei möglich, alles sei erreichbar. Das aber ist zu eindimensional besungen. Einen Freiraum ohne Grenzen – den gibt es nicht.

Nur wenn »mein Ding« auf einem stärkenorientierten Handeln beruht, hat es eine Substanz. Dann schaffe ich mir Räume für meine Performance. Träume zu verwirklichen heißt nicht, nach den Sternen zu greifen. Nicht die Willkür zählt, nicht die davonfliegenden Fantasien summieren sich zu einem Zustand der Zufriedenheit.

Das Verfolgen eines Traumes, der mit den eigenen Stärken nichts zu tun hat, wird nicht gelingen. Sich zum Beispiel vorzunehmen, als Musiker berühmt zu werden, obwohl das Talent fehlt, ist ähnlich wie das Schweben auf einer Wolke, die sich schneller auflöst als der Hit von Udo Lindenberg verhallt. Und doch ist das Spiel mit der Illusion en vogue. Wir lesen davon in Glücksratgebern und hören davon in zahlreichen Shows wie *Deutschland sucht den Superstar*. Dort hat man es sich ins Redaktionsblatt geschrieben, junge Menschen – meist leider ohne Talent – vorzuführen. Solche Formate sollen wie Lindenbergs Song suggerieren, dass allein der Wille reiche, um in Selbstverwirklichung zu baden. Die Wahrheit aber ist eine andere: Träume richten sich nicht nach einem Mainstream.

»Mein Ding« ist erst richtig und erfolgsversprechend, wenn es sich mit dem Talent deckt und wenn die Kraft vorhanden ist, durch Training ein Stärkenniveau zu erreichen. Das bedarf eines Planes, einer gut durchdachten Schrittfolge und immer wieder einer Evaluierung, ob der eingeschlagene Weg trägt. Ebenso halte ich die Suche nach den verlorenen Träumen für unvermeidbar.

Das Stolpern im Konjunktiv

Es gibt drei Knackpunkte auf dem Lebensweg, an denen Träume verschwinden:

1. in der Kindheit,
2. vor dem Berufseinstieg,
3. auf dem letzten Drittel vor der Rente.

Besonders Kinder von überbehütenden Eltern haben es schwer, mit sich selbst eine Verbindung aufzubauen. Die Eltern wissen dann per se, was für das Kind das Beste ist. Sie suchen nicht nach Talenten, sie bestimmen sie. Zwar fordern und fördern sie durchaus und sind überzeugt, dass ihr Kind mit außergewöhnlichen Gaben gesegnet sei. Sie denken, das Richtige zu tun, und doch steckt hinter ihren Aktionen nur ein Bestreben, die eigenen verpassten Wünsche zu erfüllen. Gewissenhafte Kinder werden diesen vorgezeichneten Weg einschlagen, um keinen Konflikt zu schüren. Vielleicht – und das wünsche ich ihnen – rebellieren sie während der Pubertät. Meist aber sind sie mit einem hohen Anteil an kooperativen und stabilisierenden Stärken ausgezeichnet. Wenig Widerspruch ist dann das Ergebnis. Irgendwann im späteren Erwachsenenalter folgt die Unzufriedenheit, weil das vage Gefühl sich einschleicht, eine ungültige Landkarte zu nutzen. Man fühlt sich falsch geleitet. Auf der anderen Seite gibt es Eltern, die sich wenig um die Talente der Kinder scheren: »Uns hat auch niemand danach gefragt«, lautet die Standardantwort und mit dieser Vernachlässigung aller kindlichen Stärken endet der Aufbau des Selbst-Bewusstseins in diesen prägenden Jahren. Die Kinder lernen keine Neugierde auf das Selbst. Sie eignen sich keine Fähigkeiten an, um ein Selbstkonzept zu entwerfen.

Mit dem Berufseinstieg kommen die Kompromisse. Zunächst nimmt man irgendeinen Job an, wer hat schon das Glück, sich sofort mit der ersten Stelle zu verwirklichen? Dann landet man im Strudel der Zwänge. Man konzentriert sich auf die Heirat, die Geburt des ersten Kindes, auf den Karriereschritt. Man hegt die Hoffnung, dass sich schon alles gut fügen würde. Man nimmt Platz im Wartesaal des

Lebens. »Der nächste Zug, der vorbeirauscht, die nächste Chance, die blinkt, werde ich erwischen«, denkt man und übt sich in Geduld. Der Traum vom Job in den USA, eine Weiterbildung im strategischen Marketing oder einfach das Sabbatical, um zu sich selbst zu finden, rücken in die Ferne, zu eng haben sich die Maschen der Verpflichtung zusammengezogen.

Im Wartesaal hat man es sich mittlerweile eingerichtet. Warum wechseln, wo doch die Arbeitslosenzahl wieder steigen könnte, wo doch die Betriebsrente ein schönes Sümmchen jenseits des 65. Lebensjahres verspricht, mag man sich beruhigen. Also Job nach Plan. Außerdem benötigen die eigenen Eltern Pflege. Diese Kosten hatte man nicht auf der Agenda, wie rücksichtslos wäre nun ein Wechsel auf dem letzten Drittel der Berufslaufbahn. Augen zu, durchatmen und nur nicht stressen. Besser ist es, so die logische Konsequenz, innerlich zurückzutreten, konkret: weniger Engagement zeigen. Und die Träume?

Egal an welcher Position Sie heute stehen – Sie können sich entscheiden, jetzt Ihren Weg zu verlassen. Es gibt in Ihnen eine weitgefächerte Landkarte der Möglichkeiten und irgendwo auf diesem weiten Feld blinken Ihre Talente, Ihre Stärken und direkt daneben auch Ihr Traum. Eine kleine Veränderung der Gedanken reicht bereits aus, um dem Leben mehr Farbe zu geben. Es muss nicht das ganz große Ding sein, nicht die überdimensionierte Entscheidung. Wie die systemische Psychologie erklärt, reicht das winzige Drehen an einer einzigen Stellschraube Ihrer Verpflichtungen. Dann erinnern Sie sich, was Sie als Kind liebten und nehmen dieses Gefühl in das Hier und Jetzt. Sie sagen sich: Früher war es mein Traum zu boxen. Aber Ihre Mutter hatte hundert Bedenken gegen diesen Sport. Heute aber können Sie selbstbestimmt sein. Sie kaufen sich einen Boxhandschuh und melden sich im Studio an. Ab sofort ist der Montagabend für diese alte Sehnsucht reserviert. Sie werden aus dieser einen Stunde Trainingszeit eine Kraft ziehen, weil Sie Ihre Muskeln stählen und zudem den Glauben daran, dass alte Wünsche auferstehen. Sie werden sich mit dieser einen kleinen Entscheidung nicht mehr im Wartesaal erleben, sondern als Reisender. Sie werden offener sein für Neues, mutiger für

Überraschendes. Ich wette mit Ihnen, bereits nach wenigen Stunden Training beschleicht Sie die Ahnung: »Oh, in dieser Sportart habe ich wohl ein Talent.« Ja, das wird wohl so sein. Ansonsten hätte dieser Traum nicht 30 Jahre und mehr in Ihren Zellen überlebt.

Elf Jahre Wartesaal

Dort, wo Ihre Stärken sind, fließen die Lösungen. Diese Einsicht fand ein 50-jähriger IT-Mitarbeiter in einem mittelständischen Unternehmen erst nach elf Jahren seiner Karriere. Er meldete sich zu einem internen Firmen-Coaching an, weil er eine permanente Unzufriedenheit spürte. Zunächst dachte er, ein Projekt würde ihn nerven, dann befürchtete er, dass seine Eheprobleme die Freude am Job beeinträchtigten, dann dachte er, mit dem Alter würde sich generell die Laune verschlechtern. Um Ausreden war er nicht verlegen. Gefragt nach seinen Träumen, zögerte er: »Ach, die gibt es schon lange nicht mehr.« Ich hakte nach, was er damit meinte. Daraufhin erzählte er vertrauensvoll: »Na ja, vor elf Jahren dachte ich, ich müsste den Arbeitgeber wechseln. Damals war ich in einem weltweit führenden IT-Konzern angestellt und es war dort eine Regel, sich nach vier Jahren einen neuen Job zu suchen, wenn man auf der Leiter höher klettern wollte. Das tat ich. Ich bewarb mich hier als stellvertretender Abteilungsleiter – und habe das an jedem verdammten Tag bereut.« Ich war zunächst irritiert, suchte in seinen Augen ein Zeichen von Ironie, aber fand nur Traurigkeit. »Sie haben elf Jahre lang an jedem Tag bereut, an Ihrem Arbeitsplatz zu sein?« »Ja, so ist es.« Das bedeutete rund 4000 verschleuderte Tage. »Und Sie haben nie gefragt, ob der alte Konzern Sie noch einmal einstellen würde?« »Nein, ich hatte Angst vor einer negativen Antwort.« »Haben Sie denn versucht, sich in einem anderen Unternehmen zu bewerben?« Es war mir unvorstellbar, wie jemand mit seiner Qualifikation an einem Ort blieb, der nicht zu ihm passte. »Oder haben Sie mit Ihrem Chef darüber gesprochen, ob er Ihnen andere Aufgaben geben kann?« bohrte ich weiter. Auch hier hatte er nichts unternommen, um sich besser zu fühlen. Er hatte sich mit den Jahren die Einstellung antrainiert, dass die Zukunft schlimmer werden könnte als der aktuelle Zustand war. Und jede Geste, jedes Wort verriet, dass er auch zukünftig nichts unternehmen würde, um irgendetwas zu ändern. Als wir uns verabschiedeten, sah ich ihm lange nach. Ich stellte mir vor, wie sein Gang wirkte, wenn er glücklicher wäre, wenn er seinen Traum, zum alten Unternehmen zurückzugehen, nicht in der Luft hängengelassen hätte, sondern planvoll und freudvoll umgesetzt hätte. Der Mann wäre aufrechter, authentischer, er wäre zufriedener gewesen. Er hätte sich nicht mit dem Konjunktiv gequält: »Was wäre wenn …« Bei einer Absage hätte er das Thema abschließen können, der Traum wäre geplatzt. Ein Scheitern macht Raum für neue Träume – auch das gehört zu einer Entwicklung im Leben.

Karriere nach Stärken

Personalleiter fragen nicht nach den Träumen der Mitarbeiter. Sie fragen nach Noten, Zeugnissen, nach einer Fünf-Jahres-Strategie. Träume sind im Job ein Tabu. Das hat datenschutzrechtliche Gründe. Was Mitarbeiter in ihrer Freizeit unternehmen und anstreben ist Privatsache und Privates hat als Vermerk in der Personalakte nichts zu suchen. Oder doch?

Wenn wir bedenken, dass seit rund 30 Jahren – mit dem Start der Digitalisierung – der Mensch zu einem transparenten Wesen wurde, mag diese Haltung verwundern. Menschen hinterlassen täglich Daten, aus denen Informationen und Algorithmen entstehen. Tatsache nämlich ist: Auch die Träume der Mitarbeiter sind nicht mehr geheim. Sie wehen durch die sozialen Medien, durch die Online-Portale für Reisen, Bücher, Produkte. Heute wird ein Mensch durch das Bezahlen per Scheckkarte an der Supermarktkasse, das Nutzen der Gesundheitschipkarte beim Arzt, das Aufrufen der Wetter-App auf dem Smartphone oder das Fahren nach Navigationssystem entschlüsselt. Big Data kennt manchen von uns besser als wir selbst. Der Code der Persönlichkeit ist digital geknackt. Vielleicht arbeiten pfiffige Startups im Silicon Valley sogar an einem Programm, das uns ein Traumprofil samt Anleitung zum Handeln erstellt. Ein solches Programm würde eine Fehlermeldung absenden, sobald wir uns von unserem Stärkenweg entfernten. Dann würde Siri die Navigation übernehmen. »Achtung, Achtung. Sie nähern sich einer Schwäche. Stopp. Sie sind falsch abgebogen, bitte drei Schritte zurück zur Leichtigkeit.« Diese App würde für Personaler ein jährliches Traum-Profil des Mitarbeiters erstellen, wie einfach würde sich dann der Unternehmenserfolg gestalten. Bis diese Fiktion zur Realität wird, sollten Manager ihren Mitarbeitern immer wieder die Wunderfrage stellen: »Welche Aufgaben würden Sie wählen, stünden Ihnen in unserem Unternehmen alle Türen offen?« Was folgt, ist zuhören, interpretieren und fördern.

Mit der Frage nach einem stärkenorientierten Traum kann sich die gesamte Unternehmenskultur ändern. Plötzlich weht ein sauerstoffreicher Wind über die Flure: Die Mitarbeiter dürfen sich ihre Ziele und Aufgaben selbst definieren. Welches Potenzial würde sich dann entfalten! Dieser individuelle Ansatz wird in erfolgreichen Mannschaftssportarten bereits verfolgt. Konkret bedeutet er, die Stärke des Einzelnen zu maximieren und dadurch den Teamerfolg zu sichern.

Eine solche Kultur geht zudem verzeihlich mit Schwächen um. Indem wir nämlich anerkennen, dass wir von Natur aus in manchen Dingen herausragende Ergebnisse erzielen, implizieren wir bereits, dass uns diese Leistung in anderen Bereichen nicht gelingt. In stärkenorientierten Teams akzeptieren die Mitglieder die Schwäche der Einzelnen und feiern gleichzeitig die Stärken. Ein handlungsorientierter, zupackender Kollege kann die Gewissenhaftigkeit eines anderen schätzen lernen, wenn er seine eigene Stärke ausleben darf. Er versteht, dass erst die Summe aller Stärken zum Erfolg führt. Auch in einer Fußballmannschaft kann es nicht nur Stürmer geben, wenn ein Team taktisch und spielerisch überlegen sein will. So durchzieht der Wert des Vertrauens die gesamte Stärkenkultur und wen würde es verwundern, wenn in solch einem fruchtbaren Umfeld auch die Träume ein Thema sein dürfen. In diesem Moment würde das Lied von Udo Lindenberg: »Ich mach' mein Ding, egal was die anderen sagen« obsolet. Dann geht es nicht mehr um eine ego-zentrierte Selbstverwirklichung. Wir wollen dank unserer Stärken einen Nutzen stiften. Damit werden die zwei wichtigen Grundbedürfnisse erfüllt: zu wachsen und dazuzugehören.

Stärkenorientierte Träume sterben nicht. Sie können sie jederzeit wieder aufleuchten lassen. Dazu bietet sich eine Gedankenreise als kreatives Tool an, um die Schleuse des Unterbewussten zu öffnen und der eigenen Vorstellungskraft einen Schubs ins Bewusstsein zu versetzen.

Setzen Sie sich in Ihren Lieblingssessel, dimmen Sie das Licht, sorgen Sie für ungestörte Ruhe.

Schließen Sie die Augen und stellen Sie sich einen idealen Tag vor, der sich ausschließlich um Ihre Stärken dreht. Sie fühlen sich dabei leicht und gut gelaunt. Sie werden überschwemmt von guten Gefühlen.

Versuchen Sie diese Bilder scharf zu stellen: Wie alt sind Sie in einer solch harmonischen Umgebung? Sind Sie ein Kind, das sich in sein Spiel versinken darf? Oder arbeiten Sie in einem Beruf, der Ihnen eine tiefe Zufriedenheit vermittelt, einzig weil Sie die Aufgabe lieben?

Was ist es, das Sie in einen Flow hineinzieht?

Halten Sie dieses Bild in sich fest. Schreiben Sie es auf, sobald Sie die Augen wieder öffnen. Verwenden Sie Blatt und Stift und sorgen Sie sich nicht um wohlgesetzte Worte. Sie schreiben und schreiben zehn Minuten über Ihren idealen Tag, den Sie noch einmal im Zeitraffer erlebten.

Am Schlusspunkt angelangt, lesen Sie sich Ihren Text laut vor und fassen ihn mit einem einzigen Satz zusammen. Das ist Ihr Traum.

LEIDENSCHAFT
KARRIEREPLANUNG
FREUNDLICHKEIT
ANERKENNUNG
VERÄNDERUNG
ZIELSTREBIGKEIT

Kapitel 8

DREI SEKUNDEN GEGENWART

Als Steve Jobs seine Rede vor den Absolventen der Stanford Universität hielt, hatte man Visionäres erwartet. Vielleicht würde er über Technologien der Zukunft reden, würde dem Smartphone weitere Funktionen hinzufügen, würde sagen, wie die Digitalisierung die Welt weiterhin verändere. Es könnte sein, dass er die nächsten Schritte andeutete, die Apple plante. Man hoffte auch, dass er ein Rezept lieferte, wie moderne Karrieren gelingen. So legten sich Freude und Spannung gleichermaßen über diesen Campus, als der Mann, der das teuerste Unternehmen der Welt besaß, das Wort erhob. Die Studenten hingen an seinen Lippen, suchend nach einem Geheimnis für Erfolg. Sie werden mehr als das gefunden haben.

Steve Jobs, dieser verschlossene, spröde Mann, löste eine Distanz auf. Er wurde persönlich. Erzählte von Lebenspunkten, die zunächst ein Scheitern waren, aber in der Rückbetrachtung zu sinnvollen Fügungen wurden. Sprach von Umwegen im Leben, um sich selbst zu finden. Gab Einsichten und Verletzlichkeiten preis. Thematisierte seine Krankheit und damit den Tod. Er fand bemerkenswerte Sätze: »Denn fast alles – anderer Leute Erwartungen, Stolz, Versagensangst – wird im Angesicht des Todes unwichtig, es bleibt nur, was wirklich wichtig ist. Wer bedenkt, dass er sterben wird, fällt nicht der Illusion anheim, er habe etwas zu verlieren. Man ist sowieso nackt. Es gibt keinen Grund, nicht der Stimme des Herzens zu folgen.«[26]

Wenn ich aus dieser Rede jenes Sommers 2005 zitiere, dann will ich damit unterstreichen, dass Vernunft zwar ein überaus wichtiges Kriterium einer Karriereplanung ist, dass aber darüber hinaus auch das Herz eine Stimme hat. In stillen, ernsthaften Momenten verschafft sie sich Gehör und wir tun gut daran, dann innezuhalten und ihr zu lauschen. Denn oft bringt sie uns die Leichtigkeit zurück. »Bleibt hungrig, bleibt verrückt«, rief Steve Jobs den Studenten hinterher. Ich hoffe, dieser Satz, der den Zauber der Leichtigkeit in sich trägt, hat damals auch Sie erreicht, als er sich durch die digitalen Kanäle verbreitete. Nur ist die digitale Welt schnell getaktet, Worte beschleunigen sich ebenso rasant wie sie wieder verpuffen, und ich vermute, Sie haben diesen Satz über die Jahre vergessen. Der Alltag radierte ihn aus. Sie machten Zugeständnisse, übernahmen Aufgaben, die nicht zu Ihnen passten. Sie bemühten sich um die Freundlichkeit Ihrer Kollegen, um die Anerkennung Ihres Chefs. Sie dachten sich: Erst einmal den Karrierestart finden. Später, so nahmen Sie sich vor, würden Sie zu Ihren Stärken, zu Ihrer Leichtigkeit zurückkehren. Später würde alles anders. Dieses Denken hatte Konsequenzen.

Durchbruch im Gleichmaß

»Aufstehen, Straßenbahn, Büro, Essen, Arbeit, Essen, Schlafen, Montag, Dienstag, Mittwoch, Donnerstag, Freitag, immer derselbe Rhythmus – das ist sehr lange ein bequemer Weg. Eines Tages aber steht das Warum da, und mit diesem Überdruss, in den sich Erstaunen mischt, fängt alles an.« So schrieb Albert Camus in *Der Mythos des Sisyphos.*[27] Er meinte damit die Absurdität, die wir in dieses Leben packen, weil gesellschaftliche Regeln das verlangen, weil das repetitive Arbeiten keine überraschende Wende ermöglicht. Gefangen im Gleichmaß. Keine Rettung in Sicht.

Sisyphos wurde dazu verdonnert, die Steine den Berg hinaufzurollen und nie mehr diese Sinnlosigkeit zu hinterfragen. Der Götter Befehle konnte niemand entrinnen. Die Philosophie aber setzt sich über vermeintliche Sinnlosigkeiten hinweg. Sie hebt ihre Gedanken über das Alltagspanorama aller Verpflichtungen hinaus: Albert Camus rief auf, ein ewiger Rebell zu sein, gedanklich und tätlich. Ich denke, ein wenig Rebellion sollten auch Sie sich bewahren, und sich fragen: Was war mein Karriereplan? Wo wäre ich heute, hätte ich nach den Sternen gegriffen und jede unliebsame und fremdbestimmte Aufgabe abgeschüttelt wie Staub?

Es ist eine Wahrheit, dass die meisten Menschen irgendwann irgendwo beruflich hin geschubst werden. Dann wird das Assessment-Center mit Auszeichnung bestanden, das betriebsinterne Studium gemeistert, der Anschlussvertag als Nachwuchsführungskraft unterschrieben. Der Verlauf der Karriere entspricht den Standards. Man wird gelobt von den Eltern und neidisch beäugt von Freunden. »Glückwunsch zur Prüfung, zur Beförderung, zur Gehaltserhöhung«, schallt es im Umfeld. Aber schnell merkt man, dass dem Applaus der anderen der eigene Stolz fehlt. Diese Dissonanz im Gefühlsspektrum scheint lästig, denn man will sich freuen, weil der Weg bis zu diesen Meilenstein anstrengend war. So bewegt man seine Gesichtsmuskeln zu einem Lächeln, aber die Augen erreicht dieses Lächeln nicht. Es endet an den Mundwinkeln und schiebt eine leise Traurigkeit vor sich her. Man hofft, andere würden das honorieren.

Das Hamsterrad beginnt sich zu drehen. Und man läuft darin bis zur Erschöpfung. Fremde Ziele, die man mitträgt. Fremde Erfolge, die man gestaltet. Lob, Geld für etwas, das nicht zufrieden macht. Aber man läuft weiter. Und darüber schrumpft die Zukunft. Plötzlich sind zehn, zwanzig, dreißig Jahre Arbeitsleben vorübergezogen. Die Kondition lässt nach. Die Knochen werden müde und die Gedanken kreisen: War das alles? Plötzlich offenbart sich die Absurdität dieses Verhaltens. Man empfindet Druck. Im Herzen. Im Bauch. Die Linie zwischen Verstand und Gefühl scheint zum Reißen gespannt. Stopp.

Sie dürfen sicher sein: Menschen, die über lange Jahre ungeliebte Aufgaben erledigten, die um der Karriere willen ihre Stärken ignorieren, die werden über kurz oder lang einen emotionalen Absturz erleben. Sie landen in einem Stress, einer inneren Kündigung, einem Burn-out, einer Frage: »Will ich so weitermachen?« Je nach Ausprägung des Stresses, und hier sehe ich die größte Gefahr, schwindet sogar die Kraft, seine eigenen Stärken wiederzuentdecken und zu trainieren.

Unzufriedenheit im Beruf geht auf Dauer mit einem hohen gesundheitlichen und stärkenvernichtenden Risiko einher. Dann erleben Mitarbeiter keinen Flow, keine Glücksmomente. Sie beschäftigen sich nur mit den Sorgen um sich selbst und ihre Zukunft. Würden sie nun ein bildgebendes Verfahren anwenden, würden sie erkennen, wie

Blechbehälter sortierte, vernahm ich ein Hüsteln im Eingang. Überrascht drehte ich mich um, dachte ich doch, alleine im Studio zu sein. Ich erkannte den Sanitäter, der den gesamten Drehtag bereitgestanden hatte, falls sich ein Unfall ereignen würde. »Ich will mich nur verabschieden«, rief er und hob die Hand zum Gruß. »Schönen Abend – ich hoffe, es war nicht zu langweilig für Sie. Sie hatten ja zum Glück keinen Einsatz«, erwiderte ich und wollte mich wieder den Kabelboxen zuwenden, als ich aus den Augenwinkeln sah, dass der Mann im Türrahmen stehenblieb, sich eine Zigarette anzündete und überlegte. Ich zögerte, wusste nicht sofort, ob er eine Unterhaltung erwartete oder gehen wollte. »Ach wissen Sie, das Warten macht mir nichts aus. Ich kann meinen Gedanken nachhängen, meist denke ich an das Leben.« Dann fuhr er nach einer Pause fort: »In meinem Beruf sehe ich viel Leid. Ich werde zu Unfallorten gerufen, von denen man besser nichts wissen sollte. Ich halte Menschen im Arm, die ihre letzten Atemzüge tun. Ich bin der, dem sie in solchen Situationen die letzten Worte sagen. Und wissen Sie, was diese Worte sind? Die handeln nie vom Beruf. Nie vom Geld. Auch nicht von der Gesundheit.« »Was sind das für Worte?«, wollte ich wissen. »Die letzten Worte sind immer Grüße an die Liebsten und ein endloser Dank für das, was sie bedeuteten. Was dachten Sie denn?« Mir fiel keine Antwort ein. Der Sanitäter klopfte mir auf die Schulter und zwinkerte: »Merken Sie sich das – und arbeiten Sie nicht mehr so lange.« Damit schnippte er seine Zigarette in die Ecke und ging. Am nächsten Tag war er nicht mehr da. Einer seiner Kollegen schob den Dienst. Ich hätte mich gerne mit ihm weiter unterhalten. Seine Sätze gingen mir übrigens nie wieder aus dem Kopf. »Die letzten Worte handeln nie vom Beruf, nie von den Aufgaben.« Sie warnen, wenn die Absurdität im Leben mich absorbiert. Dann frage ich mich: »Ist das, was ich heute tue, auch das, was ich tun will? Wäre heute mein letzter Tag, würde ich sagen können, ich habe mich von meinem Job nicht auffressen lassen, sondern habe meine Zeit mit den Menschen, die ich liebe, und den Dingen, die zu mir passen, verbracht ?« Es wäre vermessen zu verlangen, dass Sie diese Frage an jedem einzelnen Tag mit einem herzerfrischenden Ja beantworten können, aber in der Summe sollte dieses Ja überwiegen!

Auf der Bettkante

Halten Sie einmal inne. Bevor Sie morgens mit dem Ritual aus Zahnpasta, Wasserstrahl, Kaffeetasse und E-Mail-Check beginnen, bevor Sie bereits in der ersten halben Stunde des Tages die Zeit zum Feind erklären und ankämpfen, als ginge es um Ihr Überleben, kappen Sie für drei Sekunden Ihren Plan. Sie bleiben auf dem Bettrand sitzen, graben die Zehe in den Teppich. Sie finden für eine kleine Weile Ihre Bodenhaftung. Sie denken:

- Werde ich meine Aufgaben mit Wärme im Herzen erfüllen?
- Passen meine Aufgaben zu meinen Werten und meinen Stärken?
- Empfinde ich einen Flow, wenn ich mich auf meine Aufgaben fokussiere?
- Werde ich diesen Tagen mit einem vollen, lauten JA wiederholen wollen?

Die Verführung ist groß, aus reiner Selbstberuhigung diese Fragen abzunicken. Alles andere würde den Druck einer Veränderung bedeuten und kann Ihre Karriere zum Kippen bringen. Es kann Sie aus einer Bequemlichkeit herausreißen, weil Sie ehrlich zugeben müssen: »Ich habe die Orientierung verloren.«

Besonders die Babyboomer-Generation hat gelernt, dass eine Veränderung die äußere und innere Ordnung gefährden könnte: »Erst die Pflicht, dann das Vergnügen« ist für sie der Maßstab für Leistung. Eine Liebe zu den Aufgaben, ein Selbstverwirklichen nach Stärken, davon träumen sie, für die Wirklichkeit hat es leider keine Relevanz. Oder doch? Vielleicht sind Sie ja hungrig geblieben. Je nach Persönlichkeit kann Ihnen Routine, Überraschung, Herausforderung, Kreativität, Beziehungspflege schmecken. Sie müssen nur wissen, wo Ihre Vorlieben sind, welcher Geschmack und welche Würze Ihre Nerven aktivieren. Erfolg, das wissen wir, hat viele Gesichter. Ein Mensch mit **entdeckenden Stärken** wird ihn wahrnehmen, wenn er jenseits von Routine und Pflichten aktiv sein darf. Er liebt die Überraschung, das Entdecken neuer Facetten an einem Thema. Er will seinem Alltag eine spielerische, eine leichte Note geben. Dann wird ein Meeting kurzerhand bei gutem Wetter nach draußen verlegt, dann findet ein Verhandlungsgespräch während eines Spazierganges oder einer Runde Golf statt, dann organisiert er Bistrotische, um Aufgaben im Team stehend und in Kürze zu besprechen. Wer über einen hohen Grad an **analytischen Stärken** verfügt, der wird sein Erfolgsgefühl aus dem Vertiefen in Texte, aus dem Tüfteln an Lösungen, aus der Präsentation eines argumentativ dichten Arbeitspapiers ziehen. Er will seine Ruhe und seine Sicherheit, er will morgens bereits wissen, welche Struktur und welches Ergebnis dieser Tag ihm bringt. Anders der Mensch mit **kooperativen Stärken**. Wenn er vor dem Aufstehen seine Aufgaben durchdenkt, dann werden seine Gedanken umso heller, je mehr er sich auf Gespräche, Begegnungen, gemeinsame Aufgaben einstellen kann. Ihm sind ein gutes Klima und eine freudvolle Stimmung wichtig. Die Vorfreude darauf lässt ihn munter aus dem Bett hüpfen und sollte an diesem Tag sogar der Geburtstag eines Kollegen gefeiert werden, dann ist er der erste, der für Sekt und Kekse sorgt. **Praktische Stärken** verlangen hingegen die klare Vorausschau: Welche Probleme gilt es heute zu lösen? Welche Themen stehen auf der Agenda? Welche Ergebnisse will ich heute generieren? Gilt es, Ziele zu überarbeiten oder eine Strategie zu verabschieden? Solche Sachfragen treiben ihn um. Der erste Blick in den digitalen Terminkalender erfolgt unmittelbar nach Aufwachen. Beeilung ist angesagt, der Tag hat nur zwölf Arbeitsstunden, also keine Zeit verlieren. Anders startet ein Mensch mit **stabilisierenden Stärken** in den Tag. Ihm geht es um eine Balance zwischen den Aufgaben und der Entspannung. Wer morgens hetzt, wird mittags atemlos sein, ist seine Haltung. Stress ist für ihn ein lästiger Zustand und deshalb will er zunächst einmal mit Hingabe sein Marmeladenbrot bestreichen, Zeitung lesen und sich dann den Tag derart einteilen, dass sowohl Leistung als auch Entspannung stattfinden können.

Die Hauptsache bleibt, Sie spüren ein gutes Gefühl für diesen Tag. Sollten Sie einen Zweifel, ein Zögern oder sogar Symptome von Stress wie Magendruck, Nacken-, Kopf-, Rückenschmerzen, Müdigkeit am Morgen wahrnehmen, sollten Sie den Ursprung finden:

- Ein erster Indikator dafür ist, dass Sie lange nachdenken müssen, wann Sie das letzte Mal einen Flow erlebten. Wann freuten Sie sich über eine gelungene Arbeit? Einfach so. Ob diese Arbeit anderen gefiel oder nicht, hatte keine Bedeutung. Nur das Vertiefen in die Sache zählte.
- Ein zweiter Indikator ist das schlechte Gewissen, das sich meldet, wenn Sie Ihren Wertehorizont verlassen. Wann haben Sie das letzte Mal einen intrinsischen Stolz auf Ihre Arbeit verspürt? Wann würden Sie Ihre Aufgaben mit Vehemenz verteidigen, wenn Kritik erfolgt? Sie wissen es nicht? Nun ist eine Bestandsaufnahme gefragt. Denn Werte geben unserem Lebensweg eine individuelle Richtung vor.

Der Wertehimmel über mir

Wer entgegen seinen Werten handelt, der ignoriert einen Teil seiner Persönlichkeit. Er spielt eine Rolle, um anderen zu gefallen. Er fühlt sich nicht in sich selbst Zuhause. Werte sind das, was uns das gute Gefühl gibt, nach bestem Gewissen zu entscheiden. Beides macht die Werte-Sache explosiv. Auf der einen Seite führt uns das ständige Suchen nach Anerkennung vom eigenen Weg ab und auf der anderen Seite drängen wir wichtige Anteile unserer Persönlichkeit ins Abseits. Orientierungslosigkeit ist die Folge.

Ein fremdgesteuerter Mensch wird immer ängstlich zu anderen äugen und an der Regung in deren Gesichter suchen, ob seine Leistung passabel war. Ist er von seinem Charakter her schnell begeisterungsfähig, hüpft er dort hinein, wo er Zustimmung erwartet. Nun endlich, mag er denken, habe ich die Aufgaben gefunden, die mich erfüllen. Irrtum. Sobald das Lächeln der anderen verschwindet, hüpft er in eine neue Aufgabe, denn er hat trainiert, sofort auf diese fremden Signale zu reagieren. Das Scheitern ist vorhersehbar und die Unzufriedenheit sowieso. Sollte dieser Mitarbeiter über praktischen Stärken verfügen, wird er sich sagen: »Die Kollegen erkennen meine Leistung nicht an. Sie schätzen mich nicht. Glück gehabt, dass ich das merke.« Dann wird er sich die verrutschte Krone wieder geraderücken, sich umsehen und sagen: »Ein neuer Job muss her!« Ein Jobhopping beginnt. Ein kurzes Glücksgefühl am Anfang, verbunden mit der Hoffnung, es möge auf Dauer anhalten. Am Ende steht wieder die Enttäuschung, dass auch dieses Mal die Aufgabe eher endete als man sich den Erfolg ausmalen konnte. Menschen mit entdeckenden, analytischen, kooperativen Stärken landen durch diesen Rhythmus in der Traurigkeit. Sie zweifeln an sich, sobald andere eine Kritik äußern: »Was erwarten die Kollegen und der Chef von mir? Wie kann ich diesen Anforderungen entsprechen? Was muss ich an mir ändern, um beliebt, anerkannt, wertgeschätzt zu werden?« Für warme Worte und für einen vermeintlich sicheren Arbeitsplatz sind sie bereit, zunehmend Zugeständnisse zu machen. Das geht nicht gut. Weil das Gedächtnis niemals die eigenen Werte vergisst, meldet es sich in Form einer diffusen Unruhe. Selbst zu kündigen, ist ihnen kaum noch möglich, zu viel haben sie schon investiert, zu weit haben sie sich von sich selbst entfernt. Wie in einer schlechten Partnerschaft sagen sie sich: »Wenn ich nun gehe, war alles umsonst, was ich zuvor an Kraft und Hoffnung eingebracht habe.« Es kann sein, dass man sich durch Konsum beruhigt. Anfangs mag das funktionieren. Nur sind diese Freuden von kurzer Dauer. Gekauftes Glück hat die Haltbarkeit einer Kugel Schnee in der Sonne.

Die gute Botschaft lautet: Sie können Ihre Zufriedenheit zurückholen. Sie können sich erinnern, an das, was Ihre Persönlichkeit einzigartig macht. Sie müssen nur eines tun: drei Sekunden innehalten. Drei Sekunden nämlich dauert die Gegenwart aus neurobiologischer Sicht. So lange benötigt ein Gedanke, um aufzuflackern und entweder zu verschwinden oder sich für eine Reflektion zu speichern.

Der Begriff Wert gehört zur Philosophie wie die Relativitätsformel zur Zeitrechnung. Für Platon waren die Werte eines Menschen der Ausdruck seiner Bildung. Kant setzte den Wert mit Menschenwürde gleich und Nietzsche veränderte die Perspektive, indem er in seiner nihilistischen Manier befand, dass Werte nichts weiter als ein strategisches Mittel seien, um Ziele zu erreichen. Die Philosophen werden noch lange darüber diskutieren, wie Werte eine Ethik erklären, wie sie eine Moral erzeugen, wie sie das Sein und Selbst des Menschen begründen. Menschen haben seither ein metaphysisches Bedürfnis, solche Antworten zu erfahren. Sie wollen ihr Handeln mit einem Wertehimmel überziehen, unter dem sie sich sicher fühlen. Die Frage: »Was ist wertvoll für mich?« zählt deshalb zu den Sinnfragen des Lebens.

Sie sehen nachfolgend 34 Werte, die ich identifiziert habe. Sie ergänzen Ihr Stärkenprofil aus Kapitel 4.

- Suchen Sie sich sechs Werte aus, die Ihnen privat und beruflich wichtig sind.
- Erstellen Sie dann eine Rangfolge der sechs Werte. Welches ist Ihr wichtigster Wert, welches Ihr zweitwichtigster Wert und so weiter?
- Besonders wichtig sind die ersten drei Werte, die wie Leitplanken Ihren Weg markieren.

Loyalität Personen und/oder Idealen gegenüber loyal und treu bleiben.	**Integrität** Werte haben und diese vorleben.	**Teamplayer** Meinen Beitrag gerne als Teil eines Teams leisten.
Familie Zeit mit Menschen, die mir nahe stehen, bewusst nutzen.	**Spaß** Lachen können, humorvoll sein, die Freuden des Lebens genießen.	**Quer denken** Auf unkonventionelle Weise Ergebnisse neu betrachten; auf bisher unbekannten Wegen Ziele erreichen; Kreativität und Innovation.
Zielstrebigkeit Mit klarer Intention handeln und sich auf Ziele in der Zukunft konzentrieren.	**Toleranz** Vielfältige Kulturen und Lebensstile akzeptieren.	**Fairness** Andere gerecht behandeln und selbst fair behandelt werden wollen.
Leidenschaft Intensive Emotionen; sichtbare Begeisterung für meine Arbeit, ein Ideal oder eine Überzeugung.	**Vertrauen** An die Ehrlichkeit/Integrität der anderen glauben, selbst vertrauenswürdig sein.	**Bleibendes schaffen** Einen Unterschied machen; etwas hinterlassen, was auch in der Zukunft für andere Bedeutung hat.

Veränderung Mich einer sich ständig weiter entwickelnden Umwelt flexibel anpassen und Neues ausprobieren.	**Anerkennung** Das Erreichen von Zielen bei anderen anerkennen, mich für gute Arbeit bedanken; Anerkennung und Dank auch selbst bekommen.	**Unternehmertum** Mich als Unternehmer im Unternehmen sehen; unternehmerisch denken und handeln.
Erfolg Ziele erfolgreich erreichen oder sogar übertreffen.	**Balance** Eine Balance zwischen meiner Arbeit, anderen Interessen und/oder Beziehungen erreichen.	**Risikobereitschaft** Mut und Bereitschaft, kalkulierbare Risiken einzugehen und neue Herausforderungen anzugehen.
Verantwortung Verantwortung für Maßnahmen, Aufgaben oder Ergebnisse übernehmen.	**Ehrlichkeit** Die Wahrheit sagen.	**Respekt** Durch mein Verhalten meinem Gegenüber Wertschätzung entgegenbringen und auch selbst respektvoll behandelt werden wollen.
Leistung Eine Aufgabe unter intensivem Einsatz geistiger oder körperlicher Fähigkeiten umsetzen und dabei hohen Maßstäben gerecht werden.	**Glaubwürdigkeit** Worte und Taten stimmen überein; auf meine Worte lasse ich Taten folgen; ich praktiziere selbst, was ich sage.	**Sicherheit** Zustand, der frei von unvertretbaren Risiken ist.
Effektivität Präzise und konsequent auf Ergebnisse hinarbeiten.	**Engagement** Mit hohem Einsatz und Beharrlichkeit meine Ziele und Aufgaben verfolgen.	**Karriereplanung** Meine beruflichen/fachlichen Qualifikationen ständig verbessern.
Freundlichkeit Sich gegenüber anderen zuvorkommend und liebenswürdig verhalten und dieses Verhalten auch von anderen entgegen gebracht bekommen.	**Harmonie** Friedliches Zusammenleben und Zusammenarbeiten; gegenseitiges Verständnis; mit mir selbst und anderen im Einklang sein.	**Freiheit** Die Möglichkeit, ohne Zwang zwischen verschiedenen Möglichkeiten auswählen und entscheiden zu können.

Freundschaft Ein auf gegenseitiger Zuneigung beruhendes Verhältnis zu anderen Menschen; gegenseitige Sympathie und Vertrauen zeigen.	**Qualität** Meine Aufgaben perfekt erledigen und dabei die Erwartungen an mich erfüllen oder übertreffen.	
Offenheit Ideen, Informationen und Wissen freigiebig teilen; für alle Seiten bereitwillig ein offenes Ohr haben.	**Lebenslanges Lernen** Wachstum positiv bewerten; offen sein für Coaching; in meine Weiterbildung investieren.	

Tabelle 3: 34 Werte, die Ihr Stärkenprofil ergänzen

Wenn Sie in Ihrem Stärkenprofil einen hohen Grad ***entdeckende Stärken*** festgestellt haben, dann werden wahrscheinlich die Werte Freiheit und Offenheit zu Ihnen passen, zu ***analytischen Stärken*** werden sich Sicherheit und Qualität fügen, ***kooperative Stärken*** werden oft durch die Werte Ehrlichkeit und Freundschaft geprägt, ***praktische Stärken*** orientieren sich an Leistung und Zielstrebigkeit, ***stabilisierende Stärken*** erkennen Sie an Werten wie Balance und Spaß.

Ein starkes Duo

Werte und Stärken bedingen einander. Sie verdichten sich zu einer Zufriedenheit, wenn sie sich in Beruf und im Privaten verweben dürfen. Unternehmen mit einem stärkenorientierten Ansatz wissen darum. Sie werden auf das Formulieren von Unternehmenswerten verzichten, weil solche Allgemeinplätze lediglich auf Messingschildern gut wirken. Sie werden die Stärken ihrer Mitarbeiter fördern und sich zudem fragen: Passt die Aufgabe zu seinem Wertehorizont? Ein Mitarbeiter mit analytischen Fähigkeiten wird Verträge entwerfen können. Ein Mitarbeiter mit kooperativen Stärken wird nicht ohne weiteres Verträge entwerfen können, in denen Kleingedrucktes vor dem Kunden versteckt wird. Ihn wird das schlechte Gewissen plagen, weil sein Wert aus Ehrlichkeit besteht.

Ob Sie persönlich in einem Unternehmen zufrieden sein werden, hängt maßgeblich von Ihren Werten ab. Egal, wie goldumrahmt die Unternehmenswerte an den Wänden hängen, wenn diese Sätze Ihren Werten zuwider laufen, werden Sie Stress empfinden. Deshalb ist mein Rat: Gewinnen Sie Klarheit über das, was Ihnen wertvoll ist und bringen Sie diese Klarheit mit Ihren Stärken zusammen.

Analytische Stärken Ein Mensch mit analytischen Stärken kann hohe Grundzufriedenheit erreichen, wenn seine Werte wie Sicherheit, Qualität, Ruhe zum Arbeiten und Nachdenken erfüllt sind. Es ist eine leise, ruhige Zufriedenheit.

Entdeckende Stärken Jemand mit entdeckenden Stärken wird eher eine laute, begeisternde Zufriedenheit erleben, wenn er immer wieder Neues erfahren kann. Er bleibt nie so ganz auf dem Level »zufrieden« stehen, sondern kennt eher die Gefühlsextreme.

Praktische Stärken Wenn Sie praktische Stärken haben, mögen Sie Stillstand nicht, sind aber zufrieden, wenn ein Werk getan ist, Sie etwas geschafft haben, Sie sich am Ende des Tages die Hände reiben können und die Frucht Ihrer Arbeit sehen.

Kooperative Stärken Ein Mensch mit kooperativen Stärken mag es, wenn gute Beziehungen bestehen und Harmonie herrscht, da ihm dies wichtige Werte sind. Wo Streit, Missgunst, Neid und Ärger sind, kann er nicht glücklich sein.

Stabilisierende Stärken Jemandem mit stabilisierenden Stärken wurde es am ehesten in die Wiege gelegt, aus sich selbst heraus zufrieden zu sein. Er kann sich gut selbst regulieren, ist weniger abhängig von äußeren Faktoren, kann ein gutes Maß bei allen Dingen halten.

TALENT IST RELATIV!
S = T · U

Kapitel 9
ZEITPLANUNG NACH STÄRKEN

Waren das Zeiten, als die Menschen ihre Tage nach dem Sonnenlicht planten. Ein Stein, ein Stab, eine Zahlenskala und das Licht am Himmel reichten aus, um die Stunden zu messen. Je höher die Sonne stand, desto kleiner war der Schatten, den der senkrechte Stab auf den Stein warf. Verschwand der Schatten in der Dunkelheit, begann die Ruhephase. Es war eine Art Gelassenheit, die sich im alten Ägypten um 5000 v. Chr. ausbreitete. Zeit war ein nebensächliches Phänomen. Man nahm sie hin, nahm sie an, aber ließ sich durch sie nicht stressen. Zunächst. Irgendwann aber befand man, dass die Zeit auch eine Rolle spielen sollte, wenn der Himmel wolkenverhangen war oder wenn die Sonne dem Mond wich – und erfand die Wasseruhr. Dann tropfte aus einem höher gelegenen Gefäß die Flüssigkeit in ein unteres, und die Dauer dieses Tropfens verriet das Verrinnen der Zeit. Der Minutentakt war erfunden! Nur hielt die Freude darüber nicht lange an. Weil seit jeher den Menschen ein Streben nach Fortschritt zu eigen war, forschten sie weiter in Sachen Zeit. Sie wollten mehr Genauigkeit und einen schnelleren Takt. Sie ersannen die Sanduhr, die unablässig und körnchenklein die Sekunden zählte – bis um 1300 n. Chr. das Räderwerk die erste mechanische Uhr ermöglichte. Diese Uhren hingen fortan an den Wänden, auf den Türmen, sie mahnten in öffentlichen Räumen, pünktlich zu sein. Es sollte weitere rund 250 Jahre dauern, bis eine Uhr nicht nur mahnte, sondern zum Schmuckstück wurde. Im ausgehenden 15. Jahrhundert erfand ein Nürnberger Schlossermeister die Taschenuhr. Diese baumelte an einer Kette an der Kleidung, wurde zum Modeaccessoire der Adligen, und die Bildungsbürger taten es ihnen nach. Wer Termine vereinbarte, der vollzog eine gewichtige Geste, indem er auf das reichverzierte Ziffernblatt sah. An dieser Geste übrigens hat sich bis heute nicht viel geändert. Allerdings tragen wir heute nicht mehr Mechanik, Quarz und Elektronik als Taschenuhr – stattdessen ist das Smartphone unserer Haut nahe und funkt uns die Zeit mittels Strahlen in die Zellen.

Dieses Smartphone in der Tasche wäre vermutlich noch Fantasie, hätte Albert Einstein nicht im Sommer des Jahres 1905 begonnen, über die Relativität der Zeit nachzudenken und rund elf Jahre später mit Fug und Recht behauptet, eine Stunde sei nicht eine Stunde und auch die Sekunde sei eine Sache der Relation. Die Zweifler schüttelten die Köpfe, fragten sich, wie dieser Mann die Chuzpe besitzen könnte, die Absolutheit der Zeit infrage zu stellen. »Ein Wissenschaftler zweifelt nicht, er erklärt!« mögen sie gewettert und Einstein in die Ecke der Philosophen gestellt haben. Das kommentierte das Genie mit dem ihm eigenen Humor: »Fantasie ist wichtiger als Wissen, denn Wissen ist begrenzt.« 1916 veröffentlichte er seine »Allgemeine Relativitätstheorie« über die Raum-Zeit, die aus Höhe, Länge, Breite eines Raumes bestand und als vierte Dimension aus der Zeit. Er bewies, dass Zeit sich verlangsamt, dass eine Sekunde schrumpft, sobald sie auf sich bewegende Gegenstände trifft. Wenn ein Tramper am Straßenrand den Daumen nach oben streckt, hoffend, ein Auto würde anhalten, dann nimmt er die an ihm vorbeirasenden als temporeicher wahr als jemand, der im entgegenfahrenden Auto sitzt. Der ist nämlich in Bewegung, deshalb verlangsamt sich für ihn die Zeit. Der Tramper hingegen steht und wartet und wundert sich über das Zischen der vorbeifahrenden Karossen. Einstein wagte dieses Denken, ließ Lichtteilchen zwischen Gegenständen pendeln und schrieb Schwarze Löcher im All sowohl der Bewegung als auch der Kraft zu. Er mag damit einer der Wegbereiter für die Digitalisierung gewesen sein. Vielleicht hatte er das in seinen Träumen geahnt, als er sagte, er fürchte sich vor dem Tage, an dem die Technologie unsere Menschlichkeit überträfe. Ja, er war ein Denker, ein Philosoph, ein Physiker. Er glaubte an seine Stärken und erst viele Jahre später, als die Atomuhr längst erfunden war, wurde seine Relativitätstheorie messbar und bestätigt. Man schoss eine Atomuhr mit einer Rakete auf den Mond, setzte sie einer Bewegung aus, und verglich den Zeitverlauf mit einer zweiten

Uhr auf der Erde. Der Unterschied war: Die bewegte Uhr verlangsamte die Zeit! Zwar war dies nur im kleinteiligsten Bereich spürbar, aber immerhin. Überhaupt brachte die Atomuhr der Menschheit den zweiten zeitdimensionalen Durchbruch: Man maß die Zeit mit einer Genauigkeit, welche die menschliche Vorstellungskraft fast überschreitet. Hierzu werden die Schwingungen eines Cäsiumatoms innerhalb einer Sekunde abgebildet. Nach Aussage der Physiker ist nur alle 30 Millionen Jahre eine Abweichung von einer Sekunde möglich. Zukünftig könnte diese Berechnung noch genauer werden. Man tüftelt in den Laboren der Physikalisch-Technischen-Bundesanstalt in Braunschweig an der Strontium-Uhr. Deren Atome sollen – lasergetrieben – bis zu 100 000 Mal in der Sekunde schneller schwingen als das Cäsiumatom. Für Sie und für mich wird das unerheblich sein.

Ob in vielen Millionen Jahren vermutlich eine Sekunde Zeit fehlen wird, weil sich die Erdumdrehung eben doch nicht in einem absoluten Gleichmaß vollzieht, das wird für Ihre Resultate im Job, für Ihre Wünsche im Alltag, für Ihr Schreiten auf Ihrem persönlichen Zeitstrahl nicht relevant sein. Es beeinflusst Ihre Leistung nicht. Es bringt Sie in Ihrer Karriere nicht voran. Es macht aus Ihnen keinen glücklicheren Menschen. Und doch ist die Zeit ein Faktor für ein gelingendes Leben, wenn Sie sich bewusst machen: Zeit fließt unaufhaltsam, Sekunde für Sekunde, sie öffnet Ihnen ein Fenster für Handlungen, sie bietet Ihnen Chancen. Sie können diese Sekunden nutzen – oder nicht. Sie können sie bewusst wahrnehmen, mit sinnvollen Aufgaben füllen – oder sich verzetteln. Sie dürfen ihr das gute Gefühl abtrotzen, das Beste aus diesem Takt zu machen, oder tatenlos dem Ticken zuhören. Effektive Zeitplanung ist ein Riesenthema, um im Leben wirklich zufrieden zu sein. Nur: welches System eignet sich für Sie? Meine Antwort ist: Das können Sie nur entscheiden, wenn Sie Ihre Stärken kennen.

Zeit ist relativ

Vergessen Sie sämtliche standardisierten Systeme. Die Wahrscheinlichkeit ist nämlich groß, dass diese nicht zu Ihnen passen. Sie gehen ja auch nicht in ein Schuhgeschäft und kaufen sich Stiefel in Größe 43, weil die Mehrzahl aller deutschen Männer eine Fußgröße von 28 cm Länge und 10 cm Breite aufweist. Vielmehr lassen Sie sich Modelle in Ihrer persönlichen Größe zeigen und probieren ausschließlich diese an. Alles andere würde wenig Sinn machen und Ihnen Schmerz verursachen. Warum, so frage ich mich, lassen sich deshalb Menschen verleiten, To-Do-Listen zu führen, nach Quadranten zu planen oder digitale Kalender zu beschriften, um Ihre Aufgaben zu erledigen, obwohl Ihnen dieses Planen mehr Stress als Resultate beschert? Verstehen Sie mich bitte nicht falsch: Ich will Sie nicht zu einem chaotischen Zeitmanagement ermutigen und schon gar nicht zu einer Verweigerungshaltung überreden. Ich bin ein Verfechter für eine intelligente Zeitplanung, sie trägt enorm viel zur Leistung und Karriere bei. Allerdings weiß ich auch: Zeitplanung ist nur effizient, wenn sie stärkenorientiert ist – und damit wird sie zu einem höchst individuellen Unterfangen.

Zeit ist relativ zu Ihren Stärken. Sie wird für Sie umso schneller vergehen, je mehr Sie Aufgaben nach Ihren Talenten und Stärken erledigen. Sie wird sich sogar aufzulösen scheinen, wenn Sie dabei in einen Flow geraten. Sie wird sich auf der anderen Seite dehnen bis zur Erschöpfung, wenn Ihnen die Aufgaben schwer fallen, wenn sie in Ihrem Schwächenbereich agieren. Deshalb sollten Sie sich für eine Zeitplanung entscheiden, die

1. Ihren Stärken und Werten entspricht,
2. Ihren persönlichen Zeittakt berücksichtigt.

Dieses Duo aus Stärke und persönlichem Zeittakt beschreibt, mit welchen Systemen und Instrumenten Sie sich wohlfühlen werden. Das ist gehirnbedingt.

Die grobe Architektur des Gehirns entsteht vor der Geburt, durch das Bilden, Wandern, Festsetzen und Verknüpfen von Neuronen. Die Feinheiten werden durch den Einfluss der mütterlichen Gesundheit, Ernährung und Emotionen geregelt. Unter günstigen Umständen bilden die Neuronen Synapsen im Überfluss. Welche davon nach der Geburt und im weiteren Leben bestehen bleiben, welche mit Myelin umschichtet werden und so zur Stärke heranwachsen können, das wird sich im Laufe des Heranwachsens eines Menschen zeigen. Was jedoch sehr früh sichtbar wird, das ist der Zeittakt, in dem sich ein Mensch bewegt. Dieser Zeittakt wird bestimmen, in welchem Rhythmus Sie Ihre Aufgaben erfüllen, mit welcher Intensität Sie an Ihren Stärken feilen. Er wird sogar darüber entscheiden, ob Sie fähig sind, Ihr Talent zu erkennen und in Ihren Alltag zu heben. Deshalb ist für mich die Erkenntnis essentiell, dass Ihr persönlicher Zeittakt und Ihr Talent wie ein Dirigent und sein Orchester zusammengehören. Die Musiker würden ohne den Dirigenten nicht zum Wohlklang finden und der Dirigent bliebe ohne das Orchester ein fuchtelnder Mann im Saal. Beides zusammen aber kann eine wunderbare Kraft erzeugen. Ihr Talent bliebe ohne eine intelligente Zeitplanung nicht wirksam. Es würde niemals zu einer Stärke, weil eine Stärke Disziplin, Fleiß und Willenskraft voraussetzt. Wer denkt, er könne ein digitales Programm öffnen, um Termine einzutragen, Prioritäten zu setzen oder Zeitfenster zu beachten, um damit seine Stärken abzubilden, der irrt. Auch das Nutzen von Monatsblättern auf Papier hat nichts mit einer sinnvollen Planung gemein. Unser persönliches Zeitgefühl verweigert sich dieser Allgemeingültigkeit, es hat seinen eigenen Takt. Mittlerweile hat es sich in den Unternehmen herumgesprochen, dass Mitarbeiter zu verschiedenen Tageszeiten unterschiedliche Leistungen erbringen können und dass auch diese Aktivitätskurve eine Sache der Gene ist.

Von Lerchen und Eulen

Chronobiologen haben festgestellt, dass die Leistungskurve eines Menschen stark von dessen Zeitgefühl abhängt. Schuld ist der Biorhythmus, der aufgrund von Stoffwechsel, Organtätigkeit und Konzentrationsfähigkeit unseren Organismus schwanken lässt. Dieser angeborene Biorhythmus entscheidet über unseren Zeittyp. Ob Lerche oder Eule – man bleibt, was man ist. »Ein Spättyp kann seine innere Uhr weder durch Lichttherapie noch durch die Gabe von Melatonin so umpolen, dass aus ihm plötzlich ein Morgenmensch wird«, sagt der Chronobiologe Achim Kramer von der Berliner Charité. Kurzum: Wer morgens fit ist, fällt in die Kategorie der Lerchen. Das Frühaufstehen ist ihr Merkmal und die muntere Frage nach dem Aufwachen: »Was steht heute auf dem Programm?« ist ihr Start in den Tag. Nur keine Zeit verlieren, Energie bündeln und die Aufgaben anpacken! Sie sind voller Elan in den frühen Stunden des Tages und diese Schaffensfreude hält den gesamten Vormittag an. Der erste kleine Dämpfer erfolgt erst gegen Mittag. Mit ein, zwei Tassen Kaffee, einer Prise Sauerstoff oder einem Nickerchen lässt sich die Energie noch eine Weile halten, aber bereits am frühen Abend empfindet die Lerche eine Sehnsucht nach Entspannung. Wer nun weiterarbeitet, sich gar eine Arbeit bis in die frühen Nachtstunden zumutet, der wird seine Kraftreserven anzapfen müssen. Auf Dauer würde dieses Wirken gegen das eigene Zeitgefühl Stress produzieren. Anders die Eule. Wenn ihr Wecker morgens zu früh klingelt, schießt der Stresspegel bereits vor dem Aufstehen nach oben. Ihr Serotoninspiegel kann zu dieser Zeit noch nicht mit Hochtouren gegen das Schlafverlangen ankämpfen, der Tag beginnt mit einem Stimmungs- und Leistungstief. Erst in Ruhe ein Frühstück und Zeitung lesen, vor zehn Uhr kann keine Eule an die wirklich wichtigen Aufgaben und Pflichten denken. Erst gegen Mittag, wenn der Lerche schon erste Spuren von Müdigkeit im Gesicht stehen, dreht sie auf. Sie klatscht in die Hände und ruft: »Der Tag ist noch jung, wir können viel erledigen.« Mit dieser Power kann sie bis Mitternacht arbeiten, bis die Leistungskurve mit dem ersten Gähnen nach unten sackt.

Zu wissen, wie Ihr Biorhythmus am Tag verläuft, ist wichtig, um mit Ihrer Energie zu schwingen und nicht gegen sie. Allerdings reicht diese grobe Kategorisierung nicht aus. Für Ihre Gesundheit und für Ihre Zufriedenheit sind weitere Zeitmerkmale wichtig. Sie ergeben sich – wie gesagt – aus Ihren Stärken, und nicht aus dem allgemeingültigen Zeittakt.

Spiel mit Instrumenten

Wenn ich mir die gängigen Zeitmodelle ansehe und mit den fünf Stärkendimensionen vergleiche, dann fällt auf: Zeitplanung nach Standard kann nicht funktionieren! Das Wirken nach Prioritäten, so wie es der ehemalige US-Präsident Dwight D. Eisenhower einst erfand, um einen Überblick über seine Aufgaben zu erhalten, ist zum Beispiel für Menschen mit kooperativen Stärken purer Stress.

Das prominente Management-Quadrat war ursprünglich gedacht, um die Regierungsaufgaben des US-Präsidenten Eisenhower zu sortieren: Aufgaben im oberen rechten Quadranten müssen unaufschiebbar erledigt werden; Aufgaben im oberen linken Quadranten müssen möglichst zeitnah und selbst erledigt werden; Aufgaben im unteren rechten Quadranten werden nach Möglichkeit anderen überlassen; Aufgaben im unteren linken Quadranten sind überflüssig und sollten weder geplant noch beachtet werden.

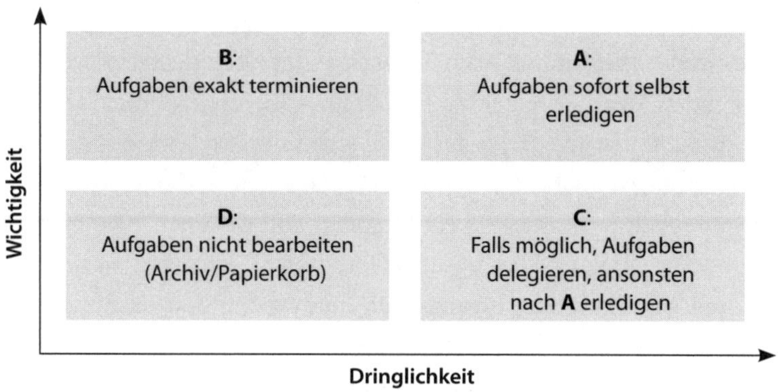

Nach wie vor richten sich weltweit Manager und ihre Teams nach diesen Quadranten. Sie haben ihre Berechtigung im System der Zeitplanung – vor allem wenn die Anwender Menschen mit **praktischen oder entdeckenden Stärken** sind.

Wer über **praktische Stärken** verfügt, liebt es, Aufgaben abzuarbeiten und im Fluss des Tages mitzuschwimmen. Allerdings kann es passieren, dass er sich allzu leicht ablenken lässt, wenn es gilt, Feuerwehr zu spielen. Bei Krisen und sonstigen Katastrophen ist er zur Stelle – und lässt seine eigenen wichtigen Aufgaben im Trubel zurück. Auch arbeitet er gerne eine dringliche Aufgabe nach der anderen ab – bis ihm zu wenig Zeit bleibt, das Wichtige zu erledigen. Deshalb hilft einem Manager oder Mitarbeiter mit praktischen Stärken der morgendliche Blick auf die vier Quadranten – um seine Tagesaufgaben zu gewichten.

Menschen mit **entdeckenden Stärken** wiederum neigen dazu, sich ob der Fülle ihrer Aufgaben zu verzetteln. Sie lieben Tage, die gespickt sind mit Überraschungen und neuen Sichtweisen. Was ihrem Temperament zuwider läuft, das ist die Routine. Sie können Projekte auf den Weg bringen, aber bald schon zeigt sich die Ungeduld, wenn es darum geht, langfristige Ziele zu erreichen. Das kommt ihnen wie ein Treten auf der Stelle vor und alles in ihnen treibt sie weiter: »Wo lockt der nächste spannende Deal?« Für sie ist das Sortieren der Aufgaben nach Prioritäten wie ein Handlauf im Alltag. Nehmen Sie sich deshalb täglich 15 Minuten Zeit, um sich zu überlegen: Welche Aufgaben dürfen weder verschoben noch vernachlässigt noch delegiert werden? Zuerst muss der obere rechte Quadrant Ihre ungeschmälerte Aufmerksamkeit erhalten. Sie fokussieren sich in erster Linie auf das, was wichtig und dringlich ist und sonst nichts. Keine andere Aufgabe erreicht Ihre Aufmerksamkeit, kein Gespräch mit Kollegen, kein privates Telefongespräch lenkt Sie ab. Sie bleiben in der Gegenwart verhakt.

Sollten Sie über eine ausgeprägte analytische Stärkendimension verfügen, dann sind Ihnen kurzfristige Ergebnisse schlichtweg egal. Das Quadrat eignet sich nicht. Sie suchen Details, Lösungen, wasserdichte Thesen in einer Strategie. Sie wollen perfekte Arbeit liefern, und zwar nicht nur bei den wichtigen Aufgaben. Sie wollen alle Aufgaben bestens erfüllen. Sogar die voraussichtlichen Einwände Ihrer

Kollegen und Mitarbeiter wollen Sie bedenken und vorwegnehmen. Perfektion ist für Sie ein Standard und nicht die Ausnahme. Das kostet Zeit. Dem Naturell des Analytikers würde es entgegenkommen, würde seine Zeitplanung durch eine Qualitätsplanung ersetzt, denn er neigt zu einer perfektionistischen Arbeitsweise und hier, so sein Denken, sollte Zeitdruck keine Rolle spielen. Ein Zeitinstrument, das zu seiner Arbeitsweise sehr gut passt, ist das Pareto-Modell. Es wurde nach dem italienischen Ökonom Vilfredo Pareto benannt. Der stellte fest: Mit der Konzentration auf 20 Prozent der entscheidenden Aufgaben können wir 80 Prozent der weniger wichtigen Aufgaben vernachlässigen, um ans Ziel zu kommen.

Mit dem 80/20-Zeitplanungsmodell nach Pareto konzentrieren Sie sich auf das Wesentliche. Sie identifizieren Ihre wichtigste Aufgabe und vertiefen sich detailgenau darin. Sie empfinden keinen Zeitdruck, weil Sie wissen, dass die Mehrzahl der Aufgaben für Ihren Erfolg nicht relevant ist.

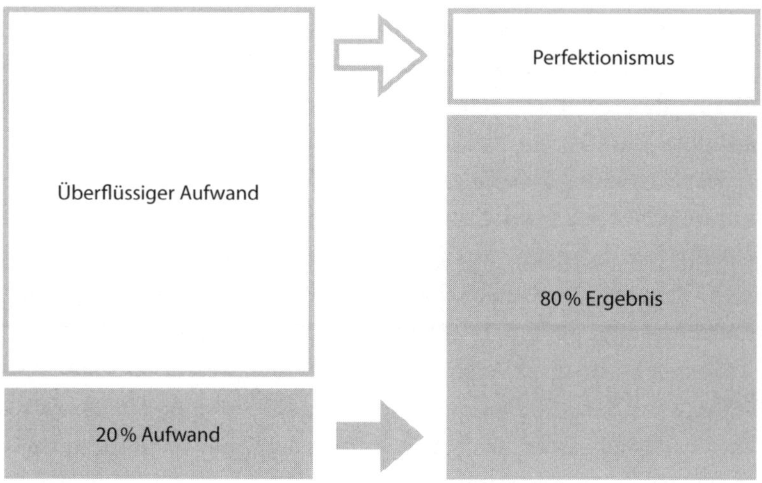

Menschen mit **analytischen Stärken** interessiert die Frage: »Welche Konsequenz hat mein Planen und Handeln für meine Aufgaben?« Ihr Zeitmuster sieht das Plaudern mit Kollegen, das Begeistern für fachfremde Aufgaben, das ausufernde Meeting mit kreativen Elementen wie Brainstorming oder Mindmap nicht vor.

Anders ticken Menschen mit **kooperativen Stärken**. Ihnen ist die freundliche, wertschätzende Kommunikation mit Kollegen wichtig und dafür sind sie bereit, ihre eigenen Aufgaben zu verschieben. Die Beziehungen zu anderen Menschen sind der Kitt für ihre Handlungen, deshalb springen sie gerne ein, wo andere Not empfinden. Hauptsache, das Klima im Unternehmen ist warm. Für eine effektive Zeitplanung mag das schwierig sein und für einen Chef mag es viel Gelassenheit verlangen, um nicht ständig zu mahnen: »Achtung, die Aufgaben leiden, wenn Sie sich derart in Nebensächlichkeiten verfangen.« Nur sind für Sie, falls Sie über kooperative Stärken verfügen, diese freundlichen Taten keine Nebensächlichkeiten. Sie bilden vielmehr die Grundlage für ein Erfolgsgefühl und deshalb werden Sie am Ende des Tages nicht Ihre Haken hinter den Aufgaben zählen. Sie zählen lieber das Lob und das Lächeln, das Ihnen entgegengebracht wurde. Sie erinnern sich lieber an vertrauensvolle Gespräche. Dann kann es sogar sein, dass Sie sich abends, weit nach Feierabend, noch einmal an den Computer setzen und Briefe beantworten oder Tabellen erstellen.

Für Menschen mit kooperativen Stärken eignet sich für die Zeitplanung ein Notizbuch mit Datum. Darin schreiben und zeichnen sie die wichtigsten Aufgaben des Tages. Sie ist als Memo gedacht, und nicht als Mahnung. Überhaupt schätzen sie die Routine mehr als die Herausforderung, um ihre Energie für Spontanes zu speichern.

Sollten Sie ob Ihrer Persönlichkeit mit **stabilisierenden Stärken** gesegnet sein, dann dürfte eine Zeitplanung für Sie kaum ein Hindernis zum Erfolg darstellen. Sie haben ein Potenzial, um Vorkommnisse in Ihrem Leben zu reflektieren. Niederschläge reißen Sie nicht nieder, weil Ihre positive Grundstimmung Sie schnell wieder in einen Leistungsmodus hievt. Erfolge lassen Sie nicht übermäßig jubeln, weil Sie wissen, dass die Zeit weitertickt und nächste Ziele bereits warten. Sie halten damit den gesamten Zeithorizont im Blick – und damit auch die Zeitfallen.

Fünf Fallen in der Zeitplanung

1. Die Perfektionismusfalle

Wer dort hinein tappt, der will statt 100 Prozent Leistung 150 Prozent bieten und Fehler unter allen Umständen vermeiden.

Die Merkmale der Perfektionismusfalle sind:
- Streben nach Vollkommenheit
- übertriebene Fehlervermeidung

→ Besonders Menschen mit ***analytischen Stärken*** tappen in diese Zeitfalle, weil für sie gut nicht gut genug ist, weil ihre Suche nach eventuellen Fehlern einen Projekt-Zeitrahmen sprengen kann.

Lösungen für die Perfektionismusfalle:
- Erkennen Sie, dass das Streben nach permanenter Höchstleistung auf Kosten der eigenen Zufriedenheit, Gesundheit und Leistungsfähigkeit geht.
- Sagen Sie sich, dass andere Ihre vermeintliche Unvollkommenheit gar nicht bemerken. Wo Sie noch mit Ihrer Leistung hadern, sehen andere häufig schon weit mehr, als sie überhaupt jemals erwartet hatten.
- Stellen Sie fest, wo der Aufwand in keinem günstigen Verhältnis mehr zum Ertrag steht.
- Schmunzeln Sie über Fehler, Schwächen, kleine Patzer, Pannen. Das macht Sie liebenswert!

2. Die Aufschiebefalle

Kann es sein, dass Sie wichtige Erledigungen vor sich herschieben, zu spät beginnen oder einfach ignorieren?

Das kann folgende Ursachen haben:

- Sie haben eine niedrige Erfolgs- und Belohnungserwartung.
- Sie vermuten einen geringen Nutzen für sich selbst und für andere.
- Sie lassen sich durch fremde oder kleinteilige Aufgaben vom Wesentlichen ablenken.

→ Häufig schieben Menschen mit ***entdeckenden Stärken*** lästige Aufgaben vor sich her, besonders dann, wenn kein Applaus der anderen zu erwarten ist. Denn sie schätzen die allgemeine Aufmerksamkeit, und aus einem Lob ziehen sie für sich neue Kraft. Sobald eine Aufgabe jedoch unattraktiv erscheint oder im Bereich der Routine angesiedelt ist, verlieren sie häufig das Interesse – und schieben diese unliebsamen Tätigkeiten vor sich her. Menschen mit ***analytischen Stärken*** neigen dazu, Aufgaben vor sich herzuschieben, wenn sie den Eindruck haben, sie könnten mit dem Ergebnis nicht zufrieden sein. Auch Menschen mit ***kooperativen Stärken*** neigen zu dieser Art der Aufschieberitis: Sie lassen sich von anderen Personen verleiten, doch schnell mal einzuspringen und einen Gefallen zu übernehmen. Achtung: Es könnte sein, dass am Ende keine Zeit für die eigenen Aufgaben mehr bleibt.

Lösungen für die Aufschiebefalle:

- Identifizieren Sie die wichtigsten Aufgaben für den jeweils nächsten Tag. Erledigen Sie diese immer zuerst.
- Zerlegen Sie große Aufgaben in kleine, ganz konkrete Schritte.
- Teilen Sie einem Sparringspartner (Kollegen, Ehepartner, guter Freund oder Freundin) mit, welche Ziele Sie sich gesteckt haben und welche Aufgaben Sie als nächstes angehen werden. Das schafft Verbindlichkeit.
- Machen Sie sich klar, dass Aufschieben Ihre Energie frisst. Sie landen im Stress, weil Sie Ihrer Zeit hinterherlaufen.
- Lernen Sie, gegenüber anderen auch mal Nein zu sagen, vor allem, wenn ansonsten Ihre eigenen Aufgaben auf der Strecke bleiben.

3. Die Dringlichkeitsfalle

Dringliche Aufgaben üben für einen Moment einen unwiderstehlichen Reiz aus. Aber dieser Reiz entschwindet, sobald wir merken, dass wir dadurch die wesentlichen Dinge vernachlässigen. Die zeitliche Orientierung geht verloren.

Merkmale einer Dinglichkeitsfalle sind:

- zu glauben, dass Sie durch sofortiges Handeln Krisen lösen können,
- sich stark und unersetzlich zu fühlen, weil Sie scheinbar Dringliches sofort umsetzen,
- das Gefühl zu genießen, gebraucht zu werden und dafür die eigene Zeitplanung zu verändern, wenn andere das wünschen.

→ Menschen mit ***praktischen Stärken*** sind besonders anfällig für diese Zeitfalle, da sie das Gefühl des Aktivseins genießen. Stillstand ist für sie Rückstand. Deshalb lieben sie es, überall da mit anzupacken, wo es etwas zu tun gibt, auch wenn dabei die wichtigen, aber nicht so dringlichen Aufgaben aus dem Blick geraten. Auch Menschen mit ***kooperativen Stärken*** sind anfällig für diese Zeitfalle, weil für sie die Wertschätzung der anderen eine Energiequelle ist. Dafür sind sie bereit, aus dem Stand in deren Probleme und Aufgaben zu springen.

Lösungen für die Dringlichkeitsfalle:

- Planen Sie fixe Zeiten ein, in denen Sie sich abschotten, um konzentriert an Ihren eigenen Aufgaben zu arbeiten. Schalten Sie E-Mail-Programme aus, stellen Sie Telefone auf einen Kollegen um, hängen Sie ein Schild »Bitte nicht stören« von außen an Ihre Bürotür.
- Fragen Sie sich konkret, was passieren würde, wenn Sie eine bestimmte »dringliche« Aufgabe nicht jetzt sofort, sondern erst morgen früh erledigen würden. In den meisten Fällen wird es keinerlei Konsequenzen geben.
- Planen Sie am Abend bereits den nächsten Tag – und halten Sie sich an diesen Plan! Vergessen Sie aber Zeitfenster für Unvorhersehbares und für kurze Gespräche mit Kollegen nicht, das kommt Ihrem Naturell nahe und gibt Ihnen ein gutes Gefühl.

4. Die Leistungskurvenfalle

Wer wichtige Aufgaben in Phasen macht, wo er nicht wirklich leistungsfähig ist, braucht sehr viel länger als in Phasen hoher Leistungsfähigkeit. Das kann den Zeitplan durcheinanderwirbeln und am Ende des Tages ein Frustrationsgefühl erzeugen.

Die Merkmale der Leistungskurvenfalle sind:

- Sie beachten Ihren Biorhythmus nicht.
- Sie arbeiten stur nach Prioritäten.
- Sie setzen sich zu enge Zeitfenster für zu große Aufgaben.

→ Wer über ***praktische Stärken*** verfügt, besitzt ein hohes Maß an Fleiß und Disziplin. Er will sich aus eigenem Antrieb stetig verbessern und dafür ist er bereit, manchmal über seine Kraft zu gehen. Aufgrund seiner Willenskraft ist er zu sehr guter Leistung fähig, aber die Gefahr droht, dass er seine körperlichen Signale überhört.

Lösungen für die Leistungskurvenfalle:

- Finden Sie heraus, welcher Chronotyp Sie sind. Wer weiß, ob er zu Lerchen oder Eulen zählt, ob er morgens oder abends leistungsstark ist, kann seine Leistung, Kreativität und Produktivität stark verbessern.
- Bauen Sie gezielt Pausen ein, in denen Sie durchatmen, sich erholen und Kraft für den nächsten Arbeitsblock sammeln können. Als Faustregel gilt: nach zwei Stunden konzentrierter Arbeit folgen 10–20 Minuten Entspannung.
- Achten Sie auf ausreichenden Schlaf, auf gesunde Ernährung, auf regelmäßige Bewegung an der frischen Luft.
- Versuchen Sie, Arbeit, Familie und Freizeit in einem gesunden Maß auszubalancieren. Das ist wichtig, um gesund und ausgeglichen zu bleiben.

5. Die Verzettelungsfalle

Nach einer Unterbrechung benötigen Sie rund fünfzehn Minuten, um Ihren Gedankenfaden wieder aufzunehmen. Manchmal finden Sie niemals wieder zu einer außergewöhnlichen Idee zurück. Unterbrechungen während eines Denkprozesses sind ein Zeitfresser erster Güte, sie schmälern in der Summe die Qualität Ihrer Arbeit. Sie führen dazu, dass wir uns im Privaten wie im Beruflichen verzetteln.

Merkmale der Verzettelungsfalle sind:

- Sie begeistern sich für unerwartete Ereignisse und springen augenblicklich in dieses neue Thema hinein.
- Sie wissen nicht, was Sie wirklich wollen und was das Wesentliche Ihrer Arbeit ist.
- Sie empfinden Druck, weil Sie Ihr geplantes Tagespensum nicht erfüllen.
- Die reguläre Arbeitszeit reicht nicht mehr, Sie machen Überstunden, ohne dass Ihre Aufgaben erhöht wurden.
- Ihre Arbeit verliert an Qualität und Sie müssen nachbessern.

→ ***Entdeckende Stärken*** sind ein Zeichen für Neugierde und Offenheit. Das schätzen die anderen und fragen Sie gerne nach Ihren Ideen. Je nachdem, ob Sie dieses neue Thema triggert, verlassen Sie Ihre Zeitplanung und Ihre Gedanken fliegen in ungeahnte Richtungen. Sie gelangen vom Hundertstel ins Tausendstel. Aber Achtung: Sich zu verzetteln und von allerlei Dingen ablenken zu lassen, macht auf Dauer unzufrieden und ist ermüdend. Am Abend werden Sie das Nachsehen haben, weil Ihre eigene Arbeit liegen blieb oder weil sie in Eile fehlerhaft erledigt wurde. Oder Sie nehmen seufzend die Arbeit mit nach Hause und beschränken damit Ihre Freizeit. Auch Personen mit sehr ausgeprägten ***kooperativen Stärken*** können in diese Falle treten, da sie ungern Nein sagen, wenn sie eine andere Person noch um dieses oder jenes bittet.

Lösungen für die Verzettelungsfalle:

- Machen Sie sich klar, dass Sie Ihre Aufgaben konsequent durchziehen müssen, um später Zeit für Spontanes zu haben.
- Stehen Sie dazu, dass Sie nicht mehrere Dinge auf einmal machen können, nicht mehrere Themen auf einmal bearbeiten können. Multitasking ist nicht nur unproduktiv, es ist auch gehirnbedingt unmöglich.
- Praktizieren Sie bewusst Singletasking: Versuchen Sie, sich so oft wie möglich auf eine einzige Sache zu konzentrieren. Halten Sie sich täglich Zeit frei, in der Sie ganz bewusst nur eine Sache erledigen.
- Legen Sie sich auf Ihren Schreibtisch einen Notizblock. Werden Sie unterbrochen, dann machen Sie sich eine Notiz für später und erledigen Sie dann, ohne einen weiteren Gedanken an das fremde Thema, Ihre aktuelle Aufgabe weiter.
- Lernen Sie, Nein zu sagen und Grenzen zu setzen. Widerstehen Sie Ihrem inneren Drang, in die Themen der anderen zu springen.
- Lernen Sie, für sich selbst einzustehen, wenn es um Ihre Zeitplanung geht. Sie müssen nicht Everybody's Darling sein!

Unterbrechungen im Beruf haben viele Gesichter. Von der Störung durch E-Mail, Telefon oder durch Kollegen bis hin zu unserer eigenen Unfähigkeit, uns auf die anstehenden Aufgaben zu konzentrieren. Von dem leidigen Versuch des Multitaskings bis hin zum Verzetteln, vom Ignorieren unserer Leistungskurve bis hin zum Versuch, durch ein chaotisches Handeln dem Tag mehr Farbe zu geben. All das führt uns fort von unseren Stärken, im schlimmsten Falle brennt es uns aus. Ob ein Unternehmen erfolgreich ist, wird auch davon abhängen, ob die Mitarbeiter fähig sind, ihre Aufgaben sinnvoll zu koordinieren. Ob Sie selbst zufrieden sind, wird von der Wahl Ihres Zeitplanungsinstruments abhängen. Wählen Sie sehr bewusst aus, mit welchem Tool Sie arbeiten wollen – und dann setzen Sie alles daran, Ihre Zeitfallen zu identifizieren und zu vermeiden.

Wie groß ist der Einfluss der fünf Zeitfallen auf Ihr Zeitmanagement auf einer Skala von 1 bis 7?

Zeitfallen						
Perfektionismusfalle Mir ist wichtig, jede Aufgabe zu möglichst 100 Prozent zu erledigen. Es fällt mir schwer, eine Aufgabe abzugeben, wenn ich das Gefühl habe, dass etwas noch nicht ganz stimmen könnte. Beim Erledigen einer Aufgabe habe ich im Hinterkopf, wie andere das Ergebnis bewerten könnten.						
1	2	3	4	5	6	7
Aufschiebefalle Es fällt mir schwer, bestimmte Aufgaben sofort anzugehen. Vor allem schwierige oder unliebsame Aufgaben schiebe ich gerne vor mir her. Ich bin am produktivsten, wenn die Deadline für ein Projekt fast abgelaufen ist. Weil ich die Aufgaben erst sehr spät angehe, komme ich dadurch immer wieder in Stress.						
1	2	3	4	5	6	7
Dringlichkeitsfalle Oft habe ich im Laufe des Tages zwar sehr viel gemacht, stelle dann aber fest, dass einige wichtige Dinge auf der Strecke geblieben sind. Ich bin in der Hektik des Alltags manchmal so sehr verstrickt, dass ich gar nicht mehr darüber nachdenke, welche Aufgaben wirklich notwendig sind.						
1	2	3	4	5	6	7
Leistungskurvenfalle Ich bin manchmal nicht ausgeruht, wenn ich wichtige Aufgaben zu erledigen habe und merke, dass mir die Konzentration fehlt. In Phasen, wo ich leistungsfähig bin, mache ich manchmal weniger wichtige Dinge. Manchmal muss ich dann wichtige Aufgaben in Phasen erledigen, wo ich weniger Energie habe.						
1	2	3	4	5	6	7
Verzettelungsfalle Ich werde bei der Arbeit häufig durch Kollegen, Telefonanrufe oder E-Mails unterbrochen. Ich habe selten längere konzentrierte Arbeitsphasen am Stück. Interessantere Aufgaben ziehe ich vor und stelle lästigere Tätigkeiten zurück. Es gibt zu viele Dinge, die mich ablenken. Es fällt mir schwer, Prioritäten zu setzen oder Aufgaben abzulehnen. Weil ich schlecht Nein sagen kann, komme ich dadurch in Stress. Ich muss oft überlegen, wo ich gerade bei meiner Arbeit war.						
1	2	3	4	5	6	7

Tabelle 4: Zeitfallen (1 = das ist für mich gar keine Herausforderung, 7 = das ist für mich sehr oft eine größere Herausforderung)

Eine elegante Art, um sich aus einer Falle selbst zu befreien, ist die, das Stolpern mit Humor zu nehmen. Kritikern sollten Sie mit einem Augenzwinkern begegnen, ähnlich wie Albert Einstein es tat, wenn jemand seine Raum-Zeit-Theorie bezweifelte und ihm gleichsam vorwarf, angeblich kein guter Schüler gewesen zu sein:

»Der normale Erwachsene denkt über die Raum-Zeit-Probleme kaum nach. Das hat er seiner Meinung nach bereits als Kind getan. Ich hingegen habe mich geistig derart langsam entwickelt, dass ich erst als Erwachsener anfing, mich über Raum und Zeit zu wundern. Naturgemäß bin ich dann tiefer in die Problematik eingedrungen als die normal veranlagten Kinder.«[29]

PERSÖNLICHE EIGENART
MANGEL AN MOTIVATION
MANGEL AN TALENT
MANGEL AN KÖNNEN
MANGEL AN WISSEN

Kapitel 10

MIT SCHWÄCHEN UMGEHEN

Sie denken, in US-amerikanischen Unternehmen pflegen Chefs eine lässige Attitüde? Sie stellen sich innovative Meetings an Bistrotischen vor, einen Informationsfluss ohne Ruckeln und dann die Freiheit zum Handeln für jeden Mitarbeiter? Sie sind überzeugt, dass Chefs die Fehler ihrer Mitarbeiter mit einem kräftigen, doch freundschaftlichen Schlag auf die Schulter parieren: »Don't worry, try it again«? Dann sind Sie in bester Gesellschaft. Nach wie vor sind die Management-Strategien aus den USA hierzulande ein Vorbild, wenn es darum geht, Mitarbeiter für die Unternehmensziele zu begeistern. Fehler verzeihen, Fehler vergessen, scheint das Credo zu sein – es hallt aktuell nach Deutschland hinüber. Man verspricht sich viel von dieser Strategie, zum Beispiel Engagement, Kreativität und vor allem einen angstfreien Raum. Denn wo Fehler gemacht und benannt werden dürfen, dort werden Schwachstellen in Systemen erkannt. Was könnte einem Unternehmen auf dem Weg in die Zukunft Besseres passieren als diese praxistauglichen Einsichten? So mag der lockere Umgang mit Fehlern ein guter Ansatz sein, um der deutschen Gründlichkeit eine US-Lässigkeit entgegenzuhalten. Dennoch will ich an dieser Stelle ein kleines Warnsignal setzen: Ich habe erfahren, dass die Kultur in amerikanischen Unternehmen zuweilen eine andere ist, als das Image verspricht. Image, das wissen wir, ist nicht mehr als eine selbstgebaute Glanzfassade. Darunter rostet es. Wer genau hinsieht, der erkennt, dass auch in den sogenannten Vorzeigeunternehmen Fehler nicht ohne Konsequenzen bleiben. Auch dort sind sie ein Zeichen von Schwäche.

Wenn die CEOs von Apple, Alphabet und Microsoft in offenen Hemdskragen und mit hochgekrempelten Ärmeln in die Welt lächeln, dann geschieht das in der Gewissheit, zu den wertvollsten Unternehmen der Welt zu zählen, wertvoller als die gesamte Dax-Riege zusammen. Mit dieser Stärke im Rücken sprechen die CEOs gerne von Visionen. Dann rücken sie die Mitarbeiter ins Zentrum. Deren Glück liegt ihnen am Herzen. Alphabet/Google legt es gar in die Hände eines Chief Happiness Officers. Seit rund zehn Jahren schon kümmert der sich um die Zufriedenheit der Mitarbeiter in der Zentrale und das in kreativer Weise: Rutschbahnen statt Treppen in Gebäuden, das Interieur cool und hipp. Erste Regel für ein Miteinander ist die gute Laune. Die Mitarbeiter im Wohlfühlmodus. Sie sorgen immerhin durch Wissen und Engagement für beste Zahlen. Schöne Worte, die deutschen Unternehmern eine kleine Träne in die Augen treibt, eine Träne der Rührung und der Sehnsucht nach Erfolg. Und in dieser sentimentalen Minute mag sich der eine oder andere vorstellen, zukünftig seine Mitarbeiter mehr zu beachten, sie wirklich kennen- und schätzen zu lernen, sie bei Laune zu halten. Er will von ihren Stärken erfahren, von ihren Erwartungen und Bedürfnissen. Er will ihnen Fehler verzeihen und fortan ebenso auf die Schulter klopfen: »Try it again!« Mit diesem Bild vor Augen brach ich auf, um in amerikanischen Unternehmen zu lernen, wie sich solch ein Stärken-Schwächen-Konzept auch bei uns etablieren ließe.

Um es auf den Punkt zu bringen: Ich war zunächst begeistert vom vorbildlichen Umgang mit den Mitarbeiter-Stärken. Der Blick in den amerikanischen Unternehmen lag nicht auf dem Mangel, nicht auf voraussichtlichen Fehlerquellen, sondern einzig auf den Talenten und Stärken und damit auf dem riesigen Potenzial des Möglichen. Lob für Erreichtes. Flexibilität, Themen zu priorisieren. Tempo bei Entscheidungen. Motivation auf allen Etagen. Ich hätte als Stärken-Berater eintauchen können in diese Stimmungen – aber es gelang mir nicht. Irgendetwas fühlte sich nicht gut für mich an. Mein Gefühl sagte mir: Hier stimmt was nicht. Es war, als wäre eine Lautstärke zu weit aufgedreht, sodass die feinen Zwischentöne im Beat des Erfolgs verschwinden. Zwar unterhielt man sich angeregt in den morgendlichen Meetings, sorgte für einen ständigen Informationsfluss. Lob wurde verschwenderisch verteilt. Boss und Mitarbeiter verstanden sich prächtig – bis der erste Fehler auftauchte. Da änderten sich der Ton, das Klima, die vermeintliche Verzeihlichkeit. Was sich hinter den geschlossenen Türen der Chef-Zimmer abspielte, entsprach nicht dem Image, das wir hierzulande von der Kunst des US-Managements erfahren: Bei Fehlern gab es keinen aufmunternden Schlag auf die Schulter, kein Lächeln, kein Trial and Error. Es rollten Köpfe. Fehler waren ein Tabu-Thema in der verordneten Glückseligkeit. Ausgeblendet wurde die Wahrheit, dass jeder Stärke eine Schwäche gegenübersteht – und damit Fehler naturgegeben sind.

Ich will keinen Manager ermuntern, Fehler als Gewinn zu bejubeln und keinem Mitarbeiter raten, seine Fehler mit einem Schulterzucken zu quittieren! Ein Fehler bleibt ein Fehler. Er hätte vielleicht vermieden werden können durch eine andere Aufgabenverteilung im Team, durch eine transparentere Kommunikation, durch mehr Wissen, mehr Zeit und Lust am Thema. Und doch dürfen Fehler, müssen Fehler geschehen, weil ansonsten keine Entwicklung stattfindet. Eine Nullzeit würde anbrechen ohne Sauerstoff zum Atmen. In unserer digitalen Zeit, in der Technologien sich schneller entwickeln als unser Auffassungsvermögen, in der morgen schon überholt sein wird, was heute aktuell ist, werden wir Fehler einkalkulieren müssen. Zum Glück gibt es wegweisende Beispiele: Auf einem Flugzeugträger lautet die oberste Regel: Fehler melden, und zwar sofort! Was folgt, das ist eine Reaktion in Echtzeit. Prozess stoppen, ist die mittelbare Konsequenz auf diesen Alarm. Ein vergessener Schraubschlüssel würde bei Start und Landung zu einer tödlichen Waffe, würde ein Techniker den Verlust dieses Werkzeuges nicht augenblicklich anzeigen. Ihn erwartet weder eine Rüge für seine Nachlässigkeit noch eine Kündigung. Vielmehr folgt eine gemeinsame Diskussion, wie diese Lücke im Sicherheitsablauf geschlossen werden könne. Dieser Techniker wird im Detail seine Handgriffe erläutern, um festzustellen, wann er unkonzentriert war, was ihn ablenkte, wo eine Kontrolle nicht funktionierte. Passieren ihm ähnliche Fehler häufiger, wird im Team analysiert, ob er im Bereich seiner Schwächen statt seiner Stärken arbeitet. Wenn das der Fall ist, wird er andere Aufgaben erhalten, denn man weiß: Nur wer im Bereich seiner Stärken arbeitet, wird beste Leistung erbringen und seine Fehlerquote minimieren. Umgekehrt gilt: Wer entlang seiner Schwächenlinie agiert, der wird seine Schwächen trainieren – und die Fehlerquote erhöhen.

Es gibt einen weiteren Knackpunkt im Umgang mit Fehlern: die Kommunikation zwischen Vorgesetztem und Mitarbeiter. Diese muss durchlässig sein, wenn Gefahr im Verzug ist. Kritik auszusprechen und Stoppschilder zu setzen, das muss erlaubt sein, und zwar kompromisslos. Ich denke an mustergültige Kliniken, die während einer Operation die pyramidalen Strukturen auflösen. Das Team arbeitet auf Augenhöhe, mehr noch: die OP-Schwester überwacht, ob in der Hygiene keinerlei Nachlässigkeit passiert. Eine solche würde sie umgehend ohne Rücksicht auf Titel und Funktion in knappen Sätzen, ohne Verwenden von Höflichkeitsfloskeln benennen. Stellen Sie sich vor, ein Chefchirurg betritt den OP-Raum. Gedanklich ist er nicht im Hier und Jetzt, sondern ist fokussiert auf den bevorstehenden Eingriff – und merkt nicht, dass die Desinfektionsschranke klemmt. Sie sprüht nicht und tötet nicht ab, was dort keinesfalls existieren darf: Keime und Bakterien. Die Krankenschwester bemerkt die technische Störung, stoppt den Arzt unverzüglich und deutlich, drückt den Notschalter, so dass sich die zweite Türe in den Operationsraum nicht öffnen kann. Nur ein schnelles, antrainiertes, unreflektiertes Handeln, fern von Chef-Mitarbeiter-Barrieren, kann in solchen Fällen Leben retten.

Ich bin überzeugt, dass Menschen umso erfolgreicher werden, je mehr sie ihre Stärken trainieren. Und doch sollten wir die Schwächen nicht ausblenden, die Fehler, die uns unterlaufen, nicht ignorieren. Natürlich geht es dabei nicht immer um Leben und Tod. Meist sind es die kleinen Ärgernisse, die wir zu vertuschen suchen. Aus Angst vor Kritik, Lächerlichkeit oder Scham. Fehler erzeugen dunkle Gefühle in uns. Und doch ist der offene Umgang mit ihnen wichtig. Denn Fehler geben uns einen Impuls innezuhalten. Fehler lassen uns an den Wegkreuzungen der inneren Landkarte entscheiden, in welcher Richtung die Zukunft liegt.

Mein Appell an Sie in diesem Kapitel lautet deshalb: Anerkennen Sie Ihre Schwächen – und leben Sie damit. Und wenn Sie Führungskraft sind, dann verordnen Sie Ihren Mitarbeitern bitte kein Glück in den unternehmerischen Leitsätzen. Solange Sie nicht zu den Top 5 Unternehmen der Welt zählen, sollten Sie keine Happiness Center einrichten und denken, damit würde die intrinsische Motivation der Mitarbeiter angekurbelt. Sie sollten sich vielmehr auf intensive Arbeit einstellen – obwohl diese Arbeit mit weitaus weniger Anstrengung verbunden sein wird als das Entwickeln von Schwächen oder »normalen« Kompetenzen. Stärken zu trainieren bedeutet, Stufe für Stufe aufzusteigen. Kraft und Energie aufzuwenden. Auf dem Weg zum Ziel auch mal einzusacken, aufzustehen, weiterzumachen – so entsteht das begehrte Glücksgefühl. Es kann nicht geschenkt und schon gar nicht vorgeschrieben werden. Stärken stärken sind eben doch die Klimmzüge im Leben und damit sind sie ein persönlicher Akkord aus Talent und Disziplin. Talent ist naturgegeben. Disziplin ist das stetige Austarieren von Möglichkeiten und irgendwann ein Anerkennen von mentalen oder physischen Grenzen. Ich halte wenig davon, wenn Ratgeber-Autoren die Seele ihrer Leser mit Plattitüden überschwemmen wie »Alles ist möglich, du kannst jede Grenzen überwinden, wenn du nur willst!« Solchen Sätzen halte ich entgegen: Nein, nicht jeder kann über jede Grenze springen. Alles ist eine Sache der Genetik und des Talents und ebenso eine Sache der Umwelt und der Erziehung. Wer anderes behauptet, der nimmt dem wunderbaren Thema der Stärkenbildung die Tiefe, der versprüht einen Glitzerstaub, der sich in der Wirklichkeit schnell in Sand verwandelt.

Natürlich würden wir uns gerne nur auf der Sonnenseite bewegen, unsere Stärken wie Trophäen vor uns hertragen. Aber das würde das Gesetz der Polarität ad absurdum führen. Wo nur die Sonne scheint, entsteht Wüste. Erst der Wechsel aus Schatten und Licht, aus Anspannung und Entspannung gibt dem Leben einen Takt. Intuitiv wissen Sie, dass erst die Fehler, Niederlagen und Krisen das Leben im Fluss halten. Natürlich wollen wir keine schlechten Erfahrungen machen, aber wir wollen auch nicht auf das verzichten, was wir daraus lernen. Sie brauchen diese Hürden, um sich weiterzuentwickeln, um eine Demut für die Aufgaben des Lebens zu bewahren und letztendlich um Ihre Talente und Stärken als Segen zu begreifen und nicht müde zu werden, an ihnen zu schleifen.

Die innere Landkarte entsteht

Mit welchem Potenzial ein Mensch ausgestattet ist, entscheidet sich bereits in der pränatalen Phase. Wenn sich die neuronale Struktur im Gehirn formt, dann wächst die innere Landkarte der Emotionen und Talente heran. Zunächst erscheint sie als grobe Skizze. Mit den Jahren verfeinert sie sich und wird zu einem Abbild der Persönlichkeit. Mag diese innere Landkarte auch bis zu einem gewissen Grad willentlich korrigierbar sein, mögen wir auch mit viel Anstrengung einiges an Geröll der Kindheitstage zur Seite schieben, gänzlich verändern können wir sie nicht. Das widerspräche sowohl den Naturgesetzen als auch der Forschung der Neurobiologie.

Wir werden ein Leben lang nach unseren Stärken und Schwächen handeln. Der Gehirnforscher Gerhard Roth schreibt dazu: »Die emotionale Konditionierung erfolgt im Rahmen unseres Temperaments und kann an diesem Temperament wenig ändern, aber sie hat gleichzeitig einen großen Spielraum durch die Zufälligkeiten unseres Lebens. Was vor, während und nach der Geburt an positiven und negativen Dingen passiert und das Gehirn beeinflusst, ist so vielfältig wie die Welt selbst, und auf diese Weise stellt im Rahmen des Temperaments in beträchtlichem Maße der Zufall die Weichen.«[30] Diese Vielfalt aller Kombinationen aus Stärken und Schwächen, die einen Menschen einzigartig machen, strafen die Universalaufrufe der Alles-ist-möglich-Autoren Lügen. Nicht jedem wird alles im Leben gelingen, aber sobald er seine Schwäche als Schwäche akzeptiert und fortan seine Stärken als Bild begreift und ein Leben lang daran zeichnet, wird diesem Menschen auf seine Weise das Beste im Leben gelingen. Viele Menschen aber stoppen genau an diesem Punkt. Sie drehen sich fest in alten Glaubenssätzen, die andere ihnen zeitlebens soufflierten. Sie vergessen darüber, ihrer inneren Landkarte Wege hinzuzufügen, Gedanken-Kreuzungen zu bauen, Vielfalt abzubilden. Manche nennen diese Bewegungslosigkeit ein Verharren in der Komfortzone.

Raus aus dem Mangeldenken

Der Bereich der Schwächen ist die Negativität. Dort, wo sich das Bewusstsein formt, im Hippocampus im Gehirn, wachsen die hinderlichen Glaubenssätze und werden mit den Jahren zu sich selbst erfüllenden Prophezeiungen: »Das kann ich nicht«, »Ich bin nicht gut genug«, »Ich bin es nicht wert, gelobt zu werden«, »Ich muss alles kontrollieren«, »Ich darf andere nicht enttäuschen«. So oder ähnlich schallt das Echo unserer Kindertage, erzeugt durch Eltern und Lehrer und deren Mangelblick. Kinder folgen diesen Glaubenssätzen, weil sie vertrauen. Hinzu kommen die Kausalketten der Erziehung: »Wenn du weiterhin ungezogen bist, dann habe ich dich nicht lieb.« »Wenn du das Gemüse nicht aufisst, dann ist die Mama mit dir böse.« Die Worte der Eltern sind für Kinder eine Orientierung, wo aber führt diese hin, wenn am Ende der Liebesentzug steht? Ich verrate es Ihnen: Solche nicht reflektierten Sätze, vielleicht gut gemeint, aber nicht gut gesagt, legen den Nährboden für einen inneren Kritiker im Kind. In manchen Familien wird dieser lästige Kamerad über Generationen hinweg weitergereicht. Aus der Forschung wissen wir, dass Kinder von übermäßig kritischen Eltern zu einer überzogenen Selbstkritik neigen. Lehrer unterstützen diese Sichtweise übrigens, denn in der Schule dreht sich fast alles um Fehler. Eine Fünf in Mathe ist ein Drama. Da greift der Lehrer zum Rotstift und die Eltern tief ins Portemonnaie, um Nachhilfestunden zu bezahlen. Bei einer Drei seufzen sie im Einklang mit dem Lehrer: »Puh, der erste Schritt ist geschafft.« Und damit nicht genug: Oft müssen die Kinder dann versuchen, aus der Drei auch noch eine Zwei zu machen, was in den meisten Fällen nicht gelingt und trotz der vorherigen Verbesserung ein schlechtes Gefühl hinterlässt. Mir drängt sich zudem die Frage auf: Was wurde mit der Drei geschafft? Das Mittelmaß? Wer in seine Schwächen investiert, bleibt im Durchschnitt stecken. Er verinnerlicht das Mangeldenken für sein Leben und wird es voraussichtlich nicht ins große Glück hineinpacken. Denn dazu bedarf es einer anderen Blickrichtung: hin zum Talent. Aus dieser Perspektive würde die Fünf in Mathematik nicht überbewertet. Das Ziel wäre lediglich eine Note, die eine Versetzung nicht gefährdet. Die Energie aber würde auf ein Fach gerichtet, in dem der Schüler gute Noten mit Leichtigkeit schreibt; ein Fach, in dem seine Schaffensfreude aufblüht. Mit Übung könnte sich diese gute Note zu einer sehr guten formen. Genau das hebt ein Kind aus der Langeweile des Durchschnitts hinaus und gibt ihm bereits in jungen Jahren das Gefühl, zu Begeisterung und Leistung fähig zu sein. Es lernt, nicht die Fehler der Vergangenheit auszumerzen, sondern die Chancen der Zukunft zu nutzen. Übertragen auf die Unternehmen in Deutschland bedeutet diese Einsicht, nie wieder rückwärts zu kritisieren und damit Schranken zu setzen.

Von Kritik und Lob

Ich halte viel von Kritik. Sie gibt einem Menschen Hinweise, wo er steht, was verbesserungswürdig erscheint. Kritik markiert die Wahrheit und kann vor Selbstüberschätzung schützen – wenn sie wertschätzend und vor allem *zukunftsorientiert* formuliert wird. In den meisten Fällen hört es sich leider eher so an: »Meier, die Präsentation war nix. Zu schnell gesprochen, zu unstrukturiert. Ich bin nach drei Minuten ausgestiegen. Ihnen konnte niemand mehr folgen.« Diese Kritik führt Herrn Meier vor Augen, was er alles schlecht gemacht hat. Sie schickt ihn in die Vergangenheit, an der er aber nichts mehr ändern kann. Vorbei ist vorbei. Bei Herrn Meier breiten diese Worte sich zu einer Hilflosigkeit aus, zu einer Angst vor dem nächsten Mal. Eine Kritik für Vergangenes zementiert schlechte Erfahrungen, lässt alte Glaubenssätze sofort wieder explodieren. Bei Herrn Meier sind das die fast vergessenen Sätze: »Du redest zu schnell«, »Du kommst nicht auf den Punkt«, »Du langweilst andere mit deinem Geschwätz«. Er wird für sich entscheiden, dass es kein nächstes Mal mehr geben wird. Reden vor Publikum ist nicht sein Ding, das war schon früher so und ist es auch heute, so sein Resümee. Seine Komfortzone bleibt sein Schreibtisch. Er schließt die Türe seines Büros. Wie anders wirkt dagegen eine *zukunftsorientierte* Kritik mit dem Aufzeigen von Lösungen: »Meier, Ihre detaillierten Beispiele in der Präsentation waren sehr überzeugend. Und wenn Sie bei Ihrer nächsten Präsentation zu Beginn noch eine Agenda vorstellen, können wir besser folgen und wissen, wann wir Zeit für Fragen und Diskussion haben.« Diese Kritik zeigt: Mit ein wenig Üben kann sich die Leistung steigern. Sie vermittelt Klarheit und einen Handlungsleitfaden – und macht Mut.

Herr Meier wird wissen, dass er niemals ein brillanter Redner sein wird. Er kennt seine Schwäche, die aus der Angst besteht, vor Publikum zu sprechen. Ihm fehlt die nötige Eloquenz. Seine Stärke ist vielmehr das Tüfteln am Detail. Daran würde auch ein halbgares Lob nichts ändern – obwohl Loben in allen Nuancen gerade en vogue ist. Das finde ich richtig, solange sich dieses Lob mit Ehrlichkeit und uneingeschränkter Bewunderung verbindet: Stärken zu loben, das setzt beim anderen das intrinsische Gefühl frei, noch mehr trainieren zu wollen und noch mehr erreichen zu können. Es spielt mit der Leichtigkeit und dem Stolz auf die eigenen Fähigkeiten. Nur dann bleibt ein Lob, was es sein soll: eine Kostbarkeit zwischen zwei Menschen. Es würde jedoch zur Floskel verkommen, würde der Chef zu Herrn Meier sagen: »Sie sind kein guter Redner, das wissen wir. Aber Ihre Krawatte passt perfekt zum Anzug. Ich bewundere Ihren Geschmack.«

Geben Sie als Manager Ihrem Mitarbeiter ein *zukunftsorientiertes* Feedback. Und fordern Sie als Mitarbeiter ein solches ein. Ein nächster Schritt ist die gegenseitige Begleitung im Team oder durch einen Experten. Dann kann ein Kollege bei der Ausarbeitung der Präsentation unterstützen. Ein Training kann ihm das Lampenfieber nehmen. Eine Kenntnis, wie er einen roten Faden entwirft, wie sich ein Spannungsbogen aufbaut, kann ihm Sinn für die Struktur seiner Rede vermitteln. Mit diesem Ansatz, Stärken einzelner Mitarbeiter zu nutzen und ihre Schwächen auszugleichen, entstehen schlagkräftige Teams in Unternehmen. Auch deshalb halte ich die Stärken- und Schwächenanalyse für einen Erfolgstreiber. An dieser Stelle möchte ich noch einmal auf die Schwächen eingehen, denn in diesem Bereich schlummern Fehlerquellen.

Die fünf Sorten von Schwächen

Verhaltensforscher haben fünf Sorten von Schwächen identifiziert. Manche lassen sich durch Training auf ein akzeptables Mittelmaß heben, andere werden immer bleiben, was sie sind: die ungeliebte Seite der Persönlichkeit. Manchmal jedoch verbirgt sich hinter einer Schwäche ein unerwartetes Talent. Ich empfehle Ihnen, anhand der folgenden Tabelle Ihre Schwäche einzusortieren. Fragen Sie sich, ob eine Schwäche aus Mangel an Kenntnis, Können, Talent, Motivation oder aufgrund einer persönlichen Eigenart und Vorliebe resultiert.

Ihr Gefühl	die Ursache	die Lösung
1. Mangel an Kenntnis		
»Ich weiß nicht, wie ich diese Aufgabe lösen kann.«	Die Schwäche entsteht, wenn Ihnen Ausbildung, Weiterbildung oder das Wissen um ein Thema fehlen.	Eignen Sie sich die nötigen Kenntnisse an, um die Aufgabe zu erfüllen. Das ist im digitalen Zeitalter, in dem Wissen nahezu kostenfrei zur Verfügung steht, eine Selbstverantwortung für jeden Arbeitnehmer und geht immer einher mit Disziplin.
2. Mangel an Können		
»Ich weiß nicht, ob mir diese Aufgabe jemals gelingen kann.«	Die Schwäche entsteht, wenn geistiges oder körperliches Potenzial zwar vorhanden ist, aber nicht übermäßig ausgebildet ist. Natürliche Grenzen können hier eine Hochleistung verhindern.	Hier gibt es nur einen Weg: üben, üben, üben.

3. Mangel an Talent		
»Die Aufgabe fällt mir sehr schwer.«	Diese Schwäche resultiert aus Ihrem Mangel an Talent.	Akzeptieren Sie diese Wahrheit. Vertuschen und Verdrängen würde Sie auf Dauer in den Stressmodus versetzen. Versuchen Sie, diese Aufgaben zu delegieren und sagen Sie sich: Nicht jeder kann 100 Meter unter zehn Sekunden laufen, egal wie viel er übt!
4. Mangel an Motivation		
»Ich habe keine Lust, diese Aufgabe zu beginnen.«	Die Schwäche resultiert aus einem Mangel an intrinsischer Motivation. Sie selbst sehen keinen Sinn darin, hier Ihr Engagement und Ihre Leistung zu steigern.	Setzen Sie sich ein attraktives Ziel, das mit dieser Aufgabe zusammenhängt. Auf diese Weise kann eine intrinsische Motivation entstehen. Sie brauchen, je nach angelerntem persönlichem Metaprogramm, einen Vorteil für sich, um loszulegen, oder einen Leidensdruck, um zu handeln.
5. Persönliche Eigenart und Vorliebe		
»Ich fühle mich unwohl, weil die Aufgabe nicht zu mir passt.«	Dieses Gefühl ist kein echter Mangel. Es entspringt der Eigenart Ihrer Persönlichkeit. Nicht jede Aufgabe hinterlässt ein gutes Gefühl. Das aber ist wichtig für Ihren Erfolg im Leben und für Ihre Zufriedenheit.	Bleiben Sie authentisch. Wenn es nicht überlebenswichtig ist, dann sollten Sie sich nicht verbiegen und diese Aufgabe anderen überlassen.

Tabelle 5: Fünf Sorten von Schwächen

Sobald Sie merken, dass Ihnen eine Aufgabe schwerfällt, dass Sie gar Fehler machen und trotz Anstrengung nicht die erwartete Qualität liefern, dürfen Sie gewiss sein: Sie bewegen sich im Bereich Ihrer Schwächen. Deshalb empfinden Sie kein Signal für Freude, keinen Flow zwischen Zeit und Raum. Im Gegenteil: Sie geraten in Stress. Cortisol schwappt in hoher Intensität durch die Blutbahnen. Im Gehirn wird die Produktion von Noradrenalin und Serotonin angekurbelt, um Sie bei Stimmung zu halten. Das ist ein normaler Vorgang, wenn Sie im Leistungsmodus agieren und für eine Weile ist es auch gesund. Wenn der Stressschub nachlässt, dann fallen die Werte der Neurotransmitter wieder auf das Normalmaß zurück. Wenn Sie jedoch ständig in Ihrem Schwächenbereich agieren, dann bleiben diese auf hohem Niveau. Was folgt, ist eine Überproduktion an Cortisol, ein Rückgang von Serotonin und am Ende der Stresskurve steht der Zweifel, der Zusammenbruch, mitunter der Burn-out. Im Ergebnis fühlen Sie sich erschöpft. Versagensängste flackern auf. Sie konnten nicht erreichen, was Sie sich wünschten. Sie werden unzufrieden, verlieren an Ausstrahlung und letztendlich an Authentizität. Die Universität Jena belegte diese verhängnisvolle Entwicklung, zeigte auf, dass Verdrängung von Schwächen krank macht, dass dieses Verhalten hinführt zu Herz- und Kreislaufproblemen und zu einer Anfälligkeit für Neurosen.[31]

Blicken wir noch einmal auf die Tabelle der fünf Sorten von Schwächen, dann wird deutlich: Wer bei seinen Aufgaben erschöpft, agiert hauptsächlich im Bereich der fehlenden Motivation: »Ich habe keine Lust, diese Aufgabe zu beginnen.« Es ist um ein Vielfaches einfacher, einen Mangel an Kenntnis oder Können auszugleichen. Selbst der Mangel an Talent lässt sich mit entsprechender Übung zumindest auf ein mittleres Maß heben. Zwar wird ein Mensch bei fehlendem Talent niemals zum Überflieger, aber immerhin kann er sich durch die Aufgaben winden. Wenn jedoch die Motivation fehlt, dann wird dieser Mensch weder den Impuls verspüren, seine Kenntnisse zu vervollständigen oder gar einem Trainingsplan zu folgen. In seinem Gehirn entsteht keinerlei Reiz, diese Aufgabe zu erledigen. Würde man ihn drängen, so bliebe das Ergebnis schlecht und seine Erschöpfungstoleranz sackte gen Null. Die Fehlerkultur in vielen Unternehmen trägt dazu bei. Motivation lässt sich weder durch Kritik noch durch Lob herbeiführen. Motivation ist eine Laune, die aufgrund der Persönlichkeitsprägung entsteht und damit eine intrinsische Größe. Nur wenn der Mensch einen Sinn im Handeln sieht und ein Ziel attraktiv erscheint, schwingen Potenzial, Selbst- und Werteverständnis im Einklang. Das, so die Gehirnforschung, sind die Parameter für eine intrinsische Motivation. Erst dann kann es passieren, dass sich Menschen mit Leichtigkeit über ihre Komfortzone hinauswagen – und dabei Spaß empfinden. Sie schnuppern die unbekannte Luft jenseits ihres bekannten Terrains, werden gierig auf Neues. Die Motivation treibt sie weiter. Entscheiden Sie selbst, in welcher Richtung und in welchem Rhythmus das geschieht. Geben Sie dieses Steuer nicht aus der Hand!

Ich kenne Töchter und Söhne aus Unternehmerfamilien, die sich verpflichtet fühlten, das Geschäft in der Erbenfolge zu leiten. Sie drückten ihre Talente auf den Bereichen der Künste, der Musik, des Sports, der Wissenschaft zur Seite. Und damit stampften sie auch ihre Stärken auf ein Mindestmaß ein. Die nämlich wurden nicht als Geschenk begriffen, sondern als hinderliche Hürden zu einem vermeintlich erfolgreichen Geschäftsführer. Aber glauben Sie mir: Die Talente und Stärken lassen sich den Sauerstoff nicht nehmen. Sie atmen weiter. Immer. Ein Leben lang. Sie streben nach oben, wollen sich zeigen und hören nicht auf, Ihnen von ihrer Existenz zu erzählen. Dann kann es sein, dass ein einziger Moment ein ganzes Lebenskonzept ändert, dass drei Sekunden Gegenwart zum Schlüsselerlebnis werden. Dann rührt eine Musik zu Tränen, rüttelt ein Gespräch mit einem klugen Coach auf, drängt sich ein Traum mit intensiven Bildern in das Bewusstsein und alles ruft nach Veränderung.

Das limbische System glüht, wenn wir mit unseren Stärken in Berührung kommen, es hält die Sehnsucht in uns wach, zufrieden und glücklich zu sein. In diesem Moment spielen Schwächen keine bedeutsame Rolle. Sie sind da und anzunehmen als das, was sie sind: eine Seite der Persönlichkeit, die keines Trainings bedarf. Die Stärken aber, die wollen beachtet werden, denn sie weisen Ihnen den Weg zu

Ihrem persönlichen Glück, mehr als jede Rutschbahn in einem Unternehmen das vermag. Deshalb möchte ich Sie ermuntern, selbst zum Pfadfinder Ihres Glücks zu werden. Machen Sie Ihre Stärken sichtbar, indem Sie einmal wöchentlich in ein Buch eintragen, was Ihnen besonders am Herzen lag:

- Welche Aufgaben/Aktivitäten gingen Ihnen leicht von der Hand?
- Welche Aufgaben haben Sie motiviert und Ihnen Energie gegeben?
- Bei welchen Tätigkeiten haben Sie überraschend gute Ergebnisse erzielt – manchmal scheinbar ohne große Anstrengung?

In der Summe der Seiten wird Ihr Stärkenbuch entstehen. Mit jedem Eintrag pointieren Sie das Beste, was Sie in sich tragen. Es wird Sie näher bringen zu sich selbst und die Sätze werden zu einem unverrückbaren Profil Ihres Potenzials. Zehn Minuten wöchentlich, um die Magie des Besonderen zu beschreiben …

Kapitel 11

DIE MAGIE DES BESONDEREN

Er war adelig und kränklich. Er war ein Musterschüler. Seinem Vater, einem Parlamentsberater, war wohl die Anerkennung der Abgeordneten wichtiger als die Liebe zu seinem Sohn. Seine Mutter kannte er kaum. Sie starb früh, wenige Monate nach seiner Geburt. Das hinterließ Spuren auf der Kinderseele, auch wenn fortan Großmutter und Amme sich um ihn sorgten, bis man ihm die Reife für ein Internat bescheinigte. In diesem Jesuitenkolleg sollte er sich unter anderem mit der Scholastik auseinandersetzen, vornehmlich mit Aristoteles. Er sollte in Rhetorik, Philosophie, Ethik und Metaphysik ausgebildet werden. In der Freizeit sollte er später Spaß am Fechten, Tanzen und am Plaudern in feiner Gesellschaft finden. Auch war er durchaus kriegerischen Einsätzen nicht abgeneigt.

René Descartes war ein Tausendsassa, war Jurist, Reisender, Soldat, erforschte die Optik, befasste sich mit Algebra, Geometrie, Wahrnehmungstheorie, Physik. Seine Träume waren ihm wichtig. Er suchte das Wirken zwischen Körper und Geist, Bewusstem und Unbewusstem. Alles in ihm strebte danach, das Unerklärliche des Seins naturwissenschaftlich zu bestätigen und von Mythen zu befreien. Die Kirche schrie auf. Wissenschaftler waren entsetzt. René Descartes wurde zum Prügelknaben der Philosophie, weil er sich anmaßte, Wissen und Glauben infrage zu stellen, Himmel, Erde, Schatten und Licht und den Menschen selbst als Täuschung zu verstehen. Er milderte die Radikalität seines Denkens nach außen ab, indem er eine Maske trug. Äußerlich lachte er mit den anderen: »Wie die Komödianten, die zum Auftritt gerufen werden, eine Maske aufzuziehen, damit auf ihrem Gesicht nicht die Scham sichtbar ist, so trete auch ich, wenn ich das Theater dieser Welt besteige, in dem ich bis dahin Zuschauer war, maskiert auf.«[32] Innerlich tobte sein Zweifel: Was bliebe vom Menschen, wenn sich sein Körper, seine Stimme, seine Bewegung auflösen in ein Nichts? Was bliebe, wenn das Blut in den Adern nicht mehr fließen, die Sinne stumpf und jeglicher Ausdruck erstarren würden? Dann würde ein Mensch immer noch sein, wenn er fähig wäre zu denken. Und diese Vorstellung geriet zum Konzentrat der Metaphysik, zum vielleicht berühmtesten Satz der Moderne. Man werde getäuscht, aber man sei, solange man denke, *dass* man etwas sei. »Ich denke, also bin ich.«

René Descartes, der Rebell, nahm seine Maske mit nur 54 Jahren ab. Er starb an einer Lungenentzündung in Schwedens Königshaus, dort hatte man ihn als Hauslehrer und Unterhalter der Königin bestellt.

Descartes war gesegnet mit einem Übermaß an entdeckenden und praktischen Stärken, die zu seinen Lebzeiten für die Karriere eher gefährlich denn förderlich waren. Er soll an einen Freund geschrieben haben: »Ich war gezwungen, ein neues Projekt zu entwerfen, ein viel größeres als das erste – wie jemand, der an einem Wohnhaus zu bauen begonnen hat, während der Arbeit unerwartete Reichtümer gewinnt und daraufhin den Plan derart ändert, daß das begonnene Haus zu klein für ihn wird. Man würde einem solchen Mann keine Vorwürfe machen, wenn man sähe, daß er ein anderes Haus zu bauen beginnt, das seinem Vermögen angemessener ist.«[33] Kaum jemand hat treffender diese Stärkendimensionen definiert.

Eine solche Selbsterkenntnis war im 17. Jahrhundert selten. Aber: Tempora mutantur. Heute ist Selbsterkenntnis die Königsdisziplin im Beruf und im Privaten. Sie ist ein Spitzentool im Management und die Grundlage, um die eigene Karriere zu gestalten, und darüber hinaus die anderen zu erkennen und anzuerkennen, um ein Team zu leiten. Es bedarf Mut, sich selbst zu erkennen, und ich wünsche mir, dass in den deutschen Unternehmen dieser Mut mehr gefördert wird. Denn spätestens seitdem die Digitalisierung Einzug hält, seit das Sammeln von Daten und Erstellen von Algorithmen mehr Aufmerksamkeit erhält als der Eigen-Sinn der Mitarbeiter, seit IT-Programme mehr Beachtung finden als persönliche Ideen, erkenne ich die Tendenz zum

Konformismus, was konkret bedeutet: Wir tragen zu oft eine Maske und verbergen unser Ich hinter der Absicht, es allen recht machen zu wollen.

Corporate Behavior und ähnliche Irrungen

Konformismus ist angesagt, und genau das erlebe ich häufig bei Teilnehmern von Inhouse-Seminaren in Konzernen. Der Grund für die Entscheidung der Mitarbeiter, im Job hinter einer Maske zu wirken, hat mehrere Ursachen. Allen voran steht die Angst vor dem Arbeitsplatzverlust, gefolgt von dem Wunsch nach guten Ergebnissen und einem angenehmen Klima im Beruf. Wer widerspricht, ist unbequem, wer Fehler macht, wird getadelt. Nach dem Motto »Nicht geschimpft ist genug gelobt« versinken wir im Mittelmaß eines Corporate Behavior, eines Corporate Wording, einer Corporate Strength. Auf dieser Linie bleibt kaum Platz für Eigen-Sinn. René Descartes würde bei dieser vorgeschriebenen Enge ein eiskalter Schauer den Rücken hinunterlaufen, weil er sich fragte: »Wo darf hinterfragt, diskutiert, rebelliert werden, wenn es um die Sache geht? Wann dürfen Emotionen und Träume hochschlagen, wenn es um den Zweifel geht?« Konformismus ist eine Todeserklärung an die Stärken. Vielleicht könnte ein Unternehmen dann tatsächlich digital errechnen, wie sich unter solch sterilen Bedingungen die Kennzahlen in fünf Jahren darstellen würden, wie sich die Daten exponentiell steigern würden und die Kundenbedürfnisse punktgenau befriedigt würden. Sicher jedoch ist, dass ein solches Unternehmen wirken würde, als sei eine Plastiktüte darüber gestülpt, die irgendwann den Mitarbeitern den Sauerstoff zum Atmen, Denken, Fühlen nähme.

Aber nicht immer sind es unternehmerische Richtlinien, die einen Alltag nach Stärken verhindern und dem Konformismus Vorschub leisten. Manchmal sind es auch die Mitarbeiter selbst, die ihre Stärken an den Nagel der Bürotür hängen, weil sie sich sagen: »Nur nicht auffallen. Dann kann mir hier nichts passieren.« Damit verflüchtigt sich die Magie des Besonderen. Man presst sich in eine Schablone, hoffend auf Lob und Boni: gleich, gleicher, befördert. Dann hat man sich einsortiert in ein System, das profit-, aber nicht stärkenorientiert wirkt.

Selbsterkenntnis oder: die Sinnhaftigkeit der Authentizität

Menschen streben nach Zugehörigkeit. Sie wollen anerkannt und geliebt werden, das macht sie zu sozialen Wesen. Allein nämlich kann ein Mensch nicht glücklich sein. Er ist geboren, um in Gesellschaft zu sein und dort seinen Platz zu sichern. Dafür ist er manchmal bereit, sich ein Stück weit zu verbiegen. Und hier beginnt die Gratwanderung: Auf der einen Seite wollen wir wissen, wo wir hingehören, auf der anderen Seite wollen wir unsere Stärken zum Ausdruck bringen. Es kann sein, dass sich Kollegen zurückziehen, wenn wir widersprechen. Es kann sein, dass der Chef kein Verständnis hat, wenn wir unsere Arbeit mit Sorgfalt, Weitsicht und mit hohem Zeitaufwand erledigen, weil wir den Zeitrahmen des Projektes damit sprengen. Es kann sein, dass Freunde beleidigt sind, wenn wir ihnen einen Gefallen ausschlagen. Sobald wir anders reagieren als andere das erwarten, spüren wir Konsequenzen. Umgekehrt gilt: Wenn wir uns nur nach den Ansprüchen anderer richten, verschleudern wir unsere Energie. Wir stressen uns mental und körperlich und gehen nicht in unser Potenzial. Wir setzen uns Masken auf und lächeln, obwohl sich im Bauch ein Grummeln zusammenbraut.

Wie gut, wenn Sie diese Signale wahrnehmen. Fragen Sie sich dann: »Zeige ich mich so wie ich bin oder täusche ich vor, der zu sein, den andere sehen wollen?« Das ist der Punkt, an dem ich Sie abholen will. Wo Ihre Stärken nicht geschätzt werden, da gehören Sie nicht hin. So einfach ist die Sache.

Sollten Sie Ihre Stärken im Job verstecken müssen, um anerkannt zu werden, dann gibt es dafür nur zwei Gründe:

1. Sie sind am falschen Platz

An einem falschen Platz zu arbeiten ist etwa so, als würden Sie einen Oleanderstrauch in die dunkelste Ecke Ihres Gartens pflanzen. Er würde verkümmern. Ich denke an einen Mitarbeiter eines internationalen Konzerns. Er ist ein Mann mit erstaunlichen **kooperativen Stärken**, Daniel Winkel, 40 Jahre, Versicherungsangestellter mit dem Potenzial zum Bereichsleiter. Daniel legt Wert auf den ausgewogenen Mix zwischen Menschlichkeit und Leistung. Für ihn muss erst die Atmosphäre stimmen, dann die Ergebnisse.

Er übernahm in seiner Abteilung oft die Aufgaben der anderen, wenn diese in Zeitdruck gerieten, lud am Freitag zum kleinen Umtrunk in sein Büro ein. Er gab seine Handynummer weiter, um deutlich zu machen, dass Einsatz für Kollegen nicht mit der Stechuhr am Abend endete. Er nahm Projektmappen mit nach Hause, studierte Unterlagen am Wochenende. Man könnte sagen, sein Job war sein Lebensinhalt. Daniel Winkel war zudem ein beliebter Verhandlungspartner bei Kunden, denn man konnte gewiss sein, dass er Wort hielt, wenn es um Zugeständnisse vonseiten des Unternehmens ging. Er achtete stets auf eine Win-Win-Situation, auch für seine Kunden. Diese Dualität gab ihm ein ruhiges Gewissen. Nur: Sein Anspruch widersprach der Philosophie in der Abteilung. Seine Kollegen setzten die Ellenbogen ein, wenn es um einen Vertragsabschluss und damit um einen Bonus ging. Der Teamchef erhitzte die Gemüter, indem er die Leistungsgrenze bis zur Schmerzgrenzte dehnte: »Wer die Vorgaben nicht erfüllt, der wird nicht gebraucht«, war das Motto, mit dem er seine Meetings schloss.

Es wird Sie nicht verwundern, dass Daniel Winkel ausbrannte. Seine kooperativen Stärken wurden nicht wahrgenommen, nicht wertgeschätzt. Das Unternehmen arbeitete dagegen. Zwei Jahre hielt er durch, dann waren seine Energiereserven erschöpft. Zwei Jahre sind übrigens die längste Zeitspanne, die Sie gegen Ihre eigenen Muster arbeiten können, danach wird die Sache somatisch, Sie werden krank. Menschen mit ausgeprägten kooperativen Stärken leiden dann oft unter Magen-Darm-Problemen und neigen zur Schlaflosigkeit. Für sie ist es besonders wichtig, die Bauch-Herz-Hirn-Linie nicht reißen zu lassen, denn sie brauchen die Balance aus Intuition, Emotion und Sachverstand wie kaum eine andere Stärkendimension. Daniel kündigte. Er ging das Risiko der Arbeitslosigkeit ein, um seine Gesundheit zu erhalten. Heute sagt er, es sei die beste Entscheidung seines Lebens gewesen. Er ist Projektleiter für Mexiko in einem stärkenorientierten Unternehmen, in dem Persönlichkeit mehr zählt als Zahlen. Gefragt nach seinen guten Ergebnissen hat er übrigens geantwortet: »Die waren nie leichter zu erreichen als hier.«

2. Ihr Unternehmen hat noch nicht gänzlich eine Stärkenkultur etabliert

In einem Unternehmen, in dem das Wort Stärkenkultur ein Stirnkräuseln verursacht und die Frage: »Was bitte schön, ist das?« auslöst, wird vermutlich niemand authentisch sein können. Auch der Manager nicht. Er wird aus Gründen der Konfliktfreiheit seine Mitarbeiter gleich behandeln. Ein Profiseminar zum Thema Excel-Tabellen soll jeder besuchen, auch wenn der Mitarbeiter mit entdeckenden Stärken ein Kreativseminar für Mindmapping vorziehen würde. Solch fehlende Empathie hemmt den Eigen-Sinn der Mitarbeiter und stampft die Fähigkeiten im Team auf ein Niedrigniveau.

Stellen Sie sich einmal vor, wie motiviert Mitarbeiter sind, die ihre Stärken vor sich hertragen dürfen, und die nach einer hitzigen Diskussion feststellen: »Verdammt anstrengend war das, aber ungemein hilfreich. Wir wissen jetzt, wer welche Aufgaben übernimmt, wer sich in welchem Bereich engagiert und in welchem Zeittempo er arbeitet.« Was folgt, ist Zufriedenheit.

Ein Team braucht Konflikte, um zu wachsen, und eine Fehlerquote, um zu lernen. Wer die Stärken der Mitarbeiter berücksichtigt und fördert, wer zusätzlich die Schwächen der Mitarbeiter wahrnimmt und stehen lässt, der wird ihr Vertrauen gewinnen, weil er spiegelt: »Ich akzeptiere alle Facetten deiner Persönlichkeit.« Das setzt voraus, dass ein Manager selbst authentisch ist. Wo er sich selbst treu bleibt, werden auch seine Mitarbeiter den Mut haben, ihr Gesicht zu zeigen. Dann kann eine Stärkenkultur wachsen, weil jeder bereit sein wird, sich und andere anzuerkennen. Niemand muss mehr im Außen agieren, nicht mehr dem Gegenüber von der Stirn ablesen, wie er reagieren sollte, um keine Barrieren entstehen zu lassen. Er darf anecken, Diskussionen anzetteln oder gar Ablehnung erfahren. Eine Stärkenkultur zu erfahren, bedeutet ebenso, seine Werte, seine Mode, seinen Humor, seine Worte zu pflegen: »Ich bin ich und finde es gut, zu sein, wie ich bin.«

Authentizität bedeutet: zu sich selbst zu stehen, seine Stärken und Schwächen anzuerkennen und sein Handeln nach den eigenen Werten und Überzeugungen auszurichten.

In Gummistiefeln laufen

Cliff Young war ein australischer Farmer. 2000 Morgen Land und 2000 Schafe besaß er und war zufrieden. Manchmal, wenn der Sturm über seine Farm nahe Melbourne fegte und die Gatter umriss, machte er sich mangels Traktor auf, drei Tage und drei Nächte zu Fuß zu laufen, um seine Tiere einzufangen. Keines sei ihm je entlaufen, sollte er später vor laufenden Kameras berichten.

Alles begann mit einem Winken. Denn an Cliffs Farm führte der jährliche Ultra-Marathon vorbei, den die besten Läufer der Welt bestritten, 875 Kilometer zwischen Sidney und Melbourne. Ein Kraftakt sondergleichen. Die Männer waren drahtig, verbissen, gekleidet in High-Tech-Materialen. Und sie waren jung. Cliff Young winkte ihnen zu und da kam ihm eine Idee. Die setzte sich in seinen Gehirnwindungen fest und wurde groß und wollte in die Welt. Cliff Young ließ diese Idee fliegen und entschied sich zur Teilnahme im nächsten Jahr. »Du bist 61 Jahre, um Himmels willen, lass das sein«, rieten ihm die Freunde. Aber Cliff Young, der Kerl aus Melbourne, schritt in Gummistiefeln und Arbeitsoverall zum Start, ließ sich seine Nummer geben und ignorierte die Einwände: Dies sei keine Spaßveranstaltung, sondern der härteste Lauf der Welt! Das wusste Cliff. Was er nicht wusste, war die Trainingsweise der anderen: 18 Stunden laufen, sechs Stunden schlafen, fünf Tage lang. Cliff sagte sich, er habe zwar das Laufen nicht trainiert, aber den Mangel an Schlaf geübt, wenn er nach den Stürmen seine Schafe einfing. Diese Vorstellung hielt er in sich wach. Er lief langsam, kraftschonend, er pausierte weder am Tag noch in der Nacht. Wenn die anderen Läufer ihre Muskeln entspannten, lief er weiter und weiter und weiter – und schließlich als erster durchs Ziel!

Man staunte, man jubelte und fragte ihn nach seinen außergewöhnlichen Trainingsmethoden. Die gab es nicht. Er war einfach nur authentisch. Er wechselte weder Gummistiefel noch Arbeitskleidung gegen den High-Tech-Konformismus, den sich Sportfirmen erdachten, noch ließ er sich zu energieraubenden Programmen überreden oder in irgendeiner Weise von Einwänden beeinflussen. Er ließ sich nur von seinem Glauben an die eigenen Stärken antreiben. Das war seine Methode, um erfolgreich zu sein.

In einem Unternehmen sind Teams am Start, könnten Sie nun zu bedenken geben. Dort verschwindet die Einzelleistung in der Summe der Teamleistung. Niemand unternimmt dort seine Heldenreise alleine, er hat Kollegen neben sich und den Chef über sich, er muss sich einfügen in einen Rhythmus, muss die Instrumente bespielen, die man ihm reicht. Das ist gut so. Sonst würde jedes Unternehmen zu einem Chaosfeld mutieren. Ohne Strategie ist kein Unternehmenserfolg möglich, aber ohne das Anerkennen der Stärken und Schwächen der einzelnen Mitarbeiter würde es keine überraschenden Erfolge geben. Die Moral aus der Sportgeschichte lautet daher: Lassen Sie Ihren Mitarbeitern und Kollegen den Freiraum, den sie für ihre Kreativität benötigen. Wenn sie in Gummistiefeln besser laufen, dann lassen Sie das zu und zwingen Sie sie nicht in Corporate Shoes.

Stress mit Stärken

Cliff Young wäre vermutlich nie ans Ziel gekommen, hätten die Veranstalter ihm den allgemeinen Rhythmus des Ultra-Marathons aufgezwungen und gesagt: »Auf 18 Stunden Laufen folgen 6 Stunden Schlaf. Das sind die Startbedingungen. Wer sich nicht daran hält, der wird disqualifiziert.« Natürlich wird Cliff die anderen Läufer mit seinem ungewohnten Stil irritiert haben. Sie werden vielleicht sogar Stress empfunden haben, weil es auf der Strecke jemanden gibt, der nachts läuft und nicht schläft. Genauso wird es Ihnen mit manchem Kollegen gehen, der einen anderen Zeittakt hat als Sie, der andere Worte wählt als Sie und überhaupt nach Ihrem Geschmack eher den Erfolg verhindert als voranbringt. Sie finden ihn anstrengend und würden die Kommunikation mit ihm gerne gen Null sacken lassen. Dann murrt ein Kollege, sobald Sie sich für ein neues Thema begeistern. »Lenken Sie nicht ab! Ich war mit meinen Ausführungen zum aktuellen Projekt noch nicht fertig«, schnauzt er Ihnen entgegen. Sie sind verärgert: »Das mag sein. Aber wir können auf Ihr Erbsenzählen keine Rücksicht nehmen, sonst verpassen wir den Anschluss am Markt.« Wenn die Genauigkeit eines Kollegen mit **analytischen Stärken** auf die Kreativität eines Mitarbeiters mit **entdeckenden Stärken** trifft, dann scheint Stress vorprogrammiert zu sein.

Oder ein Kollege will ab sofort keine ausschweifenden Meetings mehr: »15 Minuten müssen reichen. Wir konzentrieren uns auf das Wesentliche, setzen Prioritäten und dann geht's zurück an den Schreibtisch. Wir müssen schneller arbeiten, mehr Ergebnisse erzielen, wir verplempern unsere Zeit mit Small Talk.« Dann wird sich ein anderer Kollege melden: »Das finde ich ganz und gar nicht. Wenn wir noch nicht einmal Zeit haben, um uns zu fragen, wie es uns persönlich geht, dann riskieren wir unser gutes Klima. Wir müssen mehr Interesse am Menschen haben als an den Zielen. Wo kommen wir denn hin, wenn es nur noch um die Sache geht?« Wer über **praktische Stärken verfügt,** will Dynamik spüren, wer sich durch **kooperative Stärken auszeichnet,** will Beziehungen pflegen.

Der Anspruch des einen erzeugt Stress im anderen. Ein Hindernis für den Erfolg? Nein, es ist das Rezept für Erfolg, sobald Sie verstehen, dass eine Stärkendimension nach Mustern funktioniert, die sich in Sprache und Verhalten wiederfinden. Zwar verfügt jeder Mensch über so gut wie jede Stärkendimension, aber die Intensität ist jeweils unterschiedlich. Je nachdem, welche Stärke überwiegt, beeinflusst diese unsere Reaktionen. So will ich Sie im Folgenden für die Denkweisen derer sensibilisieren, die vermeintlich anders ticken als Sie selbst. Generell können wir feststellen: Ihre Kollegen mit **praktischen und entdeckenden Stärken** werden angriffs- und diskutierfreudiger sein als diejenigen mit **kooperativen und analytischen Stärken**.

Ein Kollege mit **analytischen Stärken** ist in der Regel ein angepasster Kollege. Er strebt nach einem geregelten Tagesablauf. Ordnung ist ihm wichtig. Er liebt die Sicherheit und solange er seine Arbeit detailreich erklären kann, ist er zufrieden.

Stress empfindet er, wenn Sie ihm das Wort abschneiden oder sein Thema gänzlich übergehen: »Ja, ja, das sagten Sie bereits …« Dann zeigt er zwei Reaktionsmuster: Entweder er zieht sich beleidigt zurück – oder er fühlt sich angegriffen und wird giftig.

- Im Falle eines Rückzugs will ein Kollege mit analytischen Stärken seine Ruhe und keinesfalls ein Gespräch. Wer ihn nun um Verzeihung bittet, der wird zurückgestoßen.
- Sollte ein Kollege mit analytischen Stärken nach einem Konflikt bissig werden, wird er versuchen, Sie mit Argumenten zu erschlagen, sein Redefluss wird kaum zu stoppen sein. Er wird mit Fachausdrücken um sich werfen und Ihnen seinen hohen Intellekt beweisen. Sie können ihn nur besänftigen. Steigen Sie nicht in die Diskussion ein. Sie hätten keine Chance, hier zu punkten.

Sie beruhigen jemanden mit **analytischen Stärken**, indem Sie

- ihn einen Tag schmollen lassen und dann das Gespräch suchen: »Ich schätze Ihre Klugheit und Ihr Talent für logisches Denken. Könnten wir noch einmal über das gestrige Thema reden?«;
- ihn in seiner Wut ausreden lassen und ihm dann ruhig und verständnisvoll sagen: »Ich verstehe Sie sehr gut. Was Sie sagen, ist sehr durchdacht. Nur kommen wir im Moment nicht weiter. Ich

schlage vor, wir wechseln das Thema und kommen später darauf zurück.«

➔ Ein Mensch mit **analytischen Stärken** sucht den Ursprung für Konflikte und Fehler in der Vergangenheit, bevor er die Lösung für die Zukunft entwirft. Deshalb ist seine Sprache eher vergangenheitsorientiert. Worte, die ihn beruhigen, sind: *klug, erfahren, detailorientiert, nachdenken, wertschätzen, Sicherheit, Argument, Sachlichkeit.*

Ein Mensch mit **kooperativen Stärken** sucht den Kontakt zu Kollegen und mag das private Gespräch. Für ihn gilt die strikte Trennung zwischen Beruf und Privatem nicht. Mitgefühl hört an der Unternehmenstüre nicht auf, denn die ist für ihn eine Grundlage für Leistung.

Unter Stress gerät er, wenn er die Beziehung zu anderen gefährdet sieht oder die folgenden Worte hört: »Wir müssen jetzt wirklich beim Thema bleiben. Ich bitte Sie, sich auf Ihre Aufgaben zu fokussieren. Wir dürfen die Zeit nicht mit Nebensächlichkeiten verplempern.«

Das Stressmuster eines Menschen mit kooperativen Stärken besteht aus:

- dem Versuch, noch mehr Bestätigung zu erfahren, denn er will, dass man ihn mag;
- im Überdrehen seiner Stärken. Er kann gar zum Bürotouristen werden, indem er von Tür zur Tür tingelt und nach verbalen Streicheleinheiten sucht, er wird auch eine sachliche Zurückweisung als Vertrauensentzug werten.

Sie beruhigen einen Menschen mit **kooperativen Stärken**, indem Sie

- ihm sagen, dass alles okay ist und das Problem auf die menschliche Ebene bringen: »Wir schätzen Sie sehr. Es wäre ganz wunderbar, würden wir uns gemeinsam dem sachlichen Thema zuwenden«;

- ihn ernstnehmen: »Ja, ich sehe das genauso wie Sie: Die Sache ist verfahren. Aber wir zwei finden eine Lösung. Lassen Sie uns unter vier Augen darüber sprechen. Ich möchte mir dazu später Zeit nehmen.«

➔ Ein Kollege mit **kooperativen Stärken** denkt vergangenheitsbezogen. Er baut auf seine Erfahrung, scannt die Gegenwart auf Erlebtes ab. In der Sprache verwendet er gerne Adjektive, die sein Verhältnis zu anderen in positiver Weise beschreiben: *gemeinsam, mitfühlend, verständnisvoll, wertvoll* oder auch das Wörtchen *wir* verwandeln seinen Stress in Zuversicht.

Ein Kollege mit **entdeckenden Stärken** ist der Individualist im Team. Er pflegt seinen Eigen-Sinn, will auffallen, sieht sich eher als Künstler denn als Routinier. Seine Kreativität setzt er gerne ein, um seine Geisteskraft und Wortgewandtheit zu pointieren. Er mag keine Schablonen, keine Enge, sondern liebt es, sich kleine Freiheiten und Fluchten zu eröffnen.

Sobald man ihm vorhält, er male Wolkenbilder und trage wenig Konkretes zu den Ergebnissen bei, gerät er unter Stress:

- Dann wehrt er sich mitunter lautstark oder entscheidet spontan, diese Runde sei für ihn nicht geeignet, das Außergewöhnliche fehle ihr;
- dann verzettelt er sich noch mehr und bringt seine Aufgaben nicht zu Ende.

Sie beruhigen einen Menschen mit **entdeckenden Stärken**, indem Sie

- sein Ideen-Hopping als bereichernd wertschätzen und ihm sagen: »Ich notiere mir Ihren Einfall. Wunderbar. Lassen Sie uns später noch einmal darüber reden«;
- seine Gedankensprünge ernstnehmen, aber versuchen, diese zu kanalisieren: »Prima, könnten Sie ein Abstract dazu schreiben? Dann entscheiden wir später, wie wir Ihre Idee weiterentwickeln und in den Projektplan aufnehmen.«

➔Ein Mensch mit **entdeckenden Stärken** liebt die Rolle des Paradiesvogels. Gestehen Sie ihm zu, dass er die Gedanken fliegen lässt. Oft verstecken sich darin ungeahnte Impulse. Sie spornen seinen Ehrgeiz an, wenn Sie die folgenden Worte einfließen lassen: *Intuition, innovativ, kreativ, fantasievoll, Abenteuer, experimentierfreudig, Wissensdurst.*

Ein Mensch mit **praktischen Stärken** hält nicht viel von langatmigen Diskussionen, er will den sofortigen Erfolg. Was andere als Ungeduld empfinden, ist für ihn ein ganz normaler Rhythmus. So treibt er Dinge voran, wo andere noch nicht angekommen sind, und wer versucht, ihn zu stoppen, der wird erleben, dass ein Kollege mit ausgeprägten praktischen Stärken durchaus ein gewisses Aggressionspotenzial in sich trägt.

Stress empfindet ein Mensch mit **praktischen Stärken** bei Sätzen wie:

- »Darüber sollten wir erst einmal ganz in Ruhe sprechen«;
- »Immer langsam. Wir müssen das noch einmal überdenken«;
- »Das haben wir schon immer so gemacht«.

Sie beruhigen einen Menschen mit **praktischen Stärken**, indem Sie

- Ergebnisse schneller takten;
- ihm das Vertrauen in seine Leistung aussprechen und ihm öffentlich Applaus geben.

➔Wo andere scheitern, dreht jemand mit ausgeprägten praktischen Stärken zur Höchstleistung auf: bei Druck. Er meidet Wiederholungen und sieht den Weg voller Chancen – und nicht voller Stolpersteine. Worte, die einem Praktiker einbinden, sind: *dynamisch, kurz, prägnant, ergebnisorientiert.*

Der Kollege mit **stabilisierenden Stärken** wird sich häufig über die Befindlichkeiten der anderen wundern. Er wird sich fragen, warum die Kollegen beleidigt oder aggressiv reagieren. Denn er ist von Natur aus themenfokussiert und gleichzeitig interessiert an den Bedürfnissen der anderen. Er vereint die Stärkendimensionen in einer gesunden Mischung in sich, was zu einer beachtlichen Stressresistenz führt.

Es wäre gut, würde es Ihnen gelingen, in Konflikten die Maske des **Stabilisierenden** hin und wieder aufzusetzen, durch seine Augen die Problemwelt im Team zu betrachten. Das würde die babylonische Sprachverwirrung zwischen den Stärkendimensionen auflösen und wir könnten für eine kurze Weile in dem Wertehorizont des anderen verharren. Dann würde der schöne Satz, den Stephen R. Covey uns hinterließ, zur Wahrheit:

»Erst verstehen, dann verstanden werden.«

Kapitel 12

DAS DREHBUCH DES LEBENS

Philosophie ist mehr als das systematische Ordnen der Phänomene zwischen Himmel und Erde. Thales von Milet, als Aristokrat geboren und als einer von Griechenlands Sieben Weisen gestorben, hätte an dieser Stelle widersprochen. Für ihn war alles, was die Welt bewegte, aus Wasser und darüber hinaus abhängig von der Logik der Mathematik. Um letztere zu erfassen, reiste er nach Ägypten, fand Gehör bei Gelehrten und meißelte diese Erkenntnisse in sein Weltbild. Wir sagen heute: Mit Thales von Milet begann die Philosophie. Zwar kennen wir keine Schriften von ihm, erfahren nur durch spätere Autoren, was er vermutlich bewirkte. Zum Beispiel soll er die Sonnenfinsternis 585 v. Chr. vorhergesagt oder Erdbeben mit Wasser erklärt haben. Daraus war nach seiner Ansicht die Erde entstanden und würde letztendlich wieder zu Wasser werden. Viele seiner Erkenntnisse sind widerlegt worden, allerdings kratzen sich bis heute die Schüler weltweit am Hinterkopf, wenn sie seinen bedeutenden Satz der Mathematik büffeln, der besagt: Der Umfangwinkel über dem Durchmesser eines Kreises bildet immer einen rechten Winkel.

Thales' Denken galt also dem Universum und nicht dem einzelnen Menschen. Damit zählte er zu den Vorsokratikern, zu jenen, die Naturgesetze suchten, um das Sein zu entschlüsseln. Und doch war auch er auf der Suche nach einem zufriedenen Leben. Er soll in dem ihm eigenen Humor gesagt haben: »Wer ist glücklich? Wer Gesundheit, Zufriedenheit und Bildung in sich vereinigt.« 200 Jahre später, ein Wimpernschlag der Zeit, trat Sokrates auf Athens Märkte, und damit kam die Leichtigkeit. Sokrates hob die systematische Ordnung auf.

Er zweifelte, scherte sich wenig um Naturgesetze, der Mensch selbst war ihm das Universum. Er wollte, dass jeder seinen Weg zu sich selbst finden würde. Er stellte tatsächlich die Liebe zur Weisheit in den Mittelpunkt und lehrte den Menschen das Staunen. Nichts ist selbstverständlich. Alles kann sich wandeln durch Bewusstwerdung. Dieser Ansatz veränderte die Philosophie. Plötzlich war die Sprache wichtig. Menschen sollten von sich erzählen. Sie sollten eigene Gedanken über das Leben entwerfen und Worte dafür finden. Das war für mich die wahre Geburtsstunde dieser faszinierenden Disziplin. Wenngleich sich in den folgenden Epochen wieder Naturwissenschaft und Philosophie verschmolzen, so scheint doch die Frage nach einem gelingenden Leben unauslöschbar durch alles Denken hindurchzuschimmern. Es war übrigens Immanuel Kant, der große abendländische Aufklärer, der dieser Frage vier Bereiche des Seins zuordnete. Kant fragte:

- Was kann ich wissen? (= Metaphysik)
- Was soll ich tun? (= Moral)
- Was darf ich hoffen? (= Religion)
- Wer bin ich als Mensch? (= Anthropologie)

Diese Kant'schen Fragen ziehen sich seither wie ein roter Faden durch die Denkdisziplin und damit ist sie bestrebt, weite, nahezu unendliche Räume zu öffnen, in denen alles möglich ist: Überraschung, Stolpern, Aufstehen, Zufriedenheit, Glück und ein Fortschreiben der eigenen Geschichte. Nichts ist starr, nichts ist selbstverständlich. Alles flirrt und verbindet Licht mit Farbe wie in einem Prisma. Und genau diese Vielfalt macht das Leben reich.

Die Auflösung der Starrheit

Gefragt nach dem wirklich großen Ziel antworten die meisten Menschen: »Ich will ein gutes Leben führen.« Diese Aussage ist für einen Philosophen nicht akzeptabel. Er legt dann die Stirn in Falten, stützt das Kinn auf die Faust. Er denkt. Ein gutes Leben? Was ist das? Kann es das geben? Vielleicht kommt er zu dem Ergebnis, dass das niemals möglich wäre, vielleicht antwortet er aber auch: »Ein gutes Leben ist relativ.« Und damit hat er Sie verwirrt. Das war seine Absicht. Er will Sie weiterdrängen auf Ihrem Gedankenweg, will Ihnen klar machen, dass es für Ihr Ziel keine messbaren Kriterien gibt. Vielleicht weisen Sie ihn dann auf die Glücksrankings hin, die jährlich in Fülle erscheinen. Ein gutes Leben besteht aus Geld und Sicherheit, Gesundheit, Liebe und Karriere, steht dort geschrieben. Aber hier bleibt die Stirn des Denkers gefaltet. Nein, solche Allgemeingültigkeiten haben für ihn keine Relevanz. »Ein gutes Leben«, flüstert er Ihnen zu, »hängt davon ab, ob die Zufriedenheit den Zweifel verdrängt, das Lachen die Traurigkeit übertönt, das Bewegen den Stillstand überrennt. Es hängt ebenso davon ab, ob Sie Ihr Talent anerkennen und Ihre Willenskraft schulen, dieses Talent in die Welt zu sprühen. Dann dürfen Sie auf allgemeine Glücksregeln pfeifen, die Sie doch nur ablenken von Ihrem eigenen Empfinden.« Recht hat dieser Philosoph!

Was Ihr Leben gut macht, können nur Sie entscheiden. Aufgrund Ihrer Prägung, Erfahrung, Umwelt, Erziehung. Aufgrund Ihrer Talente und Stärken. Jegliches Befolgen fremder Rezepte wäre wie ein Stemmen gegen Ihre Persönlichkeit. Deshalb: Reagieren Sie bitte extrem verschnupft, wenn Ihnen ein anderer erzählen will, wie Ihre Lebenswelt sich dreht. Niemand, kein Ratgeber, keine Institution kann Ihnen je das Glück versprechen. Es würde die Jahrtausende alte Philosophiegeschichte ad absurdum führen, die sich als kraftvolle Denkschule einordnet, wie sie zum Beispiel Arthur Schopenhauer und Friedrich Nietzsche verstanden, weil das Streben nach Glück ein immerwährendes Voranschreiten auf der Zeitlinie ist – und nicht eine Zielerreichung. Konkret: Solange Sie dem Glück hinterherlaufen, leben Sie! Laufen Sie also noch lange und haben Sie Spaß dabei. Erkennen Sie, wo Sie aufblühen, welcher Rhythmus Ihnen liegt und vor allem: Halten Sie die Augen auf die Stärken und Talente gerichtet, denn auch Ihre Stärken verändern sich. Je nach Einsatz, Fleiß, je nach Umstand und Alter treten sie in unterschiedliche Weise hervor. Sie können entscheiden, wie sich Ihre Stärke mit Ihrer Lebensmelodie verbinden darf. Ich bin so mutig zu behaupten: Nur durch den Einsatz Ihrer Stärken erzeugen Sie eine wohlklingende Resonanz.

Zwei Formeln, zwei Ergebnisse

Sobald Sie auf Ihrem Weg die kühle Rechnung aus *Zeit + Fachwissen = Geld + Karriere* kurzerhand streichen, wird die Resonanz breiter, voller, überraschend schön sein. Dann richten Sie den Fokus nicht mehr auf einen kurzfristigen Erfolg, auf das Erhöhen der Kontosumme, dann sind Sie nicht mehr bereit, einen Job zu übernehmen, der Sie übermäßig Energie und Nerven kostet. Sie sind nicht bestechlich, verführbar für Dinge, die Ihnen nicht entsprechen. Sie steigen bei Misstönen aus, weil Sie wissen: Fachwissen ohne Leidenschaft anzuhäufen, ist den Schweiß nicht wert.

Wie anders fühlt sich die Formel an: **Talent + Training = Stärke + Erfolg**. Die stellt Sie in philosophischer Manier als Mensch in den Mittelpunkt, pointiert, was Sie aufgrund Ihrer Gaben und Ihrer Selbsterkenntnis erfüllen. Sie bleiben bei sich und Ihrem Talent und wissen vom Herz bis zum Verstand, was für Sie das Wesentliche ist. Ob es Ihnen gelingt, dieses Wesentliche in jeder Phase Ihres Lebens hochzuhalten, das können selbst Sie nicht garantieren. Zu viele Unbekannte gibt es, wir nennen sie Schicksal oder Segen, die am Rande des Alltags unverhofft auf uns warten. Von vielem werden Sie sich unterwegs verabschieden müssen, Trennungen sind ein Teil des Ganzen. Es mag sein, dass Sie Ehe, Job, geliebte Menschen verlieren, dass Sie Schmerzen erfahren. Es mag ebenso sein, dass Sie – weil Sie hart und entbehrungsreich an Ihren Stärken arbeiteten und Ihren Eigen-Sinn nicht aufgaben – plötzlich einen Durchbruch erreichen. Schmerz und Erfolg liegen nicht weit auseinander, sie bedingen sich sogar. Es wäre verwegen zu denken, wir könnten diesen Spannungsbogen kontrollieren, wir würden einsam und blieben unter unserem Niveau.

Als ich mir in sehr jungen Jahren als Schüler vornahm, alle unangenehmen Überraschungen zu meiden, wurden meine Tage eintönig. Denn ich begann, mich in meiner Komfortzone einzurichten. Tat nur noch das, von dem ich wusste, es würde mir gelingen. Nur kein Risiko, war die Headline über diesen Tagen. Ich verabredete mich nicht mehr mit Freunden, damit ich nicht enttäuscht werden würde.

Immerhin, so dachte ich, bestand die Gefahr, dass sie sich mir heute zuwenden und morgen wieder verabschieden. Das würde Schmerz bedeuten. Deshalb war mein Bestreben, alles in Verlässlichkeit und Gleichmaß zu halten. Irgendwann sagte eine Freundin meiner Mutter: »Frank, niemand kann leben und gleichzeitig absolute Sicherheit haben. Das geht nicht! Irgendwann musst du dich entscheiden, ob du erfahren willst, was in dir steckt. Das schaffst du nicht, indem du dich in dein Schneckenhaus zurückziehst. Geh' raus und pack' das Leben.« Ich war sprachlos. So nahm sie mich wahr? Ich zog mich in mein Zimmer zurück, wollte schmollen und war doch aufgerüttelt. Aus dem Radio drang John Lennon: »Leben ist das, was passiert, während du eifrig dabei bist, andere Pläne zu machen.« Beide, die Freundin meiner Mutter und John Lennon, gaben mir den Impuls, mich zu bewegen.

Sie sind der Autor!

Ich begann nach zweiter Formel zu leben, wurde zum Entdecker von Chancen, zum Autor meines Drehbuches. Ich nahm mir vor, meine eigene Story zu schreiben, wollte Risse, Brüche, Enttäuschungen zulassen, eben all jenes, was eine Spannung ausmachte. Was wäre ein Leben, gut sortiert, beheizt und in den immer gleichen vier Wänden? Es wäre befreit von jeglichem Abenteuer und damit eine eindimensionale Angelegenheit. Aber gleichzeitig konnte ich den Wunsch nach Sicherheit nicht abstreifen. Ich fragte mich, was mir Halt geben könnte, wenn mir da draußen der Wind zu heftig um die Ohren pfiff. Und genau diese Frage – Wie verbinde ich Freude, Abenteuer und einen inneren Anker zu einem Konzept? – war mein Durchbruch zur Selbsterkenntnis. Ich spürte ganz klar, dass ich mein Talent gefunden hatte.

Wenn ich Menschen begegne, will ich erkennen, was sie einzigartig macht, wo ihr Potenzial sich verbirgt. Ich will herauskristallisieren, wo ihre Begabung liegt, wo sich Fleiß und Disziplin lohnen, um erfolgreich zu sein. Ich will sehen, wo die Augen der anderen leuchten und will sie ganz leicht schubsen, hinein in Spaß und Karriere. Dafür bin ich bereit, weit zu gehen, denn ein Talent, einmal entdeckt, ist eine nicht erschöpfbare Energie.

Für mich ist das Talent wie ein roter Faden in den Lebenskapiteln. Deshalb ist mein Vorschlag: Schreiben Sie sich Ihrem Talent entgegen.

1. Kapitel: Das Sammeln von Farben oder: Als Sie die Welt entdeckten

Ihre Kinderwelt ist voller Glitzer. Selbst das kleinste und gewöhnlichste Ding zieht sie an. Farben, Formen, Töne, Worte saugen Sie in sich auf – Sie sind ein kleiner Entdecker in den ersten Jahren, alles ist wichtig, alles interessant. Aber es gibt früh eine erste Tendenz auf das, was Sie besonders beeindruckt: Bausteine stapeln oder zur Musik wippen, auf Papier Kreise malen oder Blumen pflücken.

Hoffentlich gab es Eltern, Geschwister, Erzieher, die Ihre Vorliebe erkannten. Wenn Sie heute zurückdenken: Wann strahlten Ihre Kinderaugen?

2. Kapitel: Das Spiel aus Licht und Schatten oder: Als Ihre Wünsche Gestalt annahmen

In der Jugend beginnen Sie, eine Vorstellung von Ihrem Weg zu entwickeln. Sie setzen sich erste Meilensteine, vielleicht das Abitur, die erste Liebe, Ausbildung, den Studienplatz, der Sie in den Beruf führen soll. Sie haben das Gefühl, alles sei möglich. Vielleicht haben Sie sogar in dieser Zeit begonnen, Ihre Stärken zu formen. In Ihnen wächst zusehends die Lust auf das Leben und Sie sind bereit, sich hineinzustürzen. Man verzeiht Ihnen kleine Fehler und Ausrutscher, sie werden unter Erfahrung verbucht.

Wie schön, wenn Sie Eltern, Ausbilder, Professoren in diesen Sturm- und Drangjahren wohlwollend begleiteten. Welche herausragenden Eigenschaften wurden gefördert? Wann erhielten Sie ein Lob? Bei welchen Aufgaben hatten Sie die Zeit vergessen?

3. Kapitel: Das Bild in der Galerie oder: Welchen Standpunkt Sie einnehmen

In den ersten Jahren des Erwachsenseins binden Sie sich in ein System aus Arbeit und Privatem ein. Sie übernehmen Verantwortung für sich und andere. Sie stellen die Weichen dafür, wie Sie die folgenden Jahrzehnte leben wollen. Die Frage nach Glück, Zufriedenheit und Erfolg wird wichtig und damit rücken Ihre Stärken in den Mittelpunkt.

Wie sah Ihr erstes eigens gezeichnetes Bild von Ihrem Lebensweg aus? War es konturenstark oder abstrakt? Welche Motive waren zu erkennen? Aus welcher Perspektive blickten Sie auf Ihren Erfolg? Malten Sie großflächig auf Leinen oder strichelten Sie sich zunächst mit Bleistift langsam voran?

4. Kapitel: Den Farbeimer wieder in der Hand oder: Wie Sie Ihr Bild übermalen

Angekommen auf dem Höhepunkt des Schaffens. Sie stehen zwischen Aufstieg und Abstieg. Viel erreicht, manches versäumt. Die Ziele werden kleiner, unbedeutender, die Zukunft schrumpft. Das soll alles gewesen sein? Sie fühlen sich müde, spüren keinen Impuls zum »Weiter so!«. Langsam schleicht sich die Idee in Ihre Gedanken, Sie könnten einmal wieder träumen. Natürlich sind Sie stolz auf Ihre Kinder, auf Ihre Partnerschaft, auf das Materielle, das Sie mit Freude genießen. Aber irgendwo in Ihnen gibt es diese kleine Leere. War die früher schon da?

Gestatten Sie sich ein Pause, einen Traum, ein Wiederfinden von Stärken. Treten Sie auf dem Gipfel des Lebensberges wieder mit sich selbst in Kontakt. Wofür sind Sie damals angetreten, als Ihr Aufstieg begann?

Sie sind dankbar für Ihre Lebensjahre und Sie wissen, Sie haben Ihr Bestes gegeben. In Ihnen funkeln Erfahrungen und Weisheiten, die Sie gerne teilen. Um Ihre Augen zeichnet sich Milde. Es kommt vor, dass ein junger Mensch Sie um Rat fragt: »Mit welchen Farben soll ich das erste Bild malen?« Dann lächeln Sie voller Liebe und sagen: »Ich weiß es nicht. Es kommt auf deine Stärken an.«

Es ist eine Wahrheit, dass wir uns über Dinge aufregen, die am Ende des Lebens keine Rolle mehr spielen. Dann verlassen wir unsere Stärkenlinie und begeben uns in den Konflikt im Außen. Streichen Sie deshalb jedes noch so kleine Ding aus Ihren Gedanken, wenn es jenseits Ihres Stärkenweges liegt. Womit fangen Sie an?

Schreiben Sie täglich an Ihrem Drehbuch. Als Autor. Als Hauptdarsteller. Als Kenner Ihrer Stärken. Fünf Minuten täglich reichen aus, um sich zu fragen: Wer bin ich und was ist mein Talent? Mein Doktorvater würde anmerken: »Nach Aristoteles philosophieren wir nicht, um besser zu leben, sondern wir leben, um besser zu philosophieren.« Damit erhalten Sie sich die Gewissheit, dass das Leben Sie nicht zwingen kann, aufzugeben oder sich zu verirren. Gönnen Sie sich in Ihrem Drehbuch einen eigenen, ganz unverwechselbaren Stil!

SCHLUSSWORT

Erinnern Sie sich noch an die Maxime Nietzsches aus dem ersten Kapitel: »Lebe so, dass dir jeder Augenblick wiederkehren könnte«? Sie ist es wert, an dieser Stelle noch einmal wiederholt zu werden. Wie sonst könnten wir im Leben nach den Sternen greifen, uns zu außergewöhnlichen Schritten inspirieren lassen, wenn nicht durch den Vorsatz, aus diesem Leben das Beste zu machen, was uns möglich ist. Das ist einfacher als Sie denken: Sie müssen nur den Stärken-Code knacken!

Als ich mein Buch begann, hatte ich im Sinn, mit Ihnen gemeinsam den Alltagsstaub vom Lebensweg zu fegen. Ich habe gehofft, dass Sie darunter etwas glänzen sehen. Ich habe mir gewünscht, dass dieser Glanz Sie staunen lässt! Es wird mir gelungen sein, wie sonst wären wir gemeinsam bis zu dieser letzten Seite angekommen? Sie haben Kapitel für Kapitel das wunderbare Gefühl zurückgewonnen, dass es etwas in Ihnen gibt, das jeden Stress, jede Niederlage, jeden Zweifel überlebt: Ihr Talent. Versteckt in Ihren Genen ruft es geradezu nach Beachtung und es wird erst schweigen, wenn Sie es würdigen. Ihr Talent ist nämlich nicht anspruchslos. Bevor es funkelt, verlangt es viel von Ihnen, und zwar den Glauben daran, dass aus dieser eigensinnigen Mischung etwas Großes werden kann. Ja, ein Talent zu pflegen ist eine Daueraufgabe und Sie benötigen einen langen Atem, um aus ihm eine Stärke zu machen. Erst mit einem Einsatz weit über die Buchseiten hinaus wird Ihnen das gelingen. Ich will Ihnen deshalb Folgendes ans Herz legen: Wer sein Talent als inneren Anker begreift, der wird weder Fehlentscheidungen treffen noch seine Spur verlieren. Er wird das untrügliche Gefühl in sich spüren, sich selbst zu halten und zu orientieren, in seiner Mitte zu sein. Ich wünsche Ihnen, dass Sie diese Kostbarkeit erkennen, anerkennen, feinschleifen bis zur diamantenen Stärke. Die Werkzeuge dazu sind:

- **T** Testen Sie Ihre Fähigkeiten und entdecken Sie Ihre besonderen Talente bei Tätigkeiten, die Ihnen leicht von der Hand gehen und bei denen Sie mit Freude bei der Sache sind.
- **A** Anerkennen Sie Ihre Talente als etwas Besonderes, das zu Ihnen gehört und Sie auszeichnet.
- **L** Lernen Sie beständig hinzu und entwickeln Sie Ihre Talente weiter, um sie auf ein stets abrufbares Stärkenniveau zu heben.
- **E** Erinnern Sie sich jeden Tag aufs Neue daran, Ihre Stärken anzuwenden und zu verfeinern.
- **N** Neutralisieren Sie jeden aufkommenden Zweifel an den eigenen Stärken.
- **T** Trumpfen Sie mit Ihren besonderen Stärken auf und genießen Sie es, im Flow zu sein.

Mit unseren Stärken gestalten wir eine Welt, in der uns die Dinge leicht von der Hand gehen, in der wir mit Leidenschaft und Freude bei der Sache sind und in der wir starke Ergebnisse erzielen. Dann ist unser Leben weit mehr als Abarbeiten, Durchziehen, Aushalten, sondern das, was uns wirklich glücklich und zufrieden macht. Wir werden fokussiert sein, keine faulen Kompromisse mehr eingehen. Weder leere Versprechungen noch Blendungen werden uns ablenken. Wir werden gerne leben, weil wir unsere Hauptrolle im Leben selbst schreiben, sie nach unseren Stärken ausrichten.

Dass es funktioniert, habe ich in meinen Seminaren und Coachings mit unzähligen Teilnehmern erlebt. Die Frage ist, ob Sie es wirklich wollen – ob Sie den Mut haben, sich auf die Reise zu Ihren Stärken zu begeben, die Kraft, Veränderungen in Ihrem Leben einzuleiten und die Disziplin, es auch in schwierigen Zeiten durchzuziehen. Auch wir sind diesen Weg durch das Buch gegangen. Danke dafür! Und sollten Sie an einer Weggabelung zögern, sollte Ihnen im Gewitter des Alltags Ihr Gespür für Ihr Talent, für Ihre Stärke, für Ihr Wesentliches verblassen, dann bin ich für Sie da. In Seminaren. In Coachings. Versprochen. www.staerkentrainer.de

Ihr
Frank Rebmann

DANKSAGUNG

Ich bedanke mich von ganzem Herzen bei meiner Frau Carolin. Ohne sie gäbe es dieses Buch nicht. Sie hat mich kurz nach der Geburt unseres Sohnes bestärkt, meine Gedanken und Erfahrungen zum Thema Stärken zu Papier zu bringen. Während der Schreibphase stand sie mir als Sparringspartnerin zur Seite und hat meine Gedanken fortwährend auf die Probe gestellt. Auf wertschätzende und unnachahmlich klare Weise hat sie meinen Blick auf die kleinen, aber entscheidenden Stellen gelenkt.

Mein Dank geht auch an meine Eltern: Von meiner Mutter durfte ich lernen, den Dingen auf den Grund zu gehen und nicht müde zu werden, sich für das einzusetzen, was einem im Leben wirklich wichtig ist. Mein Vater zeigte mir durch sein Vorbild, dass man letztlich aus jeder Zitrone Zitronenlimonade machen kann, wenn man seinen Humor und die positive Einstellung zum Leben behält.

Danke an Michael Vahle, meinen ersten Mentor im Business, der mir zeigte, dass es im Leben besonders darauf ankommt, an sich selbst zu glauben, wenn sonst keiner an einen glaubt.

Ein besonderer Dank geht an Gabriele Borgmann, die mich vom ersten Moment an bei diesem Buchprojekt begleitet hat. Beim Erstellen des Konzeptes und unseren Gesprächen durfte ich erleben, was es heißt, im Flow zu sein. Ihr unvergleichliches Talent, mit Worten Gedanken zum Funkeln zu bringen, hat sie mit ihrer Schreibbegleitung für dieses Buch eindrucksvoll unter Beweis gestellt.

Ich bedanke mich auch sehr bei Selina Hartmann vom Campus Verlag. Von Beginn an hat sie an dieses Buchprojekt geglaubt, es mit viel Engagement begleitet und mit ihrem Gespür für die wichtigen Details dem Buch entscheidende Impulse gegeben.

Danke an Christian Ridder, der mit seinem zeichnerischen Talent dem Buch eine besondere Note gegeben hat. Ich habe mich sehr gefreut über den kreativen Austausch und über die Art, wie er Bilder im Kopf zum Leben erweckt.

Ein herzliches Dankeschön an Maria-Lieke Zigan und Gudrun Steinke, die schon vor vielen Jahren von meinem Stärkenansatz überzeugt waren und mir die Möglichkeit gegeben haben, Führungskräfte und Mitarbeiter eines der größten Versicherungsunternehmen stärkenorientiert zu trainieren.

Last, but not least danke ich den zahlreichen Teilnehmerinnen und Teilnehmern aus meinen Seminaren, Vorträgen und Coachings, die mich zu vielen Gedanken inspiriert haben, die in diesem Buch Platz gefunden haben.

ANMERKUNGEN

1 Ich schätze das Talent und die Stärken von Frauen und Männern gleichermaßen. Dennoch verzichte ich in meinem Buch auf Doppelkonstruktionen. Sie würden die Textmelodie unterbrechen.

2 Goethe, Johann Wolfgang von: *Berliner Ausgabe. Poetische Werke*, Band 1, Aufbau Verlag 1960, S. 542–543.

3 Dr. Thorwart, Wolfgang: »Sokrates als Begründer der kritischen Gesellschaftstheorie«, http://www.w-thorwart.de/assets/01_sokrates.pdf. Zugegriffen am 5.11.2016.

4 Seneca, L. Annaeus: *Vom glückseligen Leben*, Reclam 1986, S. 67.

5 Ebd., S. 82 f.

6 Schopenhauer, Arthur: *Die Welt als Wille und Vorstellung*, Bde. 1 und 2 in einem Buch. Vollständige Neuausgabe, hrsg. von Karl-Maria Guth. Berlin 2016, S. 856.

7 Schopenhauer, Arthur: *Die Kunst, glücklich zu sein*, Beck, 5. Auflage 2015, S. 33.

8 Schopenhauer, Arthur: *Die Welt als Wille und Vorstellung*, Bde. 1 und 2 in einem Buch. Vollständige Neuausgabe, hrsg. von Karl-Maria Guth, Hafenberg 2016, S. 856.

9 Nietzsche, Friedrich in: *Briefe. Kritische Gesamtausgabe*, Sigel: KGB, hrsg. von Giorgio Colli und Mazzino Montinari, de Gruyter 1975–2004, Band 2, S. 81.

10 Nietzsche, Friedrich: »Ecce homo«, in: *Sämtliche Werke, Kritische Studienausgabe in 15 Bänden*. Sigel: KSA. Hrsg. von Giorgio Colli und Mazzino Montinari. dtv 1980. Bd. 6, S. 261.

11 Nietzsche, Friedrich: »Also sprach Zarathustra«, in: *Sämtliche Werke, Kritische Studienausgabe in 15 Bänden*. Sigel: KSA. Hrsg. von Giorgio Colli und Mazzino Montinari. dtv 1980. Bd. 4, S. 245.

12 http://www.harry-potter-buecher.de/interview-jkr.php. Zugegriffen am 21.11.2016.
13 Schelling, Friedrich Wilhelm Joseph von: *Ideen zu einer Philosophie der Natur.* Werke. Band 1, Leipzig 1907, S. 706.
14 Cszikszentmihaly, Mihaly: *Flow. Der Weg zum Glück*, 2. Auflage 2016, Herder, S. 106.
15 Coyle, Daniel: *Die Talent-Lüge*, Bastei Lübbe 2009, S. 53.
16 Levitin, Daniel J. *This is Your Brain on Music.* Dutton 2006, S. 197.
17 Gladwell, Malcolm: *Überflieger*, Campus 2009, S. 38.
18 Psychological Science: http://m.pss.sagepub.com/content/early/2014/06/30/0956797614535810.abstract. Zugegriffen am 6.12.2016.
19 Kafka, Franz: *Die Verwandlung*, Nexx Verlag 2015, S. 7.
20 Ware, Bronnie: *5 Dinge, die Sterbende am meisten bereuen.* Goldmann 2015.
21 Shenk, David: *Das Genie in uns*, Hoffmann und Campe 2012, S. 71.
22 Csikszentmihalyi, Mihaly: *Flow. Das Geheimnis des Glücks*, 18. Aufl. 2015, Klett-Cotta, Klappentext.
23 www.zeit.de/zeit-geschichte/2012/04/Brueder-Grimm-Maerchen-Mythen-Sprache. Zugegriffen am 29.5.2017.
24 Grimm, Jakob und Wilhelm: *Das Deutsche Wörterbuch*, Quelle: http://dwb.uni-trier.de/de/die-digitale-version/online-version/. Zugegriffen am 16.1.2017.
25 Seligman, Martin: *Flourish – Wie Menschen aufblühen. Die Positive Psychologie des gelingenden Lebens*, Kösel 2012.
26 https://www.ifrick.ch/2011/10/steve-jobs-stanford-rede-als-deutscher-text/. Zugegriffen am 13.2.2017.
27 Camus, Albert: *Der Mythos des Sisyphos*, Rowohlt 2000.
28 Ebd. S. 20.
29 Fischer, Ernst Peter: *Einstein. Ein Genie und sein überfordertes Publikum*, Springer Verlag 1996, S. 11.
30 Roth, Gerhard: *Persönlichkeit, Entscheidung und Verhalten. Warum es so schwierig ist, sich und andere zu ändern*, Klett-Cotta 2013, S. 97.
31 Mund, Marcus; Mitte, Kristin: *Health Psychology*, Universität Jena, S. 31, 640–649.

32 Nolte, Erich: *Philosophische Exerzitien bei Descartes*, Königshausen & Neumann 1995, S. 70.

33 Ebd. S. 18.

REGISTER